해양의 고리

지구적 자원 해양의 종합관리

The Oceanic Circle

Governing the seas as a global resource

엘리자베스 만 보르게제 지음
김현종 옮김

로마클럽에 대한 보고서

來歸 社去 도서출판 귀거래사

The volume is a translation of:

The Oceanic Circle: Governing the Seas as a Global Resource
by Elisabeth Mann Borgese
Published by the United Nations University Press, Tokyo, New York, Paris, 1998

해양의 고리
지구적 자원 해양의 종합관리

The Oceanic Circle
Governing the seas as a global resource

엘리자베스 만 보르게제 씀 / 김현종 옮김

발행처 도서출판 귀거래사
발행인 김연빈
기 획 김현종·김연빈
편 집 이설빈
디자인 변민정·이수빈·김영은
인 쇄 두리터

등 록 2019년 7월 5일 (등록번호 186-96-00743)
1판1쇄 발행 2024년 5월 31일

주 소 경기도 성남시 분당구 장미로 139 207-704
대표전화 010-9294-2022
블로그 http://blog.naver.com/palma59
E-mail palma59@naver.com
ISBN 979-11-970856-4-2(93360)

해양의 고리

지구적 자원 해양의 종합관리

The Oceanic Circle

Governing the seas as a global resource

유엔대학(United Nations University)은 1972년 유엔 총회에 의해 인류의 생존, 개발 및 복지라는 시급한 글로벌 문제와 관련된 연구, 고급 훈련 및 지식 보급에 종사하는 학자들의 국제 공동체로 설립된 유엔 기관입니다.

유엔대학의 활동은 주로 평화, 거버넌스, 환경 및 지속 가능한 개발과 인간 복지와 관련된 과학 및 기술 분야에 중점을 두고 있습니다. 유엔대학은 도쿄에 기획·조정 본부를 두고 있으며, 연구 및 대학원 연수 센터의 전 세계 네트워크를 통해 운영됩니다.

UNU의 출판 부문인 UN University Press는 대학의 연구와 관련된 분야에서 학술 및 정책 중심의 도서와 정기 간행물을 출판합니다.

The Oceanic Circle

Governing the seas as a global resource

Elisabeth Mann Borgese

A Report to the Club of Rome

United Nations
University Press
TOKYO · NEW YORK · PARIS

이 책의 제목은 모한다스 간디가 사회질서를 바다에 돌을 던졌을 때 계속 옆으로 퍼져나가면서 생기는 원, 즉 고리에 비유한 데서 착안했다. 이러한 인간질서는 개인, 촌락, 국가, 지역, 그리고 마침내 글로벌 공동체까지 망라한다.

바로 이러한 구조가 이제는 1982년 유엔해양법협약 및 1992년 리우회의와 그 뒤를 이어 탄생한 각종 조약, 협약, 프로그램 등으로 만들어진 해양 거버넌스라는 환경에서도 부상하고 있다.

이 새로운 질서에는 사회적, 경제적, 문화적, 환경적, 윤리적 측면이 있다. 이 질서의 특징은 비계층성, 참여성, 다학제적이며, 정부는 물론 민간 부문까지 포괄한다. 이러한 구조의 질서는 어류 남획과 어족자원 고갈, 해양·대기·육지 기반 자원에서 발생하는 오염, 기후변화와 해수면 변동, 생물다양성 보존 등 가장 시급한 문제를 해결하는 데 반드시 필요하다.

해양 거버넌스는 우리가 인간들 서로와 자연을 다루는 방식에 있어서 심대한 변화를 요구할 것이다. 생명 그 자체처럼 이 새로운 질서도 인류공동유산으로 선포된 바다에서 탄생했고 이제 그 범위를 넓혀가며 '해양의 고리가 중심인 세계'의 생물권을 모두 아우르면서 더 평화롭고 공정한 세계질서로 나아가고 있다.

나에게 전한 모든 가르침에 대한 감사의 표시로
크리샨 사이갈(Krishan Saigal) 씨에게 이 책을 바친다.

목 차

제4장 법적 관점에서 본 바다

제5장 제도적 관점에서 본 바다

제6장 제언과 결론

추천사

류동근
국립한국해양대학교 총장

김현종 회장의 번역서 『해양의 고리: 지구적 자원 해양의 종합관리』는 해양 거버넌스와 지속 가능한 개발에 대한 심층적인 통찰을 제공하는 작품으로, 국제 사회의 해양자원 관리에 대한 새로운 관점을 제시합니다. 엘리자베스 만 보르게제의 원작을 충실히 번역한 이 책은 해양의 중요성과 그것이 인류와 환경에 미치는 영향을 다각도로 조명하며 법적, 경제적, 문화적, 자연과학적 관점에서 해양 문제를 종합적으로 다룹니다.

물과 인간 사회의 복잡한 관계를 깊이 탐구하는 이 책은 독자들에게 우리 지구 생태계에서 바다가 차지하는 중요한 역할에 대한 포괄적인 이해를 제공합니다. 저자는 해양과학, 생태학, 환경정책의 다면적인 측면을 탐구하며 이를 통해 독자들에게 깊은 통찰을 전달합니다.

이 책은 특히 해양을 인류의 공동유산으로서 바라보는 새로운 시각을 제시하며, 국제적 협력과 거버넌스의 필요성을 강조합니다. 로마클럽에 제출하는 보고서로서, 다양한 학문적 접근을 통해 해양자원의 지속 가능한 관리와 보호를 위한 구체적 방안을 제시하고 있습니다.

지금껏 인간의 시야는 육지에 초점을 두고 있었습니다. 인간이 뿌리를 내린 곳이자 모든 역사와 진화가 펼쳐진 실질적인 공간이기 때문입니다. 저자는 이러한 관점에서 벗어나 생명체가 해양으로부터 위쪽으로 그리고 바깥쪽으로 움직이며, 대기는 해양식물의 생성물로 보고 있습니다. 육지의 생명체는 모두 해양에서 출발했으며 육지는 바다의 연장이며 대륙들을 연결하고 하나를 만드는 우리 인류의 공동유산으로 보고 있습니다.

과학적 통찰력과 열정적인 옹호가 잘 조화된 이 책은 지속 가능한 해양관리의 긴급성을 강조합니다. 이 책은 해양의 건강과 인간의 웰빙이 어떻게 상호 연결되어 있는지를 강조하며, 환경운동가, 정책입안자, 자연 세계에 깊은 관심을 가진 모든 사람들에게 필수적인 읽을거리가 됩니다.

숙련된 해양생물학자이든 호기심 많은 일반인이든 상관없이, 이 책은 독자들에게 바다의 아름다움과 다양성에 대한 감사를 깊이 새기게 하고, 미래세대를 위해 그 섬세한 균형을 유지하기 위한 행동을 고취시킬 것입니다.

제1장에서는 해양을 자연과학적 시각에서 기술하고 있습니다. 동물 과학기술, 원초적 과학과 기술, 근대 해양학의 탄생, 해양의 고리, 해양과 대륙, 빙하권, 탄소 순환, 산호초의 역사, 인간의 역할, 해양오염 등의 관점에서 해양의 과학적 이해를 기반으로 해양관리의 필요성을 강조하고 있습니다.

제2장에서는 해양이 다양한 문화적 관점에서 어떻게 인식되고 있는지를 다루고 있습니다. 바다와 인간 문화의 상호작용, 해양을 둘러싼 신화와 전설, 예술과 문학에서의 바다의 역할 등을 다루며, 해

양 문화의 중요성을 강조하고 있습니다.

제3장에서는 경제적 관점에서 해양의 중요성을 설명하고 있습니다. 해양의 부와 관련 지표, 윤리적 측면, 21세기 공동유산 경제학을 위한 원칙과 지침 등을 다루고 해양자원의 경제적 가치와 이를 지속 가능하게 이용하는 방법을 제시하고 있습니다.

제4장은 유엔해양법협약과 관련된 법적 관점을 다룹니다. 주권, 과거로부터의 교훈, 영토적 경계 대 공동관리수역 등을 포함한 해양법제도의 중요성을 논의하고 해양 법률 체계가 해양관리에 미치는 영향과 필요성을 강조하고 있습니다.

제5장은 해양관리와 관련된 제도적 측면을 설명하고 있습니다. 마을, 연안 지역 공동체, 국가, 지역, 정책 통합을 위한 해양의회 및 전문기구와 프로그램 등을 다루며, 새로운 신탁통치이사회와 국제해저기구 등의 제도를 제안합니다. 해양관리의 제도적 틀을 구축하기 위한 다양한 방안을 제시하고 있습니다.

마지막 장에서는 자연과학적, 문화적, 경제적, 법제적, 제도적 관점에서 해양관리의 중요성을 강조하고 종합적인 방안을 권고하고 있습니다. 해양 거버넌스 체제의 진화가 나머지 체제에 어떤 영향을 미치고 '문제복합체'는 어떻게 다룰 수 있을지 설명합니다.

이 책은 해양정책과 환경 보호에 관심 있는 모든 이들에게 필독서로 추천할 만합니다. 해양자원의 보존과 지속 가능한 활용을 위해 필요한 지식과 정책 방향을 이해하는 데 큰 도움이 될 것입니다. 김현종 회장의 번역서가 한국의 독자들에게 해양 거버넌스와 지속 가능한 발전에 대한 귀중한 가르침을 전달할 것을 확신하며, 이 책이 더 나은 해양관리와 보호를 위한 논의의 장을 마련해 주길 기대합니다.

끝으로, 해양분야 공직자 출신으로서 현직을 떠나 전혀 다른 영역의 사업을 경영하는 바쁜 시간 가운데 『해양의 고리: 지구적 자원 해양의 종합관리』를 완벽하게 번역함으로써 전문 종사자와 일반 국민이 해양 분야의 국제적 명저를 손쉽게 접할 수 있도록 커다란 역할을 해주신 역자 김현종 회장의 헌신적 노력과 변하지 않는 바다 사랑 정신에 대하여 해양인의 한 사람으로서 깊은 감사와 경의를 표합니다.

머리말

세계의 문제복합체(world problematique)를 다루면서 변화와 혁신을 주도하는 단체를 표방하는 로마클럽은 완전한 지적 독립성을 바탕으로 다양한 연구와 토의를 통해 세계 문제의 해결책을 제시한다.

이 책에서 소개할 로마클럽의 해양 관련 보고서는 심층적인 토론과 논의의 장으로 독자를 초대한다. 우리 로마클럽의 일원인 엘리자베스 만 보르게제(Elizabeth Mann Borgese)는 평생에 걸친 연구와 전 세계를 무대로 활동하며 쌓은 폭넓은 해양에 관한 경험을 집대성하여 헌신과 열정을 다해 이 보고서를 정리했다. 이 책에서 일반 대중과 전문가들을 대상으로 제언한 일부 의견 중에는 찬반이 갈릴 수 있는 부분도 포함되어 있다.

로마클럽 상임위원회에서 활약 중인 뤼트 뤼버르스(Luud Lubbers) 위원은 이 책의 서문을 통해 보르게제가 논하는 문제의 중요성과 복잡성을 강조한다. 보르게제는 지금까지 쌓아온 경험과 견해, 통찰 등을 견지하면서 보고서의 말미에 우리 앞에 놓인 문제를 해결하기 위한 구체적인 운영상의 방법들을 제안한다. 궁극적이거나 절대적인 대답을 가진 단 하나의 해결책이 아닌 일련의 대안들을 구상해야 한다는 것이 로마클럽 상임위원회의 입장이다.

로마클럽 상임위원회는 이와 같은 기조를 바탕으로 설득력을 갖춘 본 보고서를 로마클럽에 제출하는 새로운 보고서로 인정한다.

하지만 이 책에서 제시하는 운영상 제안은 수많은 가능성 중 일부라는 점을 고려하여 본 위원회는 이 제안에 관해 명확한 견해를 밝히는 대신 해당 주제를 둘러싼 세계적인 논의가 즉각 시작되기를 호소한다. 이에 따라 전 세계인의 인식을 제고하는 동시에 오늘날 우리가 활용할 수 있는 지식 기반만큼이나 중요한 집단 상상력을 촉구하는 일이 절실히 필요하다.

Ricardo Diez-Hochleitner (회장)
1998년 7월 8일

로마클럽 상임위원회
Belisario Betancur (부회장)
Bertrand Schneider (사무국장)
Ruth Barnela Engo-Tjega
Umberto Colombo
Orhan Guvenen
Yotaro Kobayashi
Eberhard von Koerber
Ruud Lubbers
Manfred Max-Neef
Samuel Nana-Sinkam
Felix Unger

서문

이 책에서는 두 개의 길이 하나로 합쳐지는 것을 볼 수 있다. 30년 전 몰타공화국의 아비드 파르도(Arvid Pardo) 유엔 대사가 역사적인 연설을 통해 해양을 '인류의 공동유산'이라고 정의했다. 그로부터 불과 몇 년 후 국제해양연구소(International Ocean Institute, IOI)가 창설되고, 이어 '세계해양평화총회(Pacem in Maribus)'라는 이름의 첫 회의가 열렸다. 둘 다 이후 눈부시게 발전하면서 국제해양법 탄생에 기여하기도 했고, 이 책의 저자 엘리자베스 만 보르게제는 그 눈부신 발전에서 결정적인 임무를 수행했다. 보르게제는 바다에 일생을 바쳤다. 이것이 첫 번째 길이다.

1968년, 저명한 인물 몇 명이 로마에 모여 '성장의 한계'에 대한 각자의 우려를 공유했다. 이것이 로마클럽의 시작이다. 로마클럽의 애초 주력 분야는 환경이었지만 실제 활동 영역은 환경 분야 너머로 확대되었다. 전 세계적으로 삶의 질을 유지하고 개선하는 방식으로 경제와 기술의 발전을 확보하는 데 필요한 거버넌스, 즉 '인간을 중심에' 둘 수 있는 거버넌스는 무엇인가? 보르게제는 자신의 통찰력 있는 견해를 개진하고 거버넌스 개념 확립에 일조하면서 로마클럽의 핵심 구성원이 되었다. 상호의존성이 커져만 가는 이 세상에 형태와 본질 등 구체성을 부여하는 방식, 다양한 문화와 문명의 이점을 취하는 방식 등에 관한 그녀의 도덕적 고찰은 점점 무르익어갔다. 이것이 두 번째 길이다.

이 두 갈래의 길(해양을 다루는 방식과 올바른 국제 거버넌스 시스템을 수립하는 방식)은 『해양의 고리』라는 이 책에서 한 갈래로 합쳐진다.

이렇게 합쳐진 길은 1998년 올해 들어 절정에 이른다. 유엔이 1998년을 '세계 해양의 해'로 지정한 것이다. 이에 해양의 역할을 깊이 고찰할 수 있는 절호의 기회가 생겼다. 역사적으로 바다는 (최대한 연안에 가까운 곳에서의) 어족 자원이라는 관점에서의 제한적 기능은 별개로 하고 대체로 다른 나라나 영토, 영역에 도달하기 위해서 건너지 않으면 안 되는 방대하고 어둡고 위험한 수역으로 여겨졌다. 오늘날 우리는 바다가 주는 풍요를 잘 알고 있다. 물고기만 풍부한 게 아니라 생물다양성과 기후의 균형을 유지하는 완충지대로서의 풍요로운 존재라는 사실을 잘 알고 있다. 오늘날에는 해양의 풍요로움이라는 가치에 주목하고 있다.

이와 동시에 바다에 가해지는 위협도 알게 되었다. 과학기술, 경제, 시장 시스템의 보급으로 인해 생산과 소비가 가속되고, 나아가 연안역이나 바다 근처 거대도시로의 이주, 해상 개발과 관광을 위한 개발 등이 증가하고 있다. 이는 모두 인간과 바다 사이의 접점을 늘리게 되었다.

시작은 어업이었다. 하지만 물고기가 풍부한 시대는 이미 수십 년 전에 막을 내렸고, 이에 바다의 지속 가능한 이용이라는 관점에서 생각하지 않을 수 없게 되었다. 하지만 우리는 지속 가능한 이용이라는 문제는 훨씬 종합적이고 전 세계적인 문제라는 사실을 알게 되었다. 인간과 바다의 상호작용이 증대됨에 따라 새로운 사고와 새로운 거버넌스의 필요성이 점점 높아지고 있다.

몇 달 전 해양문제독립세계위원회(Independent World Commission on the Oceans)에서 『해양, 인류의 미래(The Oceans, Our Future)』라는 제목의 보고서를 발표했다. 보르게제는 해당 위원회의 설립과 위원회 활동에서 중요한 역할을 맡았다.

이 책 『해양의 고리』는 『해양, 인류의 미래』의 내용을 한층 심화시킨 포괄적인 연구 결과이다. 보르게제가 서구의 계몽사상을 초월한 간디의 지혜에 대한 믿음으로 그의 말 "생명은 (중략) 그 중심에 개체가 존재하는 하나의 해양의 고리가 될 것이다"라는 말을 인용해 책의 제목을 지은 것은 상징적이다.

1998년 올해는 리우데자네이루에서 유엔환경개발회의(UNCED)가 열린 지 6년이 지난 시점이다. 해당 회의는 80년대 만들어진 지속 가능한 발전과 이 때 발간된 『우리 공동의 미래』라는 보고서의 결과물로서 개최된 것이다. 유엔환경개발회의는 생물다양성에 관한 조약과 기후변화에 관한 협약을 탄생시켰다. 그리고 미숙한 형태로나마 21세기에 추진할 의제가 만들어졌다. 그 중 제17장은 특히 해양 분야에 할애했다. 유엔환경개발회의는 지속 가능한 발전을 실현하고 상호의존성이 높아지는 이 세상에서 인류 연대와 미래 세대를 모두 보호하면서 조화를 달성하는 데 필요한 새로운 원칙을 개념화하는 과정에서 이룬 또 하나의 진전이기도 했다.

이들 원칙 중 하나는 예방원칙이다. 새로운 기술 적용은 신중히 다루고 불확실성이 있는 한 적용을 자제해야 한다는 원칙이다. 이 새로운 황금률은 『우리 공동의 미래』에서 체계적으로 제시한 기술을 향한 낙관적 태도를 보완하는 것이다. 실제로 기술은 여러 환경 문제의 해결책이면서 동시에 그 자체로 위협이 될 수도 있다.

'경제'와 '생태'라는 단어는 둘 다 '우리 모두의 집'을 의미하는 그리스어 '오이코스(oikos)'를 어원으로 삼는다.

경제 관점에서는 이자율이나 할인율을 적용한다. 자원이 희소한 경우 합리적 선택을 하는 시스템과 관련이 있다. 이때 선택기준은 과학기술, 경제, 경영이라는 효율적 시스템을 사용하는 사람이 생산성도 높일 수 있다는 경험에 기반을 둔 합리적 기준이다. 생산성 향상은 이자율을 보여주는 '거울'이다. 그 기본 개념은 경영 및 과학기술의 잠재적인 진보에 관한 경험에서 나온다. 같은 맥락에서 모든 경제학자는 미래의 가치를 '할인'한다. 이들에게 있어 미래의 가치는 현재의 가치만큼의 의미가 없다.

생태학자들은 다른 관점에서 출발한다. 이들은 미래를 현재와 똑같이 중요하다고 본다. 이들은 증명되지 않는 한 기술 진보에 대해 회의적이다. 이런 면에서 생태학자들은 경제학자들과는 완전히 다른 시각을 지닌다. 생태학자들은 사회적으로 훗날 후회하게 될지도 모르는 결정을 방지하기 위해 예방원칙을 적용한다. 유엔환경개발회의 이전 종래의 관점에 따르면 외부효과를 가격에 반영하는 것이 경제와 생태 사이의 긴장에 대한 해답이었다. 지금 우리는 이런 방식이 필요한 것도 맞지만 이것만으로는 충분하지 않다는 사실을 알고 있다. 경제(창의성 촉진)와 생태학(자연을 향한 경외심과 미래에 대한 신중함)의 원활한 공생이 더욱 진전을 이뤄야 한다. 『해양의 고리』는 이러한 공생에 관한 이야기이다.

유엔환경개발회의에서 제시된 또 하나의 새로운 원칙은 문화적 다양성의 가치에 관한 것이다. 창조성, 자신의 문화에 뿌리를 내리고 있는 사람들, 문화 간 교류 등은 모두 긍정적인 가치가 있는 것으로 여겨진다. 지속 가능한 발전을 성공시키는 데는 빈곤 퇴치가 필수다. 그리고 사람들에게 힘을 실어주려면 공동체의 지속성과 문화 존중이 필요하다.

보르게제는 이 책을 통해 여기서 한 단계 더 나아간다. 토착문화에 대한 존중에 그치지 않고 다양한 문화권의 가치관과 비전의 통합을 시도한다. 그렇게 함으로써 그녀는 헌팅턴이 설명한 『문명의 충돌』과 정반대의 것을 실행한다.

『해양의 고리』는 해양을 둘러싼 우려가 점차 인류에 관한 우려, 그리고 전 세계적인 연대와 세대 간 연대에 관한 우려로 발전했다는 사실을 명확히 한다는 점에서 매우 흥미로운 책이다. 즉, 이 책은 '고리의 중심에 인간을' 두는 방법에 관한 것이다.

로마클럽은 총체성의 필요성을 재차 강조한다. 서구의 계몽 운동에서 탄생한 전문화(specialization) 개념을 추구하는 대신 각 학문 분야 사이에 다리를 놓아야 할 필요성에서 출발한 주장이다.

다음으로 필요한 것은 포용적 사고이다. 포용적 사고란 다양한 사회 제도가 지닌 목적을 통합할 수 있는 수용력을 의미한다. 총체성은 전문화를 극복하는 것이고, 포용성이란 개개의 이해를 극복하는 것이다.

보르게제는 이 책에서 화폐로 환산할 수 없는 가치의 중요성을 설파한 지아리니(Giarini)의 저서와 연계해 새로운 '일에 관한 일반이론'의 필요성을 설명한다. 여기서 말하는 일반은 '화폐 가치'가 일과 인간 활동의 유일한 측면이 아니라는 의미이다. 일에 관한 일반이론에는 무보수 노동도 유의미한 것으로 포함해야 한다. 저개발국, 신흥공업국, 성숙 경제국 등의 단계를 각각 거친 후에는 국민 1인당 GNP의 극대화가 아닌 최적화(유급 노동과 무급 노동 사이의 균형)가 인류의 존엄성 있는 삶을 위한 '의제'가 되는 새로운 단계가 있어야 한다는 사실을 깨닫는다면 무급 '노동'의 타당성이 커질 수밖에 없다. 이러한 사고방식은 삶의 극단적인 경제화를 극복하는 데 중요하다.

해양의 정치적 역사와 경제는 중요한 연구 주제이다. '해양을 어떠한 정치력의 지배 하에도 두지 말고 자유롭게 하자'고 호소한 휴고 그로티우스(Hugo Grotius)부터 해양을 인류의 공동유산으로 보자고 한 아비드 파르도(Arvid Pardo), 그리고 배타적경제수역(EEZ)에 의해 각국의 영해 관련 책임을 실제로 현저하게 확장한 해양법협약까지 다양한 요소를 연구하는 것이다. 그 결과 우리는 연안역 관리 문제를 다루고 해양을 평화적이고 지속적인 방식으로 활용하기 위해서 각국이 서로 협력해야 한다는 사실을 깨닫게 된다. 평화라는 의제와 개발이라는 의제는 서로 매우 관련 있다는 사실이 다시 한 번 증명된다.

그러나 해양을 둘러싼 국제적 연대와 정부 간 협력의 필요성을 넘어, 국가의 노력만으로는 지속 가능한 발전과 삶의 질을 모두 확보할 수 없다는 사실은 명백하다. 우리에게는 새로운 거버넌스가 필요하다. 이 새로운 거버넌스에는 새로운 형태의 정부 간 협력과 제도만이 아니라 시민사회의 역할 증대가 함께 필요하다. 시민사회, 그중에서도 특히 비정부기구는 자체적으로 그리고 정부와 다국적기업에도 압력을 가함으로써 삶의 질을 높이기 위한 긴 여정을 이미 시작했다.

새로운 거버넌스 문화가 생겨나고 있다. 이런 문화에서는 재판관이 제정 법률만이 아니라 법적 구속력이 없는 각종 협약과 규칙, 규범 등을 바탕으로 판결을 내리고, 기업은 조직의 강령과 수칙에 사회의 가치관을 내재화하기 시작했다. 우리는 지속가능성을 향한 바람이 있기에 글로벌 윤리를 실천하게 된다. 정부, 기업, 시민사회의 새로운 공생이 시작되고 있다. 하지만 한쪽으로 치우친 삶의 경제화를 바로잡기 위해서는 아직 할 일이 많이 남아 있다.

보르게제는 국가 주권을 매우 흥미롭게 다루고 있다. 보르게제의 주장은 옳다. 국가 주권은 많은 국가에 있어 오만한 개념이라는 사실이 증명되고 있으므로, 이제는 국가 간 협력, 특히 역내 국가 간 협력이 필요한 때다. 그리고 해양의 지속 가능한 개발은 이러한 전 세계적 요구를 보여주는 한 예시에 불과하다. 국가 간, 그리고 국제기관 간 협력의 필요성 다음에 오는 것은 지구 곳곳에서 부상하고 있는 새로운 시민사회이다. 즉, 시민, 비정부기구, 문화, 종교 등이 글로벌 차원의 대화와 모든 국민의 글로벌 주권을 실현하기 위해 협력하고 있다. 새로운 정보통신기술은 사람들을 서로 연결하고 사람들의 역량을 강화할 커다란 가능성을 가져다주고 있다. 따라서 이 세계는 이제 단순히 여러 국가를 합친 형태가 아니다. 이 세계는 전 세계를 무대로 삼는 참여형 민주주의와 모든 국가 국민을 아우르는 전 세계적 주권을 특징으로 한다.

전 세계적으로 상호연결된 지구적 역사로서의 인류사는 이제 막 시작했다. 『해양의 고리』는 바다, 즉 우리의 미래에 대한 인식 제고를 도울 것이다. 이를 통해 인간을 중심으로 한 글로벌화 시대의 거버넌스의 개념 정의를 명확히 함과 아울러 더욱 발전시키게 될 것이다.

뤼트 뤼버르스

감사의 말

이 책은 주로 국제해양연구소와 로마클럽에서 펼친 활동을 바탕으로 삼고 있다. 이 책은 여러 면에서 해양문제독립세계위원회의 작업의 연장으로, 해당 위원회에서 발표한 보고서에서 단지 암시적으로 내비친 권고사항들을 상세하게 풀어서 설명하고 있다. 더 나아가 빈곤한 사람들과 국가들의 요구사항과 열망을 반영하고자 했다.

경제학을 다루는 부분을 집필할 때 귀중한 조언을 주신 이언 맥앨리스터(Ian McAllister) 씨, 해양의 여러 지표와 경제적 가치를 연구할 때 큰 도움을 주신 맥스 보를린(Max Borlin) 씨와 스콧 코펜-스마우트(Scott Coffen-Smout) 씨, 그리고 초고를 검토하고 소중한 제언을 주신 오리오 지아리니(Orio Giarini) 씨와 뤼트 뤼버르스(Ruud Lubbers) 씨에게 특별한 감사의 말씀을 전한다.

엘리자베스 만 보르게제

In this structure, composed of innumerable villages,
there will be ever-widening, never ascending circles.
Life will not be a pyramid
with the apex sustained by the bottom.
But it will be an oceanic circle
whose center will be the individual,
always ready to perish for the village,
the latter ready to perish for the circle of villages,
till at last the whole becomes one life
composed of individuals,
never aggressive in their arrogance,
but ever humble,
sharing the majesty of the oceanic circle
of which they are integral units.
Therefore, the outermost circumference will not yield power
to crush the inner circle
but will give strength to all within
and will derive its own strength from it.

Mohandas K. Gandhi, *India of My Dreams*, R.K. Prabhu, ed.,
Bombay, 1947

무수한 마을들로 이루어진 이 구조 속에는
상승해 가는 것이 아니라, 끝없이 퍼져나가는
수많은 고리가 있을 것이다.
무릇 삶의 구조는 저변이 정점을 받치는
피라미드가 되지는 않는다.
그것은 그 중심에 개인이 존재하는
하나의 해양의 고리가 될 것이다.
그리고 마침내 전체는
여러 개인으로 이루어지는 하나의 삶을 이룰 때까지,
그 개인은 마을을 위해
언제나 사라질 준비가 되어 있다.
하나의 마을도 그들로 이루어진 고리를 위해
또한 사라질 준비가 되어 있다.
그들은 결코 오만하거나 공격적이지 않고,
어디까지나 겸허하게,
해양의 고리가 아우르는 세계를 공유한다.
이로써 가장 바깥쪽의 환경이
안쪽의 고리를 파괴하는 힘을 가하는 것이 아니라,
안쪽 전체에 힘을 더해주고,
또 안쪽에서 나오는 힘을 얻게 되는 것이다.

모한다스 간디 『나의 꿈 인도』
1947년, 봄베이

들어가며

미술과 아동 서적 판매대에 수년 전 등장한 3차원적 착시를 일으키는 새로운 형태의 그림책에 친숙한 독자가 있을 것이다.

컴퓨터로 디자인한 추상적인 패턴이 그려진 평평한 유광 종이를 책에서 안내하는 대로 눈앞까지 바짝 가져와 가만히 편안한 마음으로 응시하면 윤곽이 흐릿해지면서 초점이 벗어나게 된다. 바로 이때 그림을 평상시 책과 눈의 거리까지 아주 천천히 옮기면 놀랍게도 아까와는 다른 지점에 눈의 초점이 맞춰진다. 평평했던 표면이 갈라지면서 그 이면의 깊은 공간이 모습을 드러내는 것이다. 나무, 동물, 산, 파도 등이 배경으로부터 입체적으로 분리되어 홀로그램 같은 3차원적 모양을 띤다. 처음에는 상상하지도 못한 것이 보이게 된다. 즉, 시각에 새로운 차원이 더해지는 것이다.

그림책 속 안내문에서는 이러한 경험을 제대로 누리려면 열린 태도를 지녀야 한다고 조언한다. 특히 연령대가 높은 사람들에게서 흔히 볼 수 있는 고정관념에 사로잡힌 상태에서는 이러한 식으로 시각을 바꿀 수 없다.

필자 역시 이런 그림을 제대로 보기까지 어려움이 있었다, 하지만 이제는 윤곽이 흐릿해지고 초점이 흐트러지면 기존 시각이 사라지면서 새롭고 깊은 시계가 돌연 떠오르면서 내가 바라보고 있던 종이에서 새로운 세상이 펼쳐지는 경험이 무척 즐겁다.

이 책을 통해서 독자 여러분을 이러한 경험으로 안내하고자 한다. 평상시의 관점에서는 보이지 않는 그 이면의 새로운 시계를 펼쳐 보일 예정이다. 우리가 보아야 할 것들은 이미 여기에 있다. 다층적인 배경에서 홀로그램처럼 떠오를 수 있도록 제대로 보기만 하면 되는 이 새로운 세상은 바다의 세계, 해양의 고리가 중심인 세계이다.

지금껏 인간의 시야는 육지에 초점을 두고 있었다. 인간이 뿌리를 내린 곳이자 모든 역사와 진화가 펼쳐진 실질적인 공간이기 때문이다. 또한 육지는 '문명'이 자연을 정복하고 자연과 문화가 상호작용을 해온 장이기도 하다. 육지는 바다와 분리되어 격리되었고 바다의 보호 아래 안전을 지킬 수 있었으며, 육지 생명체는 바다의 최상층부 만을 경험하고 이용해왔다. 어업과 항해의 역사는 선사시대까지 거슬러 올라가지만, 바다 표면 아래 세상은 신비로운 수수께끼였다.

그럼 이제 시공간적 측면에서 모두 이러한 초점에서 벗어나 보자. 확장과 수축을 반복하는 생명의 고동을 느껴보자. 화학 합성으로 생명을 유지하는 기이한 생명체가 심해저의 암흑에서 떠올라 해수면에 도달하여 원시의 증기가 소멸하면서 한층 강렬해진 태양 광선을 만난다. 이렇게 생명 유지의 동력이 화학 합성에서 광합성으로 바뀐다. 생명체가 해양으로부터 위쪽으로 그리고 바깥쪽으로 움직인다. 대기는 해양 식물의 생성물이다. 일부 해양 동물이 아가미호흡에서 폐호흡으로 호흡 방식이 바뀐 이래 우리는 이 대기로 계속 호흡하고 있다. 폐로 호흡하게 된 동물들은 바다에서 뭍으로 기어 나오고 해양 식물이 하던 일을 육지의 녹색 식물이 이어받아 호흡에 필요한 공기를 생성하게 되었다. 이렇게 뭍으로 나온 동물들은 번식을 통해 늘어났고 그 종도 다양해졌다. 하늘을 날 수 있게 하는 날개가 생겼고 두 다리로 몸을 버텨 일어나 직립하게 되면서 두 손으로 기도를 하거나 집도 지을 수 있게 되었다.

그리고 포유류, 조류, 고래, 돌고래, 바다표범, 그리고 펭귄이나 바다오리 등 동물들이 바다로 돌아오기 시작했다. 새들이 깊은 물속에서 날개를 퍼드덕거리며 헤엄치면서 목과 발을 쭉 내밀어 먹잇감이 될 물고기를 잡는 모습이나 돌고래와 바다표범이 바다에 어울리는 체형으로 돌아온 모습은 경이롭다.

인간이 그 뒤를 이었다. 마치 나그네쥐처럼 인간은 내륙과 고지대에서 앞다투어 연안으로 한꺼번에 몰려들면서 서로가 서로에게 걸려 넘어지고, 마치 메뚜기 떼가 지나간 것처럼 해안의 환경을 황폐하게 만들면서 위험을 무릅쓰고 바다로 나아가 더 멀고 더 깊은 곳으로 향했다.

이제 다시 초점을 맞춰보자. 표면이 갈라지면서 새로운 차원이 출현할 것이다.

이전에는 바다와 해저를 육지의 연장으로 봤었다면 이제는 육지가 바다의 연장이라고 생각해보자. 태평양 연안에 사는 사람들은 실제로 이런 관점을 갖고 있다. 바다란 우리의 푸른 행성 지구 표면의 4분의 3이나 차지하는 주인공이며, 대륙은 바다라는 세상에 떠 있는 섬일 뿐이다. 바다는 이런 대륙들을 분리하는 것이 아니라 서로 연결하고 하나로 만든다. 바다라는 세상은 우리 인류의 공동유산이다.

재화(식량, 섬유, 유전자원, 금속, 광물)와 용역(교역 항로, 관광)의 잠재적인 공급원이자 국가, 지역, 전 세계를 든든하게 지켜주는 저장고로서 바다의 중요성은 아무리 강조해도 지나치지 않다. 하지만 더 중요한 사실은 바다가 생물권에서 매우 중요한 역할을 맡고 있다는 점이다. 즉, 바다는 탄소 순환의 핵심 요소이자 지구 기후의 주요 결정 인자이다.

바다가 '생태계 서비스'에서 맡은 역할은 육지의 역할보다 훨씬 크다.

가령 산호초와 맹그로브 습지는 '완충장치'로 작용한다. 이들은 쓰나미의 위력을 완화하고 연안 지역 주민과 재산을 안전하게 지키는 방패가 되어 준다. 또한 생물의 서식지, 피난지, 번식지, 영양 순환의 장으로서도 기능한다. 아직 알려지지 않은 방대한 영역을 제외

해도 지금까지 지구 생태계 서비스 전체 흐름의 가장 큰 부분을 담당하는 건 '수계'이며, 그 90%는 바다가 차지한다.

바다는 지구 표면적의 70% 이상을 덮고 있는 동시에[1] 생명 유지에 필요하다고 알려진 용적의 99%를 차지하고 있는데, 그 대부분은 미지의 세계로, 알면 알수록 우리가 아는 게 거의 없다는 사실을 더 깨닫는다. 인간의 행위로 유발된 생물종 다양성 감소를 둘러싼 우려가 퍼져 있고 이러한 우려는 당연하지만, 한편으로 과학계에서는 계속해서 다양한 생물군을 새로이 발견하고 있다. 최근 몇 년간 태양광이 닿지 않는 중심해中深海를 탐사하던 과학자들은 생산적 생태계를 구성하는 새로운 생물종을 다수 발견했다. 우리에게는 새로운 종이었지만, 최첨단 어업기업 등 관련 업계에서는 이미 이목을 끌고 있었다. 인간이 탐사를 마친 영역이 1.5% 정도밖에 되지 않는 심해저는 수천 종, 어쩌면 수백만 종에 이르는 소형 무척추동물을 품고 있으며, 화산으로 만들어진 해저 확장 중심부에는 갑각류, 연체동물, 자이언트 웜 등 육지에서는 볼 수 없는 생물이 서식하고 있다. 미국 대서양 앞바다의 수심 1,500~2,500m 해저에 있는 21㎡ 정도의 구역에서 과학자들이 798종으로 이루어진 90,672개의 생물체를 채취했는데, 그중 460종은 당시까지도 알려지지 않은 종이었다.[2]

하지만 우리는 바다가 육지와는 다른 환경이라는 사실은 알고 있다. 사실 너무나도 달라서 생각도 달리할 수밖에 없다. 만물이 흐르고 만물이 서로 연결된 바다라는 환경 그 자체가 우리에게 초점을 풀어 낡은 개념과 패러다임을 버리고 새로운 패러다임에 초점을 다시 맞출 것을 강요한다. 주권, 지리적 경계, 소유권처럼 수천 년에 걸쳐 육상에서 진화한 기본적인 개념들은 바다라는 환경에서는 의미

1) 『해양의 생물다양성(*Biodiversity in the Seas*)』.

2) Graham, p. 7

가 없다. 바다에는 새로운 정치적, 법적, 경제적 개념이 발생하고 있다. 이러한 개념이 21세기의 사회적, 경제적, 정치적 질서를 움직이게 될 것이다.

1. '문제복합체'와 '종합해결책'

로마클럽은 이러한 해양의 고리가 중심인 세계에 대한 이해를 잘 정리하고 널리 전파하는 역할을 맡을 준비가 되었다. 1960년대 후반 창설된 로마클럽은 '우리가 사는 시대의 모든 중대한 문제는 서로 관련되어 있고 상호 작용한다'라는 기본 개념에서 출발했고, 창설자 아우렐리오 페체이(Aurelio Peccei)는 이를 '문제복합체(Problematique)'라고 명명했다. 인류는 해양에서 심각한 문제복합체를 경험해 왔다. 물고기, 조류, 파도, 바람은 인간이 만들어낸 '경계'를 전혀 지키지 않는다. 육지의 법칙은 바다에서는 통하지 않는다. 해양과 관련한 주요 활동은 모두 다른 활동에 영향을 미친다. 가령 어업과 양식, 석유·가스·광물·금속 등 해양 자원 탐사 및 생산, 관광 및 수상 스포츠, 해운과 항해, 연안 공사와 개발, 바다를 이용한 평화 추구 및 군사 활동 등은 모두 서로 영향을 주고받는다. 그 영향은 긍정적일 수도 부정적일 수도 있다. 어떤 의미를 부여하더라도 이들 활동을 제각각 다루는 것은 불가능하다. 이 활동들이 바다의 '문제복합체'를 구성한다. 유엔해양법협약 탄생의 아버지인 아비드 파르도(Arvid Pardo) 몰타 대사는 1967년 11월 1일 유엔총회 제1위원회 회의에서 행한 역사적 연설 중에서 이 점을 확실하게 인정했다. 그리고 1982년 채택된 유엔해양법협약(UNCLOS)의 전문에는 다음과 같은 표현이 포함되었다.

"…해양을 둘러싼 각종 문제는 서로 밀접하게 연관되어 있으므로 종합적인 관점이 필요하다…"

이렇게 서로 연결된 각종 쟁점과 문제에 대한 해결책을 마련하기 위해서는 '학제적 접근법'이 필요하다. 각 쟁점과 문제에는 각각 다른 식견, 학문 분야, 전문지식이 필요하다. 분야별로 다루는 해결책이 아닌 통합적인 해결책을 모색하지 않으면 안 된다. 이러한 해결책은 로마클럽에서 '종합해결책(Solutique)'이라고 부른다. 해양에 관해서는 1960년대에 관련 모델 구축에 착수하여 제3차 유엔해양법회의(Third United Nations Conference on the Law of the Sea : UNCLOS) 의장을 역임한 토미 코(Tommy Koh) 싱가포르 대사가 '바다의 헌법'이라고 명명한 체계의 교섭, 채택, 비준, 이행이 진행되었다. '바다의 헌법'에는 주요 해양 용례를 모두 하나의 '종합해결책'에 담았다. 우리는 이 체제가 다음 세기의 세계를 위한 헌법의 한 부분이자 본보기가 되어야 한다는 것을 알고 있었다.

'문제복합체'의 본질은 평화와 안전은 경제적 공정성 및 환경 안보와 불가분의 관계가 있다는 사실이다. 여기에는 국제사회의 정의와 더불어 선진국들의 산업 생산 과세 및 유통 체계의 근본적인 변화에 기반한 선진국과 개도국 간 관계의 재편도 고려되어야 한다.

로마클럽의 첫 해양 관련 활동은 노벨상 수상자 틴베르헌(Jan Tinbergen)의 지도 하에 『국제질서의 재편: 로마클럽 제출 보고서(Reshaping the International Order: A Report to the Club of Rome)』에 포함된 「신국제경제질서와 해양법(The New International Economic Order and the Law of the Sea)」이라는 제목의 한 장章이었다. 해당 장은 아비드 파르도와 필자가 집필한 것으로, 새롭게 부상하는 유엔해양법협약(UNCLOS)이 신국제경제질서(NIEO) 환경에서 개도국들의 목표를 강화하는 방법을 제시하고자 했다. 이상하게

들리겠지만 이러한 접근법은 1974년까지도 새로운 사고방식이었다.[3)]

우리는 유엔해양법협약과 신국제경제질서가 서로를 뒷받침할 수 있는 다음 여덟 개의 주요 항목을 정리했다.

첫째, 이 새로운 유엔해양법협약의 근거는 선진국이나 개도국을 가리지 않고 모든 국가의 주권이 동등하다는 관념이었다(유엔해양법협약 전문).

둘째, '인류공동유산'이라는 개념을 적용했다. 어쩌면 가장 중요한 개념일 수도 있다. 이 개념에 따라 부국과 빈국 간 관계는 굴욕적인 '공여국-수여국' 관계에서 벗어나 대등한 파트너 관계로 바뀔 수 있다. 즉, 모든 파트너가 '인류공동유산'으로 선언된 자원을 공유할 권리를 갖는다. 공동유산이라는 개념에는 경제발전, 환경보호, 평화구축, 윤리 등이 포함된다.

셋째, 연안국에 대하여 200해리 해역 내에 있는 모든 자원과 그 경제적 이용에 대한 주권적 권리를 부여하는 배타적경제수역(EEZ)이 정립되면서 다양한 유엔 결의와 선언에서 재확인된 신국제경제질서의 천연자원 '주권' 원칙에 한층 힘이 실렸다. 상호의존도가 높아지는 세상에서 일반적인 '주권' 개념을 둘러싼 전개 사항은 또 다른 문제로 이후에 다시 다루기로 한다.

넷째, 유엔해양법협약은 지역별 조직, 개도국과 개도국 간 협력, 자립원칙 등을 강화했다. 제122조와 123조는 유엔환경계획(UNEP)에서 시작한 지역해 프로그램의 근간이 되었다. 제276조와 277조는 기술협력, 기술개발, 기술이전을 위한 지역센터 설립을 요구한다. 유엔해양법협약은 전반에 걸쳐 국가, 지역 및 글로벌 차원의 역량 구축을 강조한다.

---

3) 당시 이름은 밝힐 수 없지만 NIEO와 UNCLOS 양쪽과 관련된 중요한 지도자 중 한 명이 이 둘 사이에는 공통점이 없고, 해양법에 관해서는 멕시코 같은 나라가 볼리비아보다 노르웨이와 공통점이 더 많다고 설명했다.

다섯째, 유엔해양법협약은 특히 국제해저기구(ISBA)와 그 의사결정기관의 설립을 통해 개도국이 재정 관련 의사결정에 공평하게 참여해야 한다는 원칙을 강화했다. 하지만 이는 후에 이른바 '이행협정(Implementation Agreement)'에 의해 뒤집혔다.

여섯째, 유엔해양법협약은 특히 심해저 채광기술(조약 제11부), 그리고 기타 모든 일반 해양기술(조약 제14부)과 관련해 특히 해양과학 및 해양기술 발전을 위한 지역센터 설립(제276조와 277조)을 통한 기술협력·공유를 촉구한다.

일곱째, 유엔해양법협약은 선적국과 해당 선주 사이의 진정한 연계를 요구함으로써 해상무역에서 개도국의 이익을 보호했으며, 이를 통해 해상수송과 해상무역에 있어서 '편의치적'에 맞서 개도국의 이익을 지키려는 유엔무역개발회의(UNCTAD)의 노력과 조화를 이루게 되었다.

여덟째, 최빈국을 포함한 내륙국의 이익을 수호하며 유엔해양법협약은 유엔무역개발회의의 노력과 신국제경제질서의 주장을 한층 강화했다.

네덜란드 정부의 보조금에 힘입어 이 「신국제경제질서와 해양법」이라는 장은 후에 한 편의 독립적인 논문으로 확장될 수 있었다.[4] 1976년 로마클럽과 국제해양연구소(IOI)는 알제에서 합동 연례회의를 열어 해양법 연구를 비롯해 틴베르헌 보고서의 내용을 논의했다. 그 후 약 10년간 77그룹(G77), 비동맹국가, 유엔무역개발회의, 지역그룹 등 개도국이 견해를 밝히는 모든 장에서 유엔해양법협약에 대한 지지의 목소리와 진전의 노력이 있었다. 1980년대 후반부터 1990년대 초반까지 비준 프로세스가 시간을 끄는 가운데 채무 위기, 기아, 시민 소요, 국지전 등 다른 문제가 주목받으면서 유엔해양법협약에 관한 관심이 줄어들기 시작했다. 미국과 미국의 일부 동맹

4) Borgese and Pardo, 1975, 1976.

국의 압박과 시간의 경과도 관심이 약해지는 데 한몫했다. 협약 작성에 관여하고 그 명확한 중요성도 인식하고 있던 의사결정자들과 관료들이 협약에 대한 인식이 낮은 다음 세대 인력으로 교체되면서 협약이 뒷전으로 밀리게 되었다. 선진공업국들이 조약 제11부를 파기하는 움직임을 시작할 때조차 개도국들은 아무것도 하지 않고 무관심하게 방관할 뿐이었다. 이 제11부야말로 여기저기 결점이 있기는 해도 바로 '인류의 공동유산'이라는 개념을 유일하게 제도적으로 성문화한 것이었다.

시간은 그렇게 흘러갔다. 해양을 둘러싼 여건의 진전과 로마클럽의 활동은 이제 보다 폭넓은 맥락에서 봐야 한다. 1987년 「환경과 개발에 관한 세계위원회 보고서」[5]는 '지속 가능한 개발'이라는 개념을 선보였고, 이 개념은 1992년 리우데자네이루에서 열린 유엔환경개발회의(UNCED)에서 채택된 협약과 행동계획을 통해 한층 심층적이고 구체적인 모양새를 갖췄다.[6] '인류의 공동유산' 개념과 마찬가지로 '지속 가능한 개발' 역시 빈곤 퇴치 같은 경제발전과 더불어 생물다양성이나 지구의 기후 보전 등 환경보호 등을 아우르고자 했다. 경제발전도 환경보호도 평화가 없이는 이룰 수 없다는 사실은 따로 언급할 필요도 없이 자명했다. 하지만 그 점을 따로 언급하지 않았다는 사실 자체가 이 유엔환경개발회의에서 이룬 약속의 근본

---

5) 『우리 공동의 미래(*Our Common Future*)』, 1987.

6) 리우회의에서는 리우선언, 기후변화협약, 생물다양성 협약, 행동계획인 '어젠다21,' 사막화 방지, 삼림원칙성명이 채택되었다. 이를 바탕으로 수많은 후속 회의가 소집되었다(공해 내 경계왕래성어족과 고도회유성어족의 보호, 통합적 연안관리, 개발도상 도서국 관련). 또 사막화 관리를 위한 조약 작성을 맡을 정부 간 기관이 설립되었다. 이들 작업은 모두 일정대로 진행되었다. '어젠다21'에서 가장 본질적인 장인 제17장은, 해양의 지속 가능한 개발을 다루고 있다. 삼림과 사막화에 관한 문서를 포함한 모든 UNCED 문서가 지속 가능한 해양개발과 중요한 연결고리를 갖고 있다. UNCED는 해양공간의 각종 문제는 서로가 각각 관련되어 있을 뿐만 아니라, 육상, 대기, 우주 문제와도 밀접하게 연결되어 있다는 사실을 확실히 알려주었다.

적인 약점이 되고 말았다. 국가나 지역, 세계 그 어느 차원에서도 안보 향상을 위한 제도적 장치를 마련하지 않은 것이다. 이 부분은 무대를 옮겨 「평화를 위한 의제」 보고서를 작성한 유엔사무총장의 손에 맡겨졌다.[7]

「평화를 위한 의제」는 '안보'와 '안보에 대한 위협'이라는 개념을 재검토한 보고서이다. 안보에 대한 위협은 오늘날 국가 간 군사적 침공에서 생겨나기보다는 경제적 불평등, 소위 국가를 대표하는 사람들의 기본 인권 및 자유 착취, 환경 악화, 종교·언어·민족의 차이 등 문화 요소 등에서 시작되는 국가 내 사회적 갈등에서 비롯된다. 따라서 '포괄적 안전보장'은 '인류의 공동유산' 개념과 마찬가지로 경제, 환경, 윤리 측면으로 구성된다. 이러한 사안들이 아직도 다른 대화의 장에서 서로 연결 고리가 거의 없이 다뤄지는 현실을 보면 포괄적이고 폭넓은 여러 분야를 오가는 학제적 접근법과 제도가 필요하다는 흔한 주장이 사실 실천되지 않고 있음을 알 수 있다.

1995년 국제해양연구소는 「평화를 위한 의제」와 유엔해양법협약, 유엔환경개발회의 프로세스 사이의 상호관계와 해양법이 「평화를 위한 의제」 이행에 이바지할 수 있는 부분을 연구했다.[8] 이 연구에서는 해양공간·자원의 지속 가능한 관리와 지역 안보 개선에는 역내 협력과 조직이 중요하다는 사실을 특히 강조했다. 해당 연구에서는 평화지대와 비핵지대 구축을 향한 움직임이 펼쳐지는 한편 바다의 평화적 이용의 관리를 위한 지역해 프로그램 수립이 진행되는 가운데 양쪽 움직임이 모두 인간의 안전보장이라는 공통의 목표로 수렴되고 있다는 사실을 보여줬다. 해당 연구는 개발, 환경, 안보를

---

7) 유엔총회에 대한 사무총장 보고(1994) 및 부속서(1995).

8) 『해양과 평화: 평화를 위한 의제 실시에 대한 해양 거버넌스의 기여(*Oceans and Peace: the Potential Contributions of Ocean Governance to the Implementation of the Agenda for Peace*』, Pacem in Maribus XXIII 회의록, 1995(페데리코 마요르가 서문 작성), Paris: UNESCO, 1997.

모두 아우르는 통합 정책 이행에 필요한 지역 메커니즘을 제안했다.

같은 시기에 로마클럽은 탈공업화사회에 있어 '지속 가능한 개발'이 갖는 의미의 전파와 심층 분석 등에서 중요한 공헌을 해왔다.

그 중 특히 두 가지 공헌이 현재 상황에 맞닿는다. 첫 번째는 오리오 지아리니(Orio Giarini)[9]의 작업이다. 지아리니는 탈공업화 국가에서 '지속 가능한 개발'이 내포한 각종 문제를 다루는 데 있어 '주류경제학'이 부적절하다고 설명하면서, 18~19세기 유럽에서 발생한 산업혁명의 제1의 물결에서 유래한 '사회주의'와 '자본주의'라는 시대와 문화로 규정되는 사고방식을 초월하는 새로운 접근법이 필요하다고 주장했다.

두 번째의 커다란 공헌은 로마클럽이 21세기의 '지속 가능한 개발'의 제도적 시사점과 요건에 중점을 둔 거버넌스를 강조한 것이다.

지아리니의 연구의 핵심 주제는 본래 해양이 아니었지만, 필자는 지아리니의 연구에서 필자가 로마클럽에 제출한 최초의 보고서[10]에서 기술한 '공동유산의 경제학'이라는 개념의 씨앗을 보았다.

지아리니가 제시한 '지참금과 세습재산'이라는 개념[11]에는 금전적으로 정량화가 가능한 것과 불가능한 것, 또한 '시장'의 범위 안에 드는 것과 들지 않는 인간이 만든 재화와 용역의 전체 스톡, 그리고 환경자원 등의 자연자산이 포함된다. 이러한 총체적이고 역동적인 스톡이 현재와 미래에 있어서 부와 복지의 진정한 '곡창'이며 '저장

9) 『부와 복지에 관한 대화, 확실성의 한계(*Dialogue on Wealth and Welfare, The Limites of Certainty*)』.

10) 『해양의 미래(*The Future of the Oceans*)』, 1986.

11) 세계은행은 최근 생산된 자산, 자연자본, 인적자본의 관점에서 국가의 부를 재평가했다(*Monitoring Environment Progress*, 1995). 세계은행은 선진국, 개발도상국을 불문하고, 생산된 자산이 국가의 부에서 차지하는 비율은 불과 16%에 지나지 않는다고 밝혔다. 자연자본의 비율은 선진국에서 17%, 개발도상국에서 32%이다. 각주에서는 실제로 이 숫자를 더 높을 것이라는 것을 시사하고 있다. 인적자본, 즉 인적자원이 차지하는 비율은 단연 높아, 선진국에서는 67%, 개발상국에서는 52%에 달했다.

고'이다. 단순한 연간 국민총생산(GNP) 흐름만으로는 경제의 큰 구성요소(시장 밖에서 일어나는 모든 일), 더 심각하게는 자원 고갈과 문화 및 인간 정신의 파괴 같은 것들을 볼 수 없다. GNP는 오염 같은 나쁜 것도 재화의 생산으로 포함하기 때문에 진보의 척도로는 부적절하고 오해의 소지가 있는 지표임에도 불구하고 각국 정부는 자국의 성과를 측정할 때 GNP를 습관처럼 사용하고 있다.

지아리니는 선진공업국에서 발전하고 있는 '서비스 경제'가 각국의 실질적인 부와 복지 또는 전 세계 '지참금과 세습재산' 스톡의 보전과 증대에 대한 새로운 접근법을 제시한다고 설명한다.

첨단기술이 소형화, 비非물질화, 자동화, 적기 공급생산 등을 통해 '원재료'에 대한 수요를 감소시켜 환경에 가해지는 압력 중 적어도 하나는 덜어주는 동안 탈공업화사회에서 '생산'과 '서비스' 간 관계는 극적으로 변해왔다. 연구개발, 관리, 광고, 유통, 교육 및 재교육, 유지보수, 수리, 재활용, 최종 처리 등의 서비스는 이제 선진공업국들의 전체 경제 프로세스에서 약 60%를 차지한다.

이러한 수치를 활용할 때 시장가격체계에 영향을 주는 왜곡과 불공평 요소를 무시해서는 안 된다. 가령 대부분의 개도국은 '시장력'이 충분하지 않기 때문에 선진국들이 원재료는 물론이고 최근에는 제품까지 다국적 대기업의 시장지배력이 결정하는 가격에 따르고 있다. 즉, 공업국들의 GNP 가중치에는 제3세계에 밀어붙인 '홍정가격' 구조가 포함되어 있다(이러한 구조는 스위스 은행 계좌와 화려한 생활양식을 보유한 제3세계 내부의 엘리트들이 부추기는 경우가 많다).

어떤 의미에서 제품의 진정한 가치는 단순한 교환가치를 넘어선다. '교환가치'는 '소유권'을 전제로 한다. 내가 소유한 것을 상대가 소유한 것과 교환하는 것이다. '구매력'은 토지, 노동, 자본(지식 포함) 등과 관련한 일종의 거래 가능한 권리의 소유를 기반으로 성립된다. 한편 '이용 가치'는 '소유권'을 중요시하지 않는다. 이용 가치는 생산자와 소비자 간 교환 거래가 아닌 생산과 이용의 프로세스에 이바지하는 양자, 즉 '프로슈머' 간 협력관계에 기반을 두고 있다. 이런 경우 제품의 구매, 소유, 대여 여부는 중요하지 않다.

지아리니의 견해가 가지는 의미는 '소유권'을 부정하지 않고 로마법의 좁은 해석을 확장하여 더욱 폭넓은 윤리적 함의를 갖는 '신탁(trusteeship)'이라는 개념 속에 '사용자 권리'를 포함했다는 사실이다. 인류 및 자연에 대한 책임을 수반하는 '신탁소유권'은 초기 유대-그리스도교나 비非유럽 문화 및 종교에서 흔히 찾아볼 수 있는 개념이다. 지아리니는 서양의 가치를 부정하는 게 아니라 이를 과거 수 세기 동안 이어진 서양식 사고방식에 더는 좌우되지 않는 보다 큰 체계와 연결 짓는다. 이러한 방식이 바로 우리가 인류의 공동유산이자 우리 모두를 연결하는 해양을 다룰 때 적용해야 하는 방식이다.

해양경제학이 시장에 의존하는 부분은 제한적이다. 해양경제학은 대부분 비非소유재산, 비非주권이라는 현실에 입각하고 있다. 해양경제학은 인류의 공동유산인 자원의 경제를 포함해야만 한다. 이때 이 자원은 관리해야 하지만 사유화할 수는 없다. 이와 관련한 문화적, 윤리적, 제도적 함의는 한층 심층적인 연구가 필요하다. 해양은 금전적으로 정량화할 수 있는 자원으로서의 가치도 있지만, 정량화가 어렵거나 불가능한 훨씬 중요한 다른 가치도 있다. 해양은 우리 생명 유지 체계의 한 부분이고, 해양경제학에서는 이 체계 속에서 정량화가 불가능한 구성요소가 압도적으로 많다는 사실을 인식해야 한다.

불확실성과 취약성은 현대 경제학 전체에서 주요한 요소이다. 특히 해양경제학에 있어서는 더더욱 중요한 요소이다. 한편에서는 해양 프로세스에 대한 인간의 무지와 부주의(유조선 사고에 영향을 미친 인간의 과실 등), 그리고 인간의 부정행위(해사 사기 등)가 서로 만나고, 다른 한편에서는 해양 관련 산업 내 많은 부문(수억 또는 수십억 달러에 이르는 석유 굴착, 유조선 등)에서 추구하는 거대화와 거기에서 비롯되는 정량화가 가능하거나 불가능한 심대한 피해로 인해 보험업계는 감당하기 힘든 압박을 받으면서 새로운 방책을 생각하지 않을 수 없게 된다. 지아리니가 설명했듯 보험경제학은 과거 산업혁명 초기 단계에서 섬유경제학이 수행했던 선구적인 역할을 현대판 산업혁명에서 떠맡고 있는지도 모른다.[12)]

지아리니의 연구는 탈공업·탈유럽 사회를 위한 경제이론의 한 모델로서의 '해양경제학'을 발전시키는 데 크게 이바지할 가능성이 있다. 이와 동시에 지아리니와 그의 동료 경제학자들도 우리가 법률 분야에서도 그러했듯 해양을 자신들의 이론을 실험하는 장으로 이용함으로써 얻는 바도 클 것이다. 이들이 뭍에서 파악한 각종 문제가 바다 환경에서는 더욱 확대되기 때문에 거대한 현미경을 사용하듯이 이 문제들을 조사해볼 수 있다.

지아리니의 최신 연구[13)]에서는 새로운 경제학의 불가결한 요소로서 노동의 존엄성과 노동할 권리를 강조하고 있지만, 노동의 권리를 여러 단계로 구분한다. 기초단계는 경제활동 연령기의 시간제 고용이다. 이때 정부는 모두에게 타당한 최소한의 생활수준(주거, 식량, 교육, 의료)을 반드시 보장해야 한다. 이뿐 아니라 모든 사람은 생활수준을 높이기 위한 자신만의 자발성과 진취성을 발전시킬 기회를 누린다. 나아가 지역사회를 위한 무상 봉사활동(노인, 환자, 아동 보살핌, 재난 구호 활동 등)이 더해져서 노동 사이클이 완결된다. 평생교육은 평생노동에서 불가결한 요소이다.

이러한 노동 모델은 모든 사람에게 고용과 최소한의 생활수준을 보장하는 것을 상정하는 간디의 모델과 가깝다. 이에 더해 개개인은

12) Giarini and Liedtke, 1997.

13) 앞과 같음.

개인의 부 축적이 아닌 공동체의 번영을 위해 자신의 역량을 개발하여 수입을 늘린다. 그리고 지역사회를 위한 봉사활동은 노동 사이클의 큰 부분을 차지하게 된다.

지아리니의 모델은 시장체제와 중앙계획체제 모두를 초월한다. 이런 식으로 전문 학문 분야로서의 '경제학'을 초월하고 이를 사회과학, 철학, 윤리학 등으로 구성된 본래의 맥락 속으로 재통합한다. 그리고 경제학의 환경적 측면을 고려하면 자연과학도 포함될 필요가 있다.

이 새로운 경제학은 현재 서구 방식보다는 정부의 개입과 거버넌스를 더 많이 필요로 한다. 이와 동시에 중앙계획경제보다는 구상의 자유와 탈중앙화가 더 필요하다.

로마클럽의 거버넌스 연구[14]는 지속 가능한 해양 개발·관리를 위한 법과 제도의 진화와 매우 밀접하게 관련이 있다.

드로어(Dror)는 거버넌스의 윤리적 측면을 강조하면서 이는 교육, 특히 리더 교육을 통해 반복적으로 가르치고 심어줘야 한다고 설명한다. 노동 사이클의 불가결한 부분인 평생교육, '벽 없는 대학'과 최첨단 교육 기술을 이용한 교육이 현재의 리더와 장래의 잠재적 리더들에게 확대 적용되어야 한다는 사실은 자명하다. 그리고 이러한 교육을 통해 지역 공동체와 자연을 둘러싼 시민의 책임, 불확실성과 비선형성에 대한 인식, 변화 적응력의 필요성 등 '새로운 사고'에 대한 감각이 전수되어야 한다. 킹(King), 디에스-호흐라이트너(Diez-Hochleitner), 페데리코-마요르(Federico-Mayor), 지아리니, 드로어, 슈나이더(Schneider)는 모두 지속 가능한 개발을 위한 거버넌스의 기초로서 '인적 자원 개발'이 결정적으로 중요하다는 점에 동의한다.

---

14) Dror, 1995, King and Schneider, 1991, Schneider, 1988, Rosensohn and Schneider, 1993 등.

'시대에 뒤진 국가지상주의'에 대한 드로어의 논평, 대륙의 거버넌스에서 국가보다 하위 차원(지역 공동체, 도시, 소지역, 비정부기구 등)의 활동과 '정치적 문화'가 중요해진다는 그의 설명, 그리고 "한 극단에는 글로벌 및 대륙 거버넌스, 다른 극단에는 지역 및 풀뿌리 거버넌스"가 있다는 그의 관점은 모두 '해양의 고리가 중심인 세계'를 반영하고 있다. 이 책에서 시도하는 거버넌스 구상은 드로어가 제창한 원칙에 대한 실질적인 응용이라고 볼 수 있다. 거대도시의 거버넌스와 또한, 그 도시들과 다른 거버넌스의 단계 및 형태와의 관계를 어떻게 재설계할 것인가 하는 문제의식은 거대도시들이 대부분 연안 지역에 있다는 사실을 고려했을 때 통합연안관리를 위한 제도적 구조를 설계하는 데 매우 중요하다. 연안관리에 거대도시를 포함하는 안에 대해서는 해양관리 관련 논문에서 거의 또는 전혀 주의를 기울이지 않아 왔다.

지금까지 기술한 것은 거버넌스에 대한 로마클럽의 일반적인 연구와 해양 거버넌스에 대한 보다 구체적인 탐구에서 각종 현안과 '문제복합체'와 '종합해결책' 같은 개념이 수렴하는 지점을 보여주는 예시였다.

이러한 수렴은 '제1차 지구혁명(킹과 슈나이더)'과 이른바 '블루혁명' 사이에서도 역시 확실하게 볼 수 있다.

킹과 슈나이더가 설명한 기술 '이전' 또는 기술협력, 공동기술개발의 중요성, 그리고 해당 분야에서 뛰어난 기관들의 네트워크를 구성해야 한다는 제안, 시장경제의 한계성, 그리고 특히 촌락 차원에서의 비정부기관과 그런 기관들이 펼치는 노력의 중요성 등은 모두 국제해양연구소의 활동과 이 책의 내용과 호응하고 일치한다.

유익한 정보와 시사가 매우 풍부한 슈나이더의 보고서 『맨발의 혁명』에서는 촌락 차원 비정부기관들의 업적을 상세하게 기술한다. 생활수준 향상과 관리에 참여하고 그 권한을 강화하기 위해 행한다고 슈나이더가 묘사한 일련의 활동들은 매우 유용하고 폭넓게 적용할 수 있다.

그러나 놀랍게도 슈나이더 역시 다른 학자들과 마찬가지로 시골 농촌 마을만을 대상으로 삼고 있다. 연안 또는 어촌 마을은 전혀 언급하지 않는데, 이러한 마을들의 쇠락을 막고 주민의 삶을 개선하는 것은 급선무이다. 지구상 인구의 약 60%가 집중된 연안 거대도시들의 무질서한 팽창과 연안 지역과 해역 환경의 악화를 막으려면 이러한 어촌대책이 반드시 필요하다.[15)]

농촌과 어촌은 조직적 원리는 유사하지만, 연안 지역사회 내에서 개발되어야만 하는 환경·문화·경제적으로 지속 가능한 기술들은 다를 것이다. 상·하수처리, 해산·수산 양식 기술, 생선 냉장 등을 위한 소규모 파력발전, 토양의 염분을 흡수하는 작물이나 식용 호염성 작물의 재배, 해양성 동식물을 원료로 하는 의약품이나 화장품 등 고용을 창출하는 산업의 도입, 고갈된 어류, 바닷새, 해양성 포유류를 위한 보호구역 설정과 보호구역 내 생태관광 관리, 수질 감시 및 데이터 관리 참여, 마이크로 전자기술, 정보기술, 생명공학 기술[16)], 대체에너지 기술, 관련 조직의 설립과 인적자원 관리 및 개발 등이 있어야 연안 어촌의 역량을 강화하고 통합 연안역 관리 및 해양관리에 이들의 참여를 유도할 수 있을 것이다.

국제해양연구소는 많은 현지 비정부기구와 손을 잡고 '맨발의 혁

---

15) 카를 마르크스는 이미 대도시 난개발과 촌락의 황폐 문제는 동시에 취급하지 않으면 안 된다고 인식했다. 놀랄만한 선견지명으로 마르크스는 "제조업과 농업을 결합하고, 도시와 국가의 구별을 서서히 없애야 하는데 그렇게 하기 위해서는 국가 내 인구를 균등하게 배분해야 한다"라고 권고한다(『공산당선언』, 펭귄, 1967, 1968, 1969, p.105).

16) 로젠손(Rosensohn)과 슈나이더(Schneider)는 바이오테크놀로지 공동개발의 중요성을 강조하면서 그 어려움을 다음과 같이 지적하고 있다. "신기술의 응용은 선진국 민간기업의 전매특허가 되어가고 있다. 일반적으로 제도, 정치, 인프라가 미비하고 투자가 빈약한 개발도상국은 이와 같은 기술의 은혜를 입을 수가 없다. 따라서 유전자공학의 눈부신 진보도 가진 자와 갖지 못한 자 사이의 간극을 좁히기보다 넓히는 경향이 있다."

명'과 '블루혁명'을 결합해 우리가 믿는 해양·연안 관리에 대한 원칙을 실행하고자 하는 노력에 연안 어촌을 포함하는 프로젝트를 최근 시작했다.

같은 시기에 브룬트란트 보고서와 유엔환경개발회의에서는 지속가능한 개발을 위한 제도적 거버넌스 체계를 다루는 매우 상세한 지침을 권고했다. 이 지침은 로마클럽이 수립한 지침과도 일맥상통한다. 모두 '해양의 고리가 중심인 세계'를 반영했다.

해당 지침은 다음 네 가지 주제로 요약할 수 있다. 즉, 국경이 없는 세상에서 적용할 제도적 체제는 다음과 같은 성격을 갖추어야 한다.

① 종합성

② 일관성

③ 분야 초월성과 다학제성, 그리고

④ 참여성(상의하달식보다는 상향식)

'종합성'이란 해당 체제가 지역 공동체에서 출발해 지방과 국가를 통해 지역 및 국제기구의 글로벌 차원까지 이어져야 함을 의미한다. 이는 브룬트란트 보고서에서 설명했듯이 지방, 국가, 지역, 글로벌이라는 거버넌스의 각 차원 간 '경계'가 '투명'해졌다는 사실에 대한 대응이다. 해양 맥락에서는 이 투명성이 더욱 뚜렷하다.

'일관성'이란 거버넌스의 모든 차원에 걸쳐 규제, 의사결정 프로세스 및 메커니즘이 상치되어서는 안 된다는 뜻이다. 이 원칙의 중요성은 국가가 관할하는 해역과 공해에서 서식하는 경계왕래성 어종과 고도회유성 어종을 다루는 논의에서 주목받았지만, 사실은 지속가능한 관리의 다른 측면에서도 똑같이 중요하다.

'분야 초월성과 다학제성'이란 환경에 관한 각종 활동은 분야별로 나눠서 생각해서는 아니 되고 긍정적이건 부정적이건 그 활동 간 상호작용 맥락에서 봐야 한다는 의미이다. 유엔해양법협약의 전문에 기술한 "해양을 둘러싼 각종 문제는 서로 밀접하게 관련되어 있으므로 종합적인 관점이 필요하다"라는 인식에는 제도적으로 중요한 시사점이 담겨 있다. 이렇게 해양 관련 문제들에 이러한 접근법이 필요하다고 하면 그렇게 하기 위한 대화의 장, 제도, 의사결정 메커니즘 및 프로세스가 지방, 국가, 지역, 세계 등 모든 차원에서 필요하기 때문이다.

'참여성'은 중앙정부나 연방정부가 규제를 가하고 그 영향으로 생계에 위협을 받는 지방사회가 이를 무시하거나 어기는 상황이 아닌 지방사회에서 자체적으로 규칙 수립과 관리에 참여해야 함을 의미한다. 이렇게 '공동관리(co-management)'라는 개념이 캐나다와 인도처럼 문화적으로 매우 다른 국가들에서도 정착하고 있다.

'지속 가능한 개발'은 의미의 범위가 넓고 애매하게 사용되는 경우도 많은 용어이다. 최선의 정의는 아마도 브룬트란트가 『우리 공동의 미래』가 아닌 1986년 10월 8일 브리스틀에서 행한 강연(피터 스콧 경 강의, The Sir Peter Scott Lecture)에서 한 말에서 찾아볼 수 있을 것이다.

> "'지속가능성'에는 여러 차원이 있다. 첫째, 빈곤과 박탈의 퇴치이다. 둘째, 빈곤 퇴치를 영속시킬 수 있는 자원 기반의 보전과 증대이다. 셋째, '개발'이라는 개념을 확대하여 경제성장뿐만 아니라 사회와 문화의 발전도 포함한다. 넷째, 가장 중요한 것으로서 모든 차원에서의 의사결정에는 경제학과 생태학의 통합이 필요하다."

위에서 말한 네 번째 단계는 새로이 요구되는 거버넌스의 형태를 명확히 정의하고 있다.

최근 이그나시 삭스(Ignacy Sachs)는 친환경개발의 다섯 개 요소를 다음과 같이 설명했다.

① 사회적 지속가능성: 즉 자산과 소득 분배 형평성 증대

② 경제적 지속가능성: 거시사회적 관점에서 경제효율 평가

③ 생태학적 지속가능성: 생태계의 환경수용력 확대, 화석연료의 소비 및 폐기물 감축, 자체 억제력과 폐기물이 적고 자원효율이 좋은 개발 기술 증대

④ 공간적 지속가능성: 농촌과 도시 간 균형 도모, 대도시 혼잡 및 집중 억제, 생태계 파괴 방지, 현대적인 재생가능 농업과 탈중앙 산업화 추진

⑤ 문화적 지속가능성: 문화적 지속성에 친환경개발 접목

이러한 인식은 실로 유용하다. 하지만 실천 관점에서 보면 제도적 차원에서는 별로 진전이 없다. 범위가 너무 넓기 때문일 것이다.

'해양·연안관리' 영역을 보다 구체적으로 한정해 보면 선진국, 개도국을 불문하고 많은 나라에서 진전이 있었다. 지역사회에 기반을 둔 협의회, 위원회, 혹은 원탁회의가 구성되었고, 여기에는 이른바 이해관계자, 즉 해양·연안 공간 및 자원의 관리 향방에 생계가 좌우되는 모든 사람이 포함되어 있다. 구체적으로는 지방정부, 시민사회, 과학계, 어업조합, 해운업체, 근해 유전업체, 연안개발사업자, 관광기구, 해안공학자, 항만관리자, 비정부기구 등이다.

국가 차원에서는 어떤 형태로든 해양 관련 활동을 담당하는 모든 부처가 포함되는 부처협의회에서 하나의 주무부처(해군, 수산부, 환경부 등)가 또는 총리가 의장이 되어 운영하는 형태를 도입하는 나라가 늘고 있다.

지방과 국가 간 조율은 앞서 언급한 '공동관리'를 통해 확보한다. 국가의 관할에 얽매이지 않는 지역 차원에서의 포괄적 거버넌스도 필요하며, 이러한 움직임이 대두되기 시작했다. 바르셀로나조약(Barcelona Convention)은 최근 개정을 통해 그 적용 범위를 '환경'

에서 '환경과 개발'로 확대하고 지속 가능한 개발을 위한 최초의 지역위원회[17]를 설치함으로써 이 길고 험난한 여정에 의미 있는 발자취를 남겼다.

글로벌 차원에서는 지역, 국가, 지방의 요소를 조화시킨 글로벌 해양정책 입안을 위해 유엔총회가 수행해야 하는 역할이 논의 중이다. 수많은 유엔의 전문기관과 프로그램(수산은 FAO, 해사는 IMO, 환경은 UNEP, 해양과학은 IOC 및 UNESCO, 해양기술은 UNIDO, 연안개발은 UNDP, 해저채광은 ISBA)의 정책 통합을 추진하기 위해 행정조정위원회(ACC)의 분과위원회가 IOC/UNESCO에 설치된 사무국과 함께 활동하게 되었다. 이러한 움직임들은 모두 아직 걸음마 단계이지만 유엔 시스템 재구축 노력의 일환으로 실현되어야 한다.

필자는 최근 저서[18]에서 이러한 동향을 분석하고 관련 해양 거버넌스의 역동적이고 포괄적인 양방향 모델 구축을 시도했다. 그리고 이 책에서는 그 모델을 로마클럽과 국제해양연구소가 진행 중인 활동 간 연결을 통해 다듬고 구체화하고자 한다. 생명은 바다에서 태어났고 우리는 바다로 회귀하고 있다. 이러한 바다는 육지 중심적 개념을 재고하고 관점을 바꿀 것을 요구하고 있으며, '해양 거버넌스'라는 개념은 해양의 고리가 중심인 세계의 뜻을 이어받아 21세기의 세계질서 형성에 이바지해야 할 것이다.

---

17) 지속 가능한 개발에 관한 지중해위원회(MCSD)에 비정부기구가 각국 정부와 동등한 입장에서 참여한 사실, 지역과 자치단체의 의사결정에 적절한 연계가 확립된 점, 지역해 프로그램(Regional Seas Programme)의 초기 단계의 특징이었던 '부문·분야별 접근법'을 넘어선 사실은 주목할 만하다.

18) 『해양 거버넌스와 유엔(*Ocean Governance and the United Nations*)』, 1996.

2. 책의 개요

이 책은 총 여섯 장으로 구성되어 있다. 제1장은 지구적 생명유지 체계에서 해양이 맡은 역할의 중요성을 중점적으로 다룬다. 그 중요성은 쉬이 간과되곤 하는데 사실은 아무리 강조해도 지나치지 않을 정도로 크다. 이 장에서는 해양학의 딱딱하고 어려운 강의를 늘어놓는 대신 동물의 왕국인 원시시대부터 현재에 이르기까지 해양과학, 해양기술의 변천사를 살펴본다. 이것이 이 책을 관통하는 물리적 매개변수가 될 것이다. 이 장에서는 또한 바다와 생물권에 대한 위협을 종래보다 다소 폭넓은 관점에서 다룬다. "알면 알수록 우리가 아는 게 거의 없다는 사실을 더 깨닫게 된다." 과학과 기술은 물론 기본적으로 중요하지만, 대규모의 생태계 재앙으로 돌진하는 흐름을 막는 데는 불충분하다. 불확실성이 갖는 영향력을 자세하게 다룰 것이다. 탄소, 물, 미네랄 등의 순환 시스템은 '해양의 고리가 중심인 세상'을 상징한다.

제2장에서는 해양공간의 문화적 측면을 통찰한다. 우리가 자연이나 해양을 다루는 방식은 문화적 배경에 따라 달라지기 때문이다. 인간을 자연의 일부로 보는 경우와 인간의 활동과 자연을 별개의 하위체제로 보는 경우 결론이 달라진다. 이 장에서는 주로 문학, 미술, 음악에서 표현된 인류의 역사적, 문화적 진화에서 해양이 어떠한 역할을 해왔는지 개관한다. 이와 더불어 전쟁과 해양을 함께 엮어 살펴본다. 문화, 경제, 해군 발전의 관련성을 중점적으로 들여다본다.

제3장은 네 단락으로 나뉜다. 첫 번째 단락은 해양의 가치를 세 항목으로 나눠 설명한다. 첫 번째 항목은 해양 관련 재화와 서비스의 현재 '시장가치'로, 정확한 금액으로 나타낼 수 있는 가치를 뜻한다. 이 부분은 지금까지 추정한 것보다도 훨씬 크다. 지금까지 밝

혀진 바에 따르면 전체 국제교역에서 해상무역이 차지하는 비율은 90%에 이르며, 크루즈선 운영 등 해양 관련 관광 역시 폭발적으로 성장하고 있다. 최근 성장하고 있는 해저 광섬유케이블 역시 매우 큰 요소이다. 두 번째 항목에서는 21세기에 실현될 것으로 예상되는 새로운 해양 관련 산업의 시장가치를 다루고, 이어 세 번째 항목에서는 인간의 생명유지체계의 일부로서의 해양의 가치를 고찰한다.

두 번째 단락에서는 해양의 가치 중 수량화하거나 금전화할 수 없는 부분의 압도적 중요성, 그리고 GNP나 GDP를 부와 복지의 척도로 사용하는 현실에 대한 불만이 높은 점을 고려하여 해양의 진정한 부를 측정하는 적절한 지표를 탐색해 본다. 오늘날 사회 및 환경 지표에 관한 방대한 문헌이 있지만, 이들은 육상 경제에 초점을 맞춘 것으로, 알 수 없는 일이지만 아쉽게도 해양은 무시되었다. 세 번째 단락에서는 대두되고 있는 지속 가능한 개발의 경제학의 윤리적, 정신적 측면을 다룬다. 여기에서는 바다와 관련한 경제학을 다루지만 보다 일반적인 맥락에서도 적용 가능할 것이다. 마지막으로 네 번째 단락에서는 앞선 논의를 바탕으로 기본적인 원칙과 실질적인 지침을 도출한다.

제4장에서는 '육지 관점'과 '바다 관점'을 대비시킨다. 바다는 육지와는 전혀 다른 환경으로, 우리에게 다른 사고방식을 요구한다. 우주에서 중력의 법칙이 적용되지 않는 것과 마찬가지로 바다에서 통하지 않는 '육상' 개념이 많다. 가령 로마법전 맥락에서 재산의 개념, '베스트팔렌 체제'에서의 주권 개념, '영토 경계선' 개념 등은 바다에서 통하지 않기 때문에 물고기도 오염도 아무 제약 없이 경계를 넘나든다. 이 장에서는 '인류의 공동유산' 개념에 초점을 맞춰 그 경제적, 환경적, 군축적 측면을 '지속 가능한 개발'과 '포괄적 안전보장'과의 관계를 검토한다. 우선 유엔해양법협약을 분석하되, 법적인 부분이나 과도기적인 부분은 가볍게 짚어보고 이 '바다의 헌

법'이 지닌 진정한 혁신적인 개념과 원리를 중점적으로 다룬다. 이 원칙들은 '시스템의 변혁'이며 1992년 유엔환경개발회의에서 탄생한 프로세스 전체의 기초가 되었다. 이 모든 것을 유엔 시스템 재구축이라는 폭넓은 관점에서 조망할 것이다.

제5장에서는 최근 형성되고 있는 해양 거버넌스의 모습을 다룬다. 제4장까지의 내용을 바탕으로 해양 거버넌스와 해양 관리의 '규범적 비전'을 전개한다. 이때 해양 '경계'의 '투명성', 즉 수평적(학문 분야, 담당 부서, 부처, 전문기관, 프로그램 등) 경계도, 수직적(지방, 국가, 지역, 세계라는 거버넌스 차원 간) 경계도 존재하지 않는다는 인식, 그리고 지속 가능한 개발, 공통적이고 포괄적인 안보, 형평, 공동유산, 참여라는 기본 원칙을 바탕으로 삼는다. 이 장에서는 유엔환경개발회의 이후 탄생한 다양한 조약, 협정, 행동계획(기후, 생물다양성, 공해어업, 소도서, 연안관리, 육상의 오염원)에 의해 확립된 수많은 제도를 해양과 관련 있는 부분에서 검토하고, 이 제도들을 서로가 중복되지 않고 서로 강화하는 방식으로 이용하는 방법을 모색한다.

마지막으로 제6장에서는, 우리의 '푸른 행성'을 전체적으로 전망한다. 20세기 초반 4분의 3기간 중에 일어난 수많은 극적 변화에 이끌려 만들어진 유엔해양법협약과 유엔환경개발회의의 프로세스는 그 자체로 변화의 강력한 동력이다. 이 마지막 장에서는 시야를 한층 넓히고자 한다. 바다는 완전히 새로운 국제·국내, 정치적, 법적, 사회적 질서 형성을 위한 장대한 실험의 장이 될 것이다. 30년에 걸친 해양 문제 연구에서 얻은 교훈을 검토하고, 이 교훈들이 새천년을 맞이하는 우리가 직면한 근본적인 문제(안보 불안, 빈곤, 불평등, 인간 및 자연의 황폐)에 대한 '종합해결책'을 찾는 데 도움이 될 수 있을지 살펴본다. '해양의 고리가 중심인 세계'에 도달하는 것은 요원한 일일지 모르지만, 그곳을 향하는 여정 그 자체가 목표이다.

제1장

자연과학적 관점에서 본 바다

인류가 바다에 대해 아는 것은 거의 없다. 지난 100년간 많은 것을 알게 되었다고 해도 바다의 프로세스와 생명에 대한 우리의 지식은 절대 완성되지 않을 것이다.

1. 동물 과학기술

대양과 연안에 서식하는 생물은 여러 면에서 우리 인류보다 수백만 년 앞서 있다. 이들은 조류, 무역풍, 온도 등을 파악하고 이를 이용해 지구를 항해한다. 바다거북, 뱀장어, 참치, 고래 등은 현대의 정기선보다도 자신의 항로와 여정을 잘 파악한다. 최근에는 참고래가 돛으로 유영한다는 사실이 밝혀지기도 했다. 이들은 머리를 밑으로 숙이고 큰 꼬리지느러미를 돛과 같이 물 위로 내밀어 앞으로 나아가고, 등지느러미를 용골, 가슴지느러미를 키 삼아 방향을 전환한다. 인간은 수천 년이나 걸려 습득한 기술이다. 또 철새는 뇌 속에 작은 자석이 있는데 이 자석이 나침반처럼 방향 설정을 보조하는 사실도 알게 되었다. 인간이 바다에서 해양 생물자원을 이용하기 위해 발명한 정교한 도구도 모두 동물들이 우리보다 훨씬 먼저 발명한 것들이다.

물고기도 낚시를 한다. 어망, 낚싯대와 낚싯줄, 창과 작살, 복잡한 화학물질, 물고기 위치 감지를 위한 수중음파감지기 등을 이용해서 물고기를 잡는 것이다. 부유성 생물인 유형류는 먹이사슬과 진화 수준에 있어서 하위에 속하는 생물이지만 먼 옛날에 최초의 어망을 만들어냈다. 이 생물은 튼튼하고 가는 실로 커다란 그물을 짜 널찍한 젤리 같은 집을 만든다. 집에는 문이 세 개 있다. 이 중 두 개의 문으로는 물이 들어오고 나가면서 그물을 통해 물이 부드럽게 흐르게 된다. 세 번째 문은 비상구이다. 그물이 막히거나 다른 이유로

제 기능을 하지 못하게 되면 유형류는 이 세 번째 문으로 빠져나와 새로운 그물을 짜서 새로운 집을 만든다.

처음으로 낚싯대를 써서 물고기를 잡은 건 아귀이다. 아귀의 입 바로 위에는 유인돌기라 불리는 낚싯대가 돌출해 있다. 그 길이는 아귀 몸길이의 4배나 되고 맨 끝에는 미끼 역할을 하는 조명이 붙어 있다. 이 조명 혹은 밝은 빛을 내는 이 부분이 좋은 미끼 역할을 한다는 사실을 어부들이 알게 된 것은 훨씬 나중의 일이다.

말미잘은 무심코 옆을 지나가는 물고기에게 천 개의 바늘을 써서 무서운 독을 주입한다. 독이 들어온 물고기는 몸이 마비되어 꼼짝 못한 채 통째로 말미잘의 입속으로 사라진다. 산호와 해파리들도 이런 자포刺胞라고 불리는 세포를 갖고 있다. 보통 때는 자포 속에 독침이 달린 자사刺絲를 감추고 있지만, 자극을 받으면 가시가 달린 자사가 튀어나온다.

황새치와 일각고래는 뛰어난 작살을 갖춘 어부다. 이들은 크고 작은 물고기로 이루어진 무리를 재빨리 통과하면서 좌우로 작살을 휘두른다. 그리고는 뒤로 돌아 느긋한 속도로 돌아다니며 작살에 상처를 입은 물고기들을 먹는다.

상어는 몇백만분의 1 수준으로 희석된 물질까지 탐지해내는 극도로 뛰어난 후각과 예리한 시력을 갖추고 있을 뿐만 아니라 먹이의 위치 파악을 위한 '제6감'을 갖고 있다. 이는 이른바 측선계의 능력으로, 발달 정도에는 차이가 있지만 모든 물고기에서 찾아볼 수 있다. 상어의 경우 몇 마일이나 떨어진 장소에 침몰하는 선박에서 나오는 진동을 탐지할 수 있을 뿐만 아니라 자신이 발생시킨 진동과 그 반사파와의 시간 차이를 이용해 물체의 위치를 파악할 수 있다.

향유고래는 고도로 발달한 장거리 사냥 음파탐지기를 갖고 있어 몇 마일 떨어진 바다 깊은 곳에 있는 오징어나 물고기를 정확히 노릴 수 있다.

열의 낭비가 없는 발광, 비교적 적은 에너지로 속력을 얻기 위해 저항력을 줄이고자 하는 유체역학과 기체역학 등 분야에서도 '동물의 과학(축적된 지혜)'과 '동물의 기술'이 인류의 성과를 훨씬 앞섰다는 사실을 알 수 있다. 런던 데일리 텔레그래프(1989년 1월 14일부)에는 '비행기에 가해지는 항력을 줄이는 데 상어의 기술이 유효한 것으로 밝혀져'라는 제목의 기사가 실렸다. 상어의 피부는 '리블렛'이라 불리는 평행으로 나란히 늘어선 아주 촘촘한 홈(그루브)으로 덮여 있어, 이 홈이 상어가 헤엄치는 방향으로 정렬해서 저항과 잡음을 줄이고 있다는 사실을 발견한 것이다. 영국해사기술연구소는 이 '리블렛기술'을 항공기, 잠수함, 터빈 날개, 프로펠러 등에 상업적으로 적용할 수 있기를 기대하고 있다. 그리고 '생명 역학'이라는 새로운 과학 분야도 생겨나 동물의 기술을 연구하고 이러한 기술을 인간의 기술에 적용하는 방법, 즉 동물의 왕국에서 인간 영역으로의 기술이전 가능성을 연구하고 있다.

2. '원초적인' 과학과 기술

인간사회를 보면 기원전부터 10세기경까지 중국인, 인도인, 이집트인, 페니키아인, 그리스인, 바이킹 등 먼 옛날 뱃사람들은 상당한 지식을 갖추고 있었다. 4세기 문헌자료를 보면 수파라가(Suparaga)라는 유명한 인도 뱃사람의 기술에 대해 다음과 같이 설명한다.

> 수파라가는 별의 움직임을 숙지하고 있어서 언제나 방향을 알 수 있었다. 그리고 좋고 나쁜 기상 상황의 일반적, 돌발적 또는 비정상적인 징후 등이 의미하는 바에 정통해 있었다. 나아가 물고기, 물의 색, 해저의 성질, 새, 산, 기타 요소를 통해 해

역을 식별할 수 있었다.[1])

옛 뱃사람들은 돌풍과 폭풍우가 닥칠 것을 예견했다. 수심을 측정하고 해저에서 표본을 모아 주로 부는 바람과 조류의 방향, 수심 측정 결과, 계류지, 경계표지, 조석 등을 기록했다.

페니키아인들은 아프리카대륙을 2,500여 년 전에 일주했을 것으로 보인다. 이들은 몰타, 시실리아, 사르디니아, 스페인 등을 여행했다. 그리고 항해 과정에서 여러 교역지점을 만들어가며 지브롤터 해협을 지나 브리튼 섬까지 도달한 것으로 판단된다.

로마의 상인들은 브리튼 섬에서 흑해에 이르는 지중해 연안 지역을 다섯 세기에 걸쳐 지배하고 있었다. 이들은 인도를 우회해서 말레이시아, 수마트라, 자바와 교역하면서 중국 국경에 당도했다. 로마의 곡물운반선은 '고대의 탱커'로서 길이 50m 정도에 적재량이 1,300t에 달했다. 루키아노스는 나일 계곡과 누비아 산에서 각각 곡물과 금을 로마까지 운반한 범선을 두고 "얼마나 거대한 배였던가. 선원들은 마치 군대와 같았다"라고 기록했다.

바이킹족은 피요르드에서 내려와 아이슬란드와 노르망디에 정착했고 런던, 함부르크, 파리, 리스본, 피사 등에 출현했으며 노스케이프를 항해하고 스피츠베르겐제도를 발견했다. 그들은 흑해와 카스피해에도 배를 내보냈고, 다르달네스 해협을 통과하여 비잔티움에 당도했다. 그리고 서기 1000년경 아이슬란드에서 그린란드로 항해하면서 아메리카 대륙을 발견했고 더 나아가 미 동부 케이프 코드 혹은 더 먼 곳까지 항해를 이어갔다.

중국에서 기원전 1세기경부터 사용되기 시작한 자기 나침반은 서기 1000년경, 또는 빠르게는 850년경부터 중국선에서 널리 사용되었다. 플로팅 나침반에 대한 최초의 묘사는 11세기 중반까지 거슬러

---

1) Needam, Ling and Lu Gwei-Djen과 협업, 1965, 1971.

올라간다. 당시 플로팅 나침반은 자력을 띤 한 장의 두꺼운 철판을 물고기 모양으로 잘라내어 양단을 위로 구부린 형태였다. 나침반은 중국에서 시작해 인도양으로 퍼져 아라비아인이 지중해로 전파했고, 그곳에서 최초로 사용된 것은 12세기이다. 비슷한 시기에 사용되기 시작한 것에는 지도와 시간 및 속도 측정용 모래시계 등을 이용한 추측 항법, 별의 고도를 재는 아스트롤라베(astrolabe), 육분의, 횡량(crossbar), 그리고 바람과 조류로 인해 기존 항로로부터 이탈하는 정도를 계산하는 삼각법 등이 있다.

중국에서는 800년경에 지도를 만들었다. 유럽 최초의 해도인 카르파 피사나는 1275년쯤 제작되었다. 직사각형 격자 속에 지도를 그리는 수법은 훨씬 오래되어 3세기까지 거슬러 올라간다.

지중해에서 찾은 고고학적 발견물들을 보면 고대에 천문학용 계산기가 존재했을 수도 있음을 알 수 있다. 아리스토텔레스는 해양생물과 해수 화학 분야의 최초 전문가 중 하나였지만 이런 것들을 포함하는 바다에 대해서는 전혀 알지 못했다. 당시 바다는 여전히 육지를 둘러싼 평탄한 곳으로 여겨지고 있었다.

서양에서는 아리스토텔레스 이후 약 2,000년간 특별한 진전은 없었다. 15~16세기 탐험의 시대 동안 바다는 적어도 수면에서는 한층 현실적인 윤곽을 띠기 시작했다. 일명 '항해왕 엔리케(Henry the Navigator)'라고 불리는 포르투갈의 엔리케 왕자(1394~1460)는 사그레스 근처에 세계 최초의 학제적이고 국제적인 해양학연구소를 창설하고 포르투갈, 스페인, 베네치아, 제노아, 아랍 각국으로부터 수학자, 천문학자, 해도 제작자, 선장, 기록편찬자 등을 모집했다. 이렇게 모인 이들은 해도를 제작하고, 나침반과 아스트롤라베, 사분의 등을 개량하고, 천문학 계산표를 편찬했다. 대항해시대의 기초를 쌓은 것이다. 크리스토퍼 콜럼버스는 사그레스(Sagres)의 학생이었다. 사그레스는 1433년 보하도르 곶을 왕복한 질 에아네스(Gil Eanes)를 비롯하여 1498년 인도 서해안의 캘리컷에 상륙한 바스코 다 가마(Vasco da Gama)에 이르기까지 수 세대에 걸친 위대한 항해자를 배출했다.

3. 근대해양학의 탄생

그러나 근대해양학이 실제 탄생한 것은 불과 백여 년 전의 일이다. 해양 동물을 연구한 영국 생물학자 에드워드 포브스(Edward Forbes, 1854년 사망)와 미국의 해군 장교로서 조류, 조석, 바람 등을 연구한 매슈 폰테인 모리(Matthew Fontaine Maury, 1873년 사망)를 생물학 및 물리학 측면에서 해양학의 아버지라고 보는 시각도 있지만, 근대해양학에 본격적으로 탄력을 부여한 것은 영국 군함 챌린저호(HMS Challenger)의 유명한 세계 일주 항해(1872~1876)이다. 해군 승조원들이 '철학자'라고 불렀던 챌린저호의 과학자들은 무려 10년에 걸쳐 이 세계 최초의 대규모 해양학적 항해 결과를 정리하여 50권에 이르는 방대한 보고서를 완성했다. 이 보고서에는 해양의 조류, 수온, 수심, 조성물질, 해저지형, 해저 지질, 해저생물, 심해생물의 생태 등이 상세한 설명과 삽화와 함께 담겨 있다. 당시의 발달하지 않은 기술로 조사와 보고를 이 정도로 할 수 있었던 것은 기적에 가깝다. 오늘날에는 전동 윈치, 피스톤코어러(pistoncorer), 원격조종 '부메랑' 등을 활용해 실행할 수 있는 조사를 이들은 수동 윈치, 납선, 바구니 등을 이용해 완수했다. 그들은 태평양 한가운데 수심 5,000m 해저에서 망간단괴를 채취하여 그 성분을 분석한 후 밀도와 분포도를 파악하여 그 기원에 대해 대담하고 훌륭한 추론을 내놓았다. 각자의 머릿속에 컴퓨터를 갖고 다니고 나침반, 크로노미터(항해 등에 쓰는 정밀 시계), 사분의 등으로 구성된 보조장치를 갖춘 그들은 오늘날에는 수중 깊이 영상·사진 촬영기기를 넣어 얻을 수 있는 식물상과 동물상을 연필과 수채로 묘사했다. 인간이 재능을 유감없이 발휘할 수 있는 것은 과연 고도의 기술을 창출할 때인지 단순한 수단으로 복잡하고 훌륭한 성과를 달성할 때인지 의문이 들게 하는 대목이다.

그 이후 해양학은 놀랄만한 속도로 발전하고 확장되고 다양해졌다. 음향 센서와 지진 센서, 광학 센서의 개발, 전자기학, 화석의 방사성 연대 측정, 원격탐사, 심해 굴삭 기술, 심해용 잠수정의 건조와 위성 기술, 마이크로전자공학, 컴퓨터 기반 데이터 처리 등으로 넓은 해양을 실시간으로 감시하고 깊은 바다를 꿰뚫고 해저와 그 속 깊은 곳까지 도달하고, 나아가서는 여러 층으로 구성된 퇴적물과 현무암을 모두 관통해서 용해된 지구 핵까지 이르게 되었다.

현장 측정, 컴퓨터 모델링, 원격탐사 등의 창조적 조합이 해양학의 향후 발전을 결정지을 것이다.[2)]

매사추세츠공과대학 과학자팀은 수중음향계측 기능이 포함된 위성 해수면 파동 측정과 동 대학에서 개발된 컴퓨터 모델링 기술을 결합해 최근 지중해 서부의 해수 순환을 설명하는 데 성공했는데, 이는 기후가 해양에 미치는 영향에 대한 이해를 높여줄 수 있을 것이다.[3)] 해당 팀은 독일과 호주 과학자들과의 협력을 통해 같은 방법을 태평양에 확대 적용할 계획이다. 태평양에서는 지구온난화 속도를 늦추거나 조절하는 것으로 보이는 프로세스가 작동 중이다. 컬럼비아대학교 라몬트-도허티 지구관측소(Lamont-Doherty Observatory)에 따르면 열대 태평양에서 자연히 일어나는 공기와 해양 순환시스템으로 인해 열은 흩어지기 더 쉬운 지역으로 재분포된

2) Gotthilf Hemple, 1992.

3) 『바다 기술(Sea Technology)』, 1997년 4월호.

다.[4] 태평양의 냉각 효과는 20세기에 지구의 온도 상승이 모델 예측치의 절반에 그치는 데 일조한 것으로 보인다.

신기술 덕분에 해저 분지의 진화의 변형에 관한 이론이 재구축되었다. 더불어 동식물의 진화 방식과 해양 및 육지 분포 형태를 포함한 지구의 역사에 대한 인류의 이해에 말 그대로 혁명을 가져온 판 구조론과 대륙이동설을 실증 자료를 통해 뒷받침할 수 있게 되었다. 판 구조론은 어떤 의미에서는 천지창조가 단지 한 번에 그친 사건이 아니라 유구한 세월 속에서 계속되고 있는 지구와 그 자원의 재생 및 순환의 과정이라는 사실을 보여준다. 이 과정에서는 해양의 고리를 중심으로 하는 세계의 다양한 측면을 볼 수 있다. 이는 시공간에서 일어나는 경이로운 장관이다.

4. 해양의 고리

해양에는 해양 전반을 관통하는 해류 시스템이 있다. 해류 시스템은 적도 지대와 극 지대 간 온도 차, 바람과 해류의 흐름을 편향시키는 지구의 자전 등(Coriolis force)으로 발생한다. 조류가 운반하는 물의 양은 지상의 하천이 운반하는 양에 비해 매우 크다. 1초당 운반되는 물의 양을 백만 톤 단위로 나타내는 '스베드럽(sverdrup)'을 기준으로 보면 지상의 모든 하천의 흐름을 합해도 1스베드럽이다. 반면에 서대서양의 멕시코 만류와 일본 근해의 쿠로시오는 각각 70스베드럽의 물을 운반한다. 멕시코 만류로 흘러드는 물의 양은 육상 모든 하천의 수량을 합한 양의 약 100배나 된다.

> 모든 강물은 다 바다로 흐르되 바다를 채우지 못하며

---

4) 『사이언스』 1997년 2월 14일자.

어느 곳으로 흐르든지 그리로 연하여 흐르느니라[5)]

구름은 매년 약 450,000㎦의 담수를 바다로 쏟아낸다. 하천이 또 50,000㎦를 운반해온다. 담수는 증발해 대기 속으로 돌아간다. 그 양은 연간 약 510,000㎦로 해수 깊이의 약 1.41m에 해당한다.

태양으로 따뜻해진 해수면의 물은 서서히 끊임없이 움직이면서 차가운 극지방으로 이동한다. 이 물은 온도가 낮은 해저부에서는 역류로서 극지방에서 적도 방향으로 움직이고, 열대지방에서 해수면이 이동하면서 다시 수면 쪽으로 상승한다. 북태평양과 북대서양에서는 바람의 영향으로 바닷물이 모여 한가운데에 거대한 물 언덕이 생긴다. 코리올리의 힘(Coriolis force)으로 바닷물은 커다란 나선형으로 이 물 언덕 주변을 흐른다.

5. 해양과 대륙

바다에는 지상의 규모를 크게 초월하는 규모의 산맥이 있다. 알프스산맥은 길이가 약 1,200㎞, 폭은 130~230㎞다. 해발 약 1,000m의 기슭에서 융기한 최고봉 몽블랑은 해발 4,810m다. 그러나 세계의 해양을 가로지르는 '중앙해령'이라 불리는 산맥은 총 길이가 약 65,000㎞이고 폭은 평균 2,000㎞에 이른다. 그 고봉은 해저에서 약 4,500m 높이로 이어져 있다. 지구상에서 가장 깊게 파인 골짜기는 해구로, 대부분이 태평양에 위치한다. 마리아나제도를 따라 약 2,300㎞ 길이로 파인 마리아나해구(Mariana Trench)는 가장 깊은 곳이 약 11,034m에 이른다. 마치 지구 크기의 두 배에 이르는 다른 행성 같은 세계이다. 지질도 형상도 독특하고, 화산성 현무암만으로

---

5) 구약 전도서 1:7

이루어진 산은 지상에서는 볼 수 없다.

중앙해령의 험준한 능선의 폭은 약 200㎞이며, 일부 지점에서는 수면 아래 3,000m까지 솟아 있다. 해령 중앙부에는 폭이 좁게는 6.5㎞, 넓게는 200㎞인 깊은 골짜기가 관통하고 있다. 길이 450㎞, 폭 29㎞, 깊이 1.6㎞인 그랜드캐니언은 비할 바가 아니다.

이 골짜기는 거대한 분화구로서 지구의 맨틀에서 뿜어 올라오는 용암 덩어리를 분출하고 있다. 용암은 물로 냉각되어 바다조름(sea pens), 해면동물, 고르곤 산호(gorgonians) 등과 서로 섞여 기괴한 베개 모양으로 굳어져 능선을 장식한다. 능선을 따라 흘러내린 용암은 새로운 해저를 만들어 대륙들이 서로 떨어져 나가게 만든다. 서로 분리되는 거리는 대략 인간의 일생에 걸친 신장 정도의 길이다. 1년에 2.5㎢ 정도의 새로운 해저가 수백 년, 수천 년, 수억 년에 걸쳐 계속 만들어져 왔다.

해저는 깊은 해구에 말려 들어간다. 해령에 의해 만들어지는 해저보다 말려 들어가 없어지는 해저가 많으면 바다는 축소한다. 대서양은 확대하고 있지만, 태평양은 축소하고 있다. 장차 언젠가는 아프리카와 유럽이 이어지면서 지중해는 닫히고 말 것이다.

바다는 이렇게 만들어지고 소멸한다. 바다의 수명은 약 3억~4억 년이고, 그동안 지구는 안과 밖이 완전히 뒤집혀 새로 만들어지게 된다. 대륙은 너무 가벼워 해구에 삼켜지지 않기 때문에 지각판 위에 마치 거품처럼 떠다니며 서로 합쳐지거나 분리되거나 모양을 바꾸거나 빙빙 돌거나 기후와 식물상, 동물상을 변화시키고 있다.

6. 빙하권

이러한 긴 세월 속에서 빙하도 확대와 후퇴를 거듭했고, 그에 따라 해수면의 높이와 해수의 염분 농도도 오르락내리락했다. 홍적세(Pleistocene)에 빙하가 거의 없어졌던 시기에 해수면은 지금 수준보다 30m나 높았다. 그만큼 더 상승하면 몰디브는 소멸하고, 방글라데시의 해안평야도 수몰할 것이다. 그리고 북유럽의 대다수 지역에 홍수가 나고 미시시피, 아마존, 나일, 유프라테스, 인더스, 갠지스의 계곡과 중국의 범람원도 물에 잠길 것이다.

물은 지구가 탄생할 때 생긴 원시의 화합물인 것으로 여겨진다. 일부 이론에서는 물은 지금도 계속 솟아 나오고 있어 수십억 년 후에는 지구 전체를 덮을 수도 있다고 설명한다.[6] 그렇다면 이 물이 다시 얼어 지구가 목성의 위성 중 하나인 유로파(Europa)처럼 보일 수도 있을 것 같다.

극지의 얼음 아래에서는 조류, 단세포동물, 다양한 소형갑각류 등 매우 다양하게 구성된 이른바 '해빙생물군집'이 발견되고 있다. 얼음의 아랫면에서는 길고 어두운 겨울에도 얼음 속이나 아래에서 성장하는 조류를 먹고 있는 크릴새우가 풍부하게 서식하고 있는 모습을 수중 카메라가 촬영하기도 했다. 위성 유로파의 해빙 아래에도 해빙생물군집이 존재할 수 있을까?

극지에서는 공기, 물, 얼음이 상호 작용한다. 극지의 얼음 규모는 상당하다. 지구상 담수의 80%는 얼음으로서 존재하면서 빙하권을 형성하고 있다. 그린란드의 서쪽 해안에서만 연간 5,000개의 빙산이 만들어진다. 래브라도 해류는 매년 빙산 7,500개를 남쪽으로 이동시킨다. 남극에서도 같은 수의 빙산이 만들어지고 북쪽으로 이동한다. 지금까지 관찰된 최대 규모의 빙산은 무려 총길이 350㎞, 폭 90

---

6) Miller, 1996.

㎞, 수면 아래 길이는 250m, 총 부피는 8,000㎦에 이른다!

얼음이 깨질 때 다량의 열과 수분이 섭씨 영하 1도의 수중에서 섭씨 영하 20도의 대기로 이동한다. 1㎡당 최고 1,000w가 냉각된 물에서 대기 중으로 흘러간다. 해수가 얼 때는 주변 물의 염도와 밀도가 높아지면서 물의 수직적 순환이 일어난다. 이런 식으로 웨델(Weddell)해와 그린란드(Greenland)해가 세계 바다에서 두 개의 호흡구가 되고, 이곳을 통해 해면의 물이 산소와 미량원소를 싣고 심해층으로 이동한다. 인류는 이런 극지 바다가 이산화탄소 및 기타 온실가스의 흡입구 역할을 하는 사실에 대해서는 이제 막 파악을 시작했다.[7)]

남북 간, 동서 간, 수직적으로 오가는 엄청난 양의 물의 이동이 오염물질의 분산과 해저, 물기둥, 대기 간 상호작용에 미치는 영향을 이해하기 시작한 지도 얼마 되지 않았다.

7. 탄소순환

바다의 표층에 서식하는 미세식물의 광합성을 통해 대기에서 이산화탄소가 흡수되고 산소가 방출된다. 해양식물은 한 해 대기 중 산소의 70%에 해당하는 360억 톤의 산소를 생성하고, 바다는 대기로부터 이산화탄소를 흡수한다. 정확한 양은 모르지만, 바닷속 이산화탄소가 대기 중보다 60배 이상 많다는 사실은 밝혀졌다. 산소와 이산화탄소(기타 기체 포함)의 교환은 지구의 기후에 심대한 영향을 미친다.

이런 이산화탄소 중에서 얼마만큼이 바다에서 유래하고 얼마만큼이 대기에서 흡수되는지는 아직 밝혀지지 않았다. 지난 수십 년에

7) Hempel, 1992 참조.

걸친 지속적인 측정을 통해 여름과 겨울 사이에 큰 변동이 있다는 사실이 드러났다. 계절 간 변동이 가장 큰 곳은 북극해이다. 남반구 해역에서는 변동이 매우 작다. 여름에는 식물의 광합성이 매우 활발하여 식물, 동물, 세균 등의 생물학적 호흡량을 웃돌기 때문에 이산화탄소가 대기 중으로부터 흡수된다. 겨울에는 그 반대 상황이 일어나, 대기 중의 이산화탄소가 늘어난다. 이러한 계절 간 변동 폭은 점점 커지고 있는데, 아마도 대기 중의 이산화탄소 증가로 삼림 등 생물군의 성장이 촉진되고 있기 때문일 것이다.[8] 그에 따라서 흡수되는 이산화탄소량이 늘어나고 온실효과가 완화될 수 있다.

메탄도 온실가스 중 하나이다. 이산화탄소보다 대기 중 포함량은 적지만, 분자 한 개 기준 온실효과는 훨씬 크다. 몇십 년 후에는 메탄이 온실효과의 25%를 차지할 것으로 추정된다. 온실효과에 현명하게 대처하기 위해서는 메탄 순환에 대한 심층적인 이해가 필요하다.

'사이언스'지는 5천5백만 년 전에 일어난 것으로 보이는 극적인 사건을 다룬 바 있다.[9] 해당 시기에 기온이 급격히 상승하고 탄소순환에 큰 변화가 일어났다는 설명인데, 유공충과 포유동물 이빨의 동위원소 신호가 그 증거라고 한다. 해저에서 유공충(foraminifera)이 많이 죽어 없어졌지만, 지상에서는 설치목에서 영장류에 이르는 수많은 생물종이 새롭게 생겨났다.

미시간대학교 과학자들이 발표한 전 세계 탄소순환 모델에 따르면, 앞서 말한 이 획기적인 사건은 바다가 서서히 따뜻해지면서 1만 년에 걸쳐 해저에서 메탄이 분출되었기 때문에 일어난 것으로 보인다. 이렇게 모델을 바탕으로 설명하고 암석 기록으로 검증된 이 효과는 이후 20만 년에 걸쳐 서서히 사라졌다. 미시간대학교 과학자팀

8) Revelle, 1992.

9) Kerr, 1997.

은 몇십억 년에 걸친 지구와 해양의 진화 속에서 비슷한 분출이 몇 번 더 일어났을 수도 있다고 보고 있다.

8. 산호초의 역사

생물다양성은 확대와 축소를 거듭한다. 오늘날은 축소에 대한 우려가 크다. 특히 생물다양성 보고의 양대 산맥인 열대림의 소멸과 산호초의 백화 및 사멸이 염려되고 있다.

여기에서 지구 최고最古의 생태군집인 산호초의 역사를 되짚어 보는 것은 의미가 있는 일이다.[10] 가장 오래된 산호초는 조류만으로 구성된 매우 단순한 형태이다. 이러한 산호초는 선캄브리아기(Precambrian times)에 출현하였으며, 전 세계 암석 조성에서 찾아볼 수 있다. 스트로마톨라이트(stromatolites)라고 불리는 이런 남조류는 오늘날까지도 비슷한 형태로 살아남아 있다. 각 군체는 그 후 수백만 년에 걸쳐 몇 미터나 위를 향해 신장했다. 캄브리아기 초기에 해당하는 6억 년 전에는 최초의 동물들이 산호초와 어울려 살았다. 고배류(archaeocyathids. 古杯類)라고 불리는 컵 모양의 화석 동물이 조류가 무성한 들판에 관목이 자라듯이 나타났고, 그 사이를 삼엽충(trilobites)이 기어 돌아다녔다.

그러나 이러한 생물군은 오래 지속되지 못했다. 캄브리아기 중기가 끝날 무렵, 즉 약 5억4천만 년 전까지 고배류는 생태계의 대변동으로 사라지고, 그 후 약 6천만 년 동안은 산호초가 없었다. 그러나 6천만 년은 아무것도 아니다. 약 4억8천만 년 전인 오르도비스기

10) 이 역사를 필자의 저서 『해양의 드라마(The Drama of the Oceans)』(1975)에서 요약했는데(O.A. Jones와 Endean이 편집한 『산호초의 생물학과 지질학(*Biology and Geology of Coral Reefs*)』, 제1권 1973년 간행 후), 이 역사는 현재도 반복해서 언급할 만한 가치가 있다.

(Ordovician times) 중기에 더욱 크고 발전한 산호초군집이 등장한 것이다.

이때도 스트로마톨라이트가 기초를 형성한 건 마찬가지이지만, 산호질의 홍조류와 더불어, 외피로 덮인 그릇 모양, 반구 모양, 관목 모양의 해면海綿이 처음 나타나 이 군집에 가세했다. 그리고 처음으로 진정한 산호가 출현했다. 약 3억5천만 년 전인 데본기(Devonian period) 말기에는 전 세계적인 기후변화가 일어나 해양생물이 많이 사라졌다. 산호초에서는 오직 스트로마톨라이트만이 이후 1천3백만 년간 생존했다.

페름기(the Permian) 전인 석탄기(Carboniferous age)에는 산호초 군집에서 이끼벌레류(bryozoans)와 완족류(brachiopods)가 군림했다. 석탄해면류(sphinctozoan sponges)와 갯나리(sea lilies)가 차츰 중요한 역할을 하게 된 시기이기도 하다.

그러나 이들은 약 2억3천만 년 전인 고생대 말기에 이전보다 격심한 새로운 생태계 이변으로 모두 소멸했고, 이어지는 1천만 년 동안은 산호초를 구성하는 군집은 나타나지 않았다. 그 후 현재 지중해 기후와 비슷한 온난한 기후 속에서 새로운 산호초군집이 탄생했다. 트라이아스기(Triassic times) 중반에는 오늘날 생식하는 산호 중 20과 이상의 원종에 해당하는 거품돌산호(scleractinians)가 독일, 알프스 남부, 코르시카, 시실리아에 처음 나타났다. 해면, 성게, 연체동물이 여기에 가세하여 번성했다. 그러던 중 약 1억 년 전에 혁명적인 사건이 일어났다. 그 주역은 원통형이나 원뿔꼴 패각을 가진 이매패(bivalve)인 루디스트(rudist)로, 이 무리는 산호초의 형성 양식을 모방이라도 한 것처럼 위쪽으로 계속 늘어났다. 어디에서 나타났는지도 모르는 루디스트는 그 후 6천만 년 동안 위세를 떨쳤다. 산호의 생장을 저해하고 형성을 방해했다. 그러나 약 6천5백만~6천만 년 전에 첫 등장만큼이나 갑작스럽게 모습을 감췄다.

이 시기에 다시 많은 해양생물이 사멸했다. 백악기 후기에 번성한 동물의 과科 중 3분의 1 정도가 신생대 초에는 자취를 감춘 상태였다. 산호, 연체동물, 이매패, 해면 등 많은 생물이 이 시기에 루디스트와 함께 멸종했다. 기온의 변화, 천해의 축소, 가혹한 계절성 대륙기후의 등장, 그리고 일부 아직도 알려지지 않은 요소 등이 모두 원인으로 작용했다.

그 후에는 초기에 흔히 볼 수 있었던 산호초를 형성하는 생물군집이 북위 35도에서 남위 32도 사이에서만 볼 수 있게 되었다. 현재 산호초가 가장 왕성하게 생장하는 곳은 서태평양, 인도양, 카리브해이다. 가장 큰 산호초군집은 호주의 그레이트 배리어 리프(Great Barrier Reef)이다.

오늘날의 산호초군집은 조류, 산호, 부채꼴 산호, 해면, 말미잘, 피낭류, 따개비류, 연체동물과 각종 어류로 구성되어 있다. 바다나비, 아귀, 얼게돔류, 비늘돔류, 쥐치무리, 놀래기류, 그루퍼, 실고기류, 뱀장어, 쏨뱅이 등 다양한 어류가 산호초 내의 비할 데 없이 화려한 색과 모양을 자랑하는 동굴 같은 공간과 가지 사이에서 먹이, 피신처, 산소를 찾는다.

최근 불가사리의 급증은 호주 그레이트 배리어 리프를 위시하여 태평양의 수많은 산호초에 위협을 가하고 있다. 불가사리의 엄청난 증가가 자연적인 현상이라고 보는 시각도 있는 한편, 인간 활동의 영향으로 인한 것이라고 설명하는 의견도 있다.

하와이 오아후 해안 산호초에서 볼 수 있는 다양한 생물군은 부영양화로 사멸 위기에 처해 있다. 카리브해 산호초는 기름과 수온 상승의 악영향을 받고 있다. 산호가 죽어가고 있는 것이다. 이토록 광대한 군집을 구성하는 폴립들이 수중 미생물로부터 먹이를 걸러 먹기 위해 촉수를 뻗던 행동을 멈추면서 산호 표면에 공생하고 있는 녹조류도 죽는다. 산호 표면을 균류와 한층 강력한 조류가 대신

덮으면서 산호는 호흡하지 못하게 된다. 전체적으로 어둡고 생기가 없어진다. 물고기들은 이곳을 떠나 죽고, 산호초의 부식이 진행된다.

그러나 최근 연구 결과를 통해 약간의 희망을 확인할 수 있다.[11] 백화현상은 산호 표면에서 공생하는 황록공생조류라는 특정 조류가 죽거나 다른 이유로 떨어져 나감으로써 발생하는 현상이라고 여겨진다. 하지만 백화해서 죽어버린 것처럼 보이는 산호초도 그 속 깊은 곳에 황록공생조류를 보존하고 있는 것으로 보이며, 이것이 결국에는 산호초를 회복시키고 재생토록 한다. 또한 산호초는 각종 조류에 적응할 수 있고, 전체적인 산호초 시스템은 생각보다 훨씬 복잡하면서 회복력이 뛰어나다고 보고 있다. 산호는 이제 물고기나 진주처럼 양식할 수 있어, 양식 산호를 옮겨 심어 산호초를 재생하는 것도 가능하게 되었다.

9. 인간이 척도인가?

그렇다고 해서 인간이 자연을 함부로 대하는 행위가 용납될 수는 없다. 육지에서 또는 대기를 통해, 또는 선박과 해상구조물에서 인간이 바다에 가하는 행위가 혐오스럽다는 사실에는 의심의 여지가 없다. 하지만 현재의 위기를 한층 심층적인 시공간적 관점에서 바라보면 의문이 생긴다. 인간은 과연 우리가 생각하는 것만큼 위대할까? 어쩌면 인간은 가장 뻔뻔하고 무례한 생물일지 모르지만, 인간 역시 언젠가는 소멸할 것이다. 우리가 안고 있는 우려는 서양인들에게서 흔히 볼 수 있는 인간 중심적인 과대망상에다 원죄에 대한 강박관념이 더해진 데서 출발한 건 아닐까?

---

11) 『사이언스』 279호 「통합 생물학 회의를 지배하는 산호초(Coral Reefs Dominate Integrative Biology Meeting」, 1998년 2월 6일.

이렇게 넓은 견지에서 보면 다음과 같은 설명은 약간 고압적으로 들린다.

> 정보화시대로의 이행에 대해 언급하고 싶고 보전의 문제와 연결하고 싶은 관점은 정보화시대의 자연의 재분류와 관련 있다. '생물종'이라는 개념처럼 비교적 안정적이었던 '자연'이라는 개념 자체가 지금 흔들리고 있다. 유전자공학이 가능한 시대에서 '자연'은 안정적인 개념으로서의 의미가 사실상 없다. 생물종 역시 매우 유동적인 개념이 되었다. 이제는 이런 개념으로 우리가 원하는 사회적 가치로 만들 수 있다.[12)]

이 논의에서 자연은 '인간이 만든 것'으로 여겨진다. 자연에서 얼마만큼을 활용하고 싶고 얼마만큼을 보존하고자 하는지를 결정하는 주체는 인간이라는 것이다. 그런데 이토록 경이로운 해양이라는 세계와 유구한 세월에 걸쳐 진행된 변화 속에서 인간이 실제로 차지하는 위치는 무엇일까?

인간의 힘과 영향력을 다소 과소평가하면서 자연에 대해 더욱 겸허한 태도를 지니는 것이 자연을 오염시켜도 되는 자격으로 여겨져서는 안 된다. 인간이 만들어내는 엄청난 양의 치명적이면서 자연을 변화시키는 행동은 절대 용납되지 않는다. 우리의 방식을 바꿔야만 한다. 태도를 바꿔야만 한다. 생각보다 우리가 중요한 존재가 아니라고 해도, 그리고 기후변화와 생물다양성에 우리가 미치는 영향이 시공간적 측면에서 매우 미미하다고 해도, 환경을 잘못 다루는 것은 자살행위라는 사실은 그 사실을 보고자 하는 사람에게는 아주 명확하다. 그리고 이 환경의 가장 중요한 구성요소는 해양이다.

우리가 먹는 식량과 물, 우리가 호흡하는 공기는 오염되어 있다. 이

---

12) Buchanan, 1994.

미 종식되었다고 생각한 역병이 부활하고 있다. 새로운 질병, 알레르기, 면역결핍, 암, 호흡 장애 등이 아동과 노인, 가축과 반려동물까지 공격하고 있다. 전 세계 곳곳에서 출산율이 떨어지고 있고, 어떤 곳에서는 에이즈 같은 새로운 전염병에 의해 마을과 지역의 인구가 감소하고 있다. 육지와 바다 환경의 잘못된 관리로 인한 환경난민이 증가하고, 이에 사회의 안정과 인간의 안전보장이 위험에 빠지고 있다.

잘 알려졌듯이 인류의 대부분이 연안역에 살고 있으므로 바다의 오염은 인간의 오염을 뜻한다. 우리 인류를 구하기 위해서는 바다를 구하지 않으면 안 되는 것이다. 모든 생물이 가진 자기보호본능 그 자체가 우리의 삶의 방식을 바꿀 이유가 된다. 하지만 자기보호에는 타인을 보호하는 일 역시 필요하다.

> 모든 동물은 죽음을 두려워하며 위험 앞에서 떤다. 이를 기억하는 사람은 살생하지도 살생의 원인이 되지도 않을 것이다.[13)]

자연을 향한 우리의 태도를 바꿔야 한다. 윤리를 바꿔야 한다. 장래 생물다양성에 인간이 미치는 영향이 무엇이건 간에, 인간에게는 저 깊은 곳 어딘가에, 특히 우리 서구 문화보다는 다른 문화 속에 깊이 뿌리 박혀 있는 또 다른 본능이 있다. 바로 우리의 동반자인 다른 생물을 이익 추구 차원에서건 무지에서 비롯된 것이건 해를 입히거나 죽이는 것은 허용되지 않는다는 것을 본능적으로 알고 있다. 해안에 떠밀려온 기름으로 뒤덮인 새나 기형이 된 물고기를 보면 우리가 이 작은 생명에게 저지르는 일이 결국 우리 자신, 그리고 우리의 후손에게 하는 행동이라는 사실을 느낄 수 있다. 그리고 다음과 같은 호소의 목소리가 들린다.

---

13) The *Dhammanpada*, v. 129.

모든 생명 속에서 자신을 보고 자신 속에서 모든 생명을 보자.[14]

이런 메시지도 있다.

부모를 잘 섬기기 위해서는 모든 생명에 대한 친절한 태도를 배워야 한다(후략).[15]

유엔 사무총장은 최근 다음과 같은 아프리카 격언을 인용하기도 했다.[16]

세상은 우리의 것이 아니라 우리 후손을 위해 우리에게 신탁된 것이다.

이런 메시지들은 모두 기본적으로 아시아 문화와 아메리카 원주민 문화에서 가르치고 있다. 역사가 식민지 시대와 탈식민지 시대의 잔재를 그 결과로 나타난 유럽중심주의로 극복하고자 하는 요즘, 이와 같은 비非유럽식 견해가 힘을 얻기 시작하면서 서구에서 생겨나고 있는 '생태학적 세계관'과 서로 섞이고 있다.

삶의 방식을 진정으로 바꾸고자 한다면 이러한 변화와 이 변화가 의미하는 모든 것은 매우 중요하다.

---

14) Sri Aurobindo Birth Centenary Library, vol. XII, Pondicherry: Aurobindo Ashram, 1971.

15) 석가모니의 가르침.

16) Kofi Annan, 1997년 5월 1일 기자회견.

10. 해양오염

수십 년 전 과학자들은 해마다 인간이 만들어낸 오염물질이 얼마나 바다로 흘러 들어가는지 알고 있다고, 그리고 이런 오염물질이 수질과 동식물에 미치는 영향을 예측할 수 있다고 확신했다. 오늘날 과학자들은 이보다는 상당히 신중해졌다.[17)]

- 10여 년 전에 행한 바닷속 화학물질 측정 결과의 신뢰성이 떨어진다는 사실이 최근 명확해지면서 장기간에 걸친 농도 변화를 추적하는 게 어려워졌다. 새로운 데이터 분석 기술과 품질관리 절차가 개발되면서 과거 데이터의 부정확성이 드러났으며, 대기 중 화학물질 농도의 최근 측정치는 이전 보고된 수치보다도 낮아졌다.
- 인간 활동에 의한 오염을 불확실한 환경오염의 배경에 비교해 평가하기는 어렵다. 해저, 해수 기둥, 대기, 육지, 하천 간의 상호작용은 이해할 수 없을 정도로 복잡하기 때문이다.
- 세계의 해저에는 각각 다른 활동을 하는 판 경계가 4만㎞ 이상 이어진다. 활동이 왕성한 지역은 계속 대량의 열을 공급할 뿐만 아니라 간헐적으로 분출되는 마그마와 열수는 유황과 금속화합물이 섞인 고열의 탁류를 대량으로 발생시킨다. 자연에서 발생하는 이러한 요인에 관한 정량적 데이터는 거의 없지만, 이런 요인들의 규모를 보면 전 지구적으로 영향을 미칠 정도라는 사실은 유추해볼 수 있다. 전체 오염물질에서 자연 유래 물질과 인간 활동에 의한 물질을 정확히 가려내기는 어렵다.
- 마찬가지로 하천에서 유입하는 물질 속에서 자연적인 물질과 인공적인 물질의 비율 역시 명확하지 않다. 관측은 일부 하천계와 일부 오염물질에만 이루어지고 있다. 가령 영양분의 경우, 다양한 종류의 하천계를 조사하여 전체 하천 유입량을 추

---

17) 다음 각 단락은 IMO, FAO, UNESCO, GESAMP(1990)에서 발췌하여 요약한 것이다.

정한 후 용존 질소, 인, 규소의 자연 유입량과 떠 있는 질소와 인의 자연 유입량 등을 파악하고 있다. 인간에 의한 유입량의 추정치도 있다. 추정치 간 차이가 매우 크긴 하지만, 적어도 인간에 의한 용존 영양분의 유입이 자연 유래 유입량에 대등하거나 지역에 따라서는 훨씬 상회한다는 사실을 알 수 있다.

- 대기에서 유입되는 물질의 양은 추정이 쉽지 않다. 강우의 수직 분포, 기간, 강도, 빗방울 크기 등에 따라 화학물질 구성이 달라 데이터의 해석이 복잡하다. 대기와 해면 간 접촉으로 생기는 기체의 유입량을 직접 측정하는 기술은 현재로선 없다. 게다가 대기에서 바다로 흘러 들어오는 화학물질 일부는 거품 파열과 기체 교환을 통해 다시 대기로 방출되기도 한다. 이렇게 재순환하는 물질을 고려하지 않는다면 유입 계산치는 크게 높아질 것이다. 기존의 데이터베이스로는 부족하다.
- 가장 심각한 문제 중 하나는 합성 유기화합물로부터 발생한다. 매년 많은 새로운 화학물질(500~1,000)이 시장에 등장하고, 기존 화학물질도 새로운 목적으로 전용되고 있다. 이들로 인해 환경에 닥칠 파멸이나 여파에 관해서는 밝혀진 바가 거의 없다. 대부분의 조사 표본에서 물고기 지방에 잔류하는 유기염소화합물의 농도는 30~200ppm에 달하며, 그중 5~10ppm은 DDT, PCB, 다이옥신, 크로로페놀 등의 오염물질에 의한 것이다. 나머지 95%에 관해서는 밝혀지지 않았다.
- 해양환경보호전문가그룹(GESAMP)의 추정에 따르면 상공에서의 핵무기 실험과 핵 오염물질 투기 등을 통해 바다로 들어오는 방사성물질(군사용 핵무기의 제조와 운용, 그리고 원자력 추진 선박 등은 정보를 확보할 수 없어 제외)로 인한 오염은 자연 활동(해저의 화산활동 등)에 의한 오염의 1%에도 미치지 않는다는 사실은 주목할 만하다.

이처럼 불확실성과 경계해야 하는 지점이 많다 보니 GESAMP가 해양오염에 있어 자연 유래와 인간 유래 원인의 비율을 전체적으로 수량화한 표를 내놓기를 주저하는 것도 놀랄 일은 아니다. 그렇기는 하지만 아래 〈표 1.1〉(생략)에서 GESAMP 데이터 중 가장 유의미한 부분을 불완전하고, 파편적이고, 대략적으로나마 간략하게 소개한다.

1) 해양환경 모니터링을 위한 장비[18] (내용 생략)

2) 모니터링, 누가 비용을 부담할 것인가?

비록 해양의 다양한 프로세스를 완벽하게 이해하는 날이 절대로 오지 않겠지만, 그래도 배움을 통해 바다를 더 잘 이해해야 한다.

해양의 과학적 조사가 진보하면서 유엔환경계획(UNEP)의 'Mussel Watch(홍합 모니터링 프로그램)' 정부간해양학위원회(IOC)의 '해양순환실험,' 혹은 여름 몬순의 가변성과 그 영향을 분석하는 유럽연합의 '해양모델링연구' 등 국가, 지역, 글로벌 차원에서 다양한 모니터링 프로그램과 프로젝트가 탄생했다. 또한 미국, 프랑스, 일본, 호주가 후원하는 한 프로젝트에서는 60개의 수중 부표를 이용해서 태평양의 심층류를 연구하고 있다.

이런 프로그램 중 가장 포괄적인 것은 유엔환경개발회의(UNCED)에 뒤이어 발족한 전지구해양관측망(GOOS)이며, 유네스코의 정부간해양학위원회, 유엔환경계획, 세계기상기구(WMO)가 협력하고 있다. 각 연안국에 국가 차원의 해양학 담당 조직을 창설하는 비용을 포함한 전체 비용은 연간 40억 달러로 추정되며, 보험업계로부

18) 중국 국가해양국 국제협력부의 Xu Yukan에 의함. 국제해양연구소 연수 프로그램의 교수요목

터 큰 지원을 받고 있다. 지난 10년간 보험업계는 업계의 표현에 따르면 "보험산업을 파탄으로 몰고갈 위협이 될 수 있는"[19] 지구온난화와 관련된 자연재해에 의한 손실 때문에 거액의 보험금을 지급해야 했다. 세계해양관측시스템을 통해 보험회사들은 대규모 폭풍우의 강도와 진로를 안정적으로 예측할 수 있게 되어 조기경보 시스템을 통해 재해대책을 개선할 수 있을 것으로 전망된다.

바다로 폐기되는 물질의 80~90%는 준설에서 비롯된다. 1980~1985년 런던협약(London Dumping Convention) 사무국에 보고된 기록에 의하면 연간 평균 2억1천5백만t의 준설물이 버려지고 있다. 전체 준설물의 20~22%에 해당하는 수치이며, 나머지 준설물은 다른 장소에 투기되고 있다.

바다에 유출되는 석유의 경우 46%가 탱커 운항을 비롯한 해상운송과 기타 선박 활동, 선박 관련 사고 등에서 비롯되는 것으로 추정된다. 전 세계 석유 소비량은 1979년 31억t에서 1985년 28억t으로 감소했지만, 1986년 이후로 증가세로 다시 돌아섰다. 석유의 해상수송량은 1976~1986년의 10년간에는 25% 급감하고, 1986년에는 1977년 대비 수송량이 4억3천1백만t 줄었다. 또 하나 주목할 추세는 원유와는 달리 정유제품(주로 비잔류성)의 수송이 꾸준히 증가하고 있다는 점이다. 1977년 정유제품 수송은 수출량의 15%였지만, 그다음 해에는 25%로 증가했고, 원유 수출은 33% 감소했다. 지난 10년간 석유 유출 건수를 보면 전반 5년에는 연간 평균 670건이었으나, 후반 5년에는 173건으로 꾸준히 감소했다. 5,000 배럴(725t) 이상의 유출을 수반하는 대형 사고는 20건에서 7건으로 감소했다. 로이드선급에 따르면 6,000톤급으로 등록된 탱커 중 대재해를 겪은 수는 1977~1981년에는 100척 중 2.5척이었으나, 1982~1986년에는 불과 1.8척이었다.

---

19) "보험사는 만약 지구온난화가 현실이 되면 그 결과로 발생할 보험금 지급 청구는 보험 업계 전체를 파탄시킬 정도의 위협이 될 수 있다고 인정한다." Panos Institute, 1997.

모니터링 서비스의 개선과 해양 프로세스의 이해로부터 혜택을 가장 많이 입은 산업이 보험산업이라면, 다음으로 혜택을 누린 산업은 해운업이다. 에너지, 무역, 금융, 농업, 건설, 관광 등의 업계도 마찬가지로 이득을 봤다. 이들 업계는 모두 글로벌 모니터링 활동에 지금까지 누린 이득에 상응하는 이바지를 해야 한다. 이들의 자발적인 참여가 '관습법'으로 발전되어야 하며, 결국에는 해양개발세 형태로 관례법에 반영되어야 한다. 이와 관련해서는 제3장에서 다시 논하기로 한다.

〈표 1. 2〉 1980~1996년 기후관련 재해에 의한 글로벌 경제 손실

(단위: 백만 달러)

연도	전체 손실	피보험 손실
1980	1.5	0.1
1981	7.8	0.4
1982	2.1	1.0
1983	6.2	2.9
1984	2.3	1.0
1985	5.0	2.0
1986	6.7	0.2
1987	9.6	4.3
1988	3.2	0.8
1989	9.7	4.5
1990	15.0	10.0
1991	27.0	8.0
1992	36.0	22.5
1993	22.5	5.5
1994	22.5	1.8
1995	38.5	9.0
1996(추정)	60.0	9.0

출처: Münchner Rückversicherungsgesellschaft & Worldwatch Inst., Washington, D.C.

3) 과학과 해양 거버넌스

해양과학, 혹은 전반적으로 모든 과학은 개별적으로 생각할 대상이 아니다. 모든 과학은 전체적인 시스템의 구성요소이다.

과학이 융성해지기 위해서는 새로운 법적 체계가 필요하다. 부국들의 이익만을 위해서가 아니라 평등과 공유의 기반, 개도국의 완전한 참여 등을 위한 체계가 필요한 것이다. 이를 위한 기초는 이미 1982년 유엔해양법협약(UNCLOS)에서 마련되었다.

우리는 단기적인 개별적 이익 추구와 경쟁에서 벗어나 장기적인 사회적 가치와 협력을 중시하는 경제 체제가 필요하다. 이러한 새로운 이론의 선구자들은 이미 관련 작업에 한창이다.

우리는 또한 개인과 사회의 단기적, 그리고 장기적 이익과 포부를 포괄하고 새로운 경제·생태적, 사회·정치적 사고를 기반으로 선정한 계획과 프로그램을 이행할 수 있는 의사결정 및 관리 시스템이 필요하다. 이러한 시스템도 현재 만들어지고 있다.

더불어 천연자원과 인적자원 낭비를 줄이는 새로운 과학기술이 필요하다. 이런 기술의 공유와 공동개발은 우리가 앞으로 만들어낼 법적, 제도적 체계에 좌우될 것이고, 이러한 체계는 기술이 적용되는 문화와 조화를 이뤄야만 한다.

문화, 법, 제도, 기술은 모두 서로 영향을 주고받으면서 서로가 일부를 구성한다.

> 그물이 연속된 매듭으로 만들어지는 것과 같이 세상 만물도 일련의 매듭으로 이어져 있다. 그물의 그물코가 모두 독립적이고 개별적으로 존재한다는 생각은 잘못된 생각이다.[20]

---

20) 석가모니의 가르침.

위 가르침을 따라 '문제복합체'와 '종합해결책,' 그리고 '해양의 고리가 중심이 되는 세계'로 다시 돌아가 보자.

제2장

문화적 관점에서 본 바다

생명은 바다에서 탄생했다.[1] 세상의 바다는 일종의 "유기물로 된 묽은 수프로, 그 안에서는 어떤 일이든 일어날 수 있다"라고 마스턴 베이츠(Marston Bates)가 말한 바 있다.[2] 몇백만 년 동안 광물이 녹은 혼합액 속에서 탄소를 주성분으로 하는 고분자화합물이 결합과 재결합을 반복하다가 마침내 세포가 생겨났다. 이후 몇백만 년이 더 지난 후에서야 여러 진화 단계를 거친 이 세포들이 태양을 직접 이용한 광합성을 통해 고에너지 인산염을 생성하는 법을 학습했다. 이 시점에 단세포동물은 엽록소를 생성해서 빛을 잡아둘 수 있게 되었다. 이렇게 세포는 태양광을 이용해서 포도당을 합성하고, 부산물로 산소 분자를 대기 중으로 방출했다. 지금으로부터 약 30억 년 전에는 이렇게 방출된 산소량이 세포호흡에 충분할 정도로 증가했다. 해양생물은 자신을 만들어낸 것과 마찬가지로 주변 환경도 직접 만들었다. 약 6억 년 전에 고생대 이전의 플랑크톤, 특히 오늘날에도 볼 수 있는 남조류는 대기를 충분한 산소량으로 채워 후생동물들을 진화할 수 있게 했다.

바다에서 시작된 생명은 하구, 하천, 호수 등으로 퍼져 그곳에서 지느러미를 가진 본격적인 물고기로 진화했지만, 그중 상당수가 결국에는 바다로 돌아갔다. 물고기에 이어 파충류와 새도 일부 돌아갔다. 새가 자랑하는 날개는 쪼그라들어 물갈퀴가 되었고, 지상에서 걷기에는 어설픈 다리는 민첩한 키로 변모했다. 포유동물도 예외는 아니었다. 고래, 돌고래, 바다표범 등은 물고기에 가까운 체형과 행동에 순응해갔다. 다음은 인간이 바다로 돌아갈 차례일지도 모른다.

호모사피엔스의 지상에서의 생존은 일시적인 것에 지나지 않는다

---

1) 이 장은 필자의 수필 「인류의 꿈과 바다(The sea and the dreams of man)」(UNESCO, 1983, No. 3/4)를 바탕으로 하고 있다.

2) Bates, 1960.

는 설도 있다. 저명한 해양생물학자인 앨리스터 하디(Alister Hardy)에 의하면, 인간이 직립하고 체모가 없다는 점, 피하지방 축적이 쉬운 점 모두 인간의 초기 진화는 나무 위에 살기 위해서라기보다는 열대지방의 상쾌한 바다에서 헤엄치기 위함이었다는 것을 시사한다.[3)]

최근 일련의 실험을 보면 물속 깊이 작은 아기들을 넣었을 때 아기들이 두려워하지 않고 자연스럽게 헤엄치고 편안하게 눈도 뜨고 돌고래나 바다표범처럼 숨을 쉬면서 수면으로 올라오는 것을 볼 수 있다. 앨리스터 하디의 설을 뒷받침하는 실험이다. 인간은 똑바로 서서 걷기 전에 먼저 헤엄치는 것이 가능하다는 것이다.

체온과 비슷한 따뜻한 탕에서 처음으로 목욕하는 신생아가 행복하게 까르륵거리고 싱글벙글 미소 지으며 발을 버둥거리는 모습에서는 마치 태고의 물에 가까운 염도를 가진 작은 바다인 엄마의 자궁으로 돌아간 듯 흡족함과 편안함에 가득 찬 생물을 볼 수 있다. 하나하나의 작은 바다는 하나의 배아에서 시작되는 생명 기원의 극이 재현되는 무대가 된다. 이는 단세포의 원생동물에서 시작해 아가미 호흡 동물, 양서류 등을 거쳐 포유류로 진화하고 인간으로 태어난다. 작은 바다에서 마른 육지로 나온 것이다.

또 이렇게 모든 인간은 이 행성의 바다를 제법 많이 담고 있다. 지구의 71%가 바다로 덮여 있는 것과 같이 인간의 몸은 71%가 염수로 이루어져 있다.

어찌 된 일인지는 모르지만, 인류는 모든 생명이 바다에서 시작되었다는 것을 태고 시대부터 알고 있었고, 이러한 지식을 전 세계 곳곳에서 수많은 신화와 전설 속에 녹여 전파했다. 전 인류를 하나로 이어준 최초의 지적 연결고리와도 같았다.

창세기에는 "태초에 성령은 수면 위에 운행하시니라"고 기록했다.

---

3) Hardy, 1965.

"빛이 있으라!"가 하나님의 천지창조의 첫 명령이었다. 다음으로 하나님은 천상의 물과 지상의 물을 나누셨다. 그다음은 이렇게 기록한다. "하나님이 이르시되 천하의 물이 한곳으로 모이고 뭍이 드러나라 하시니 그대로 되니라. 하나님이 뭍을 땅이라 부르고 모인 물을 바다라 부르시니 하나님이 보시기에 좋았더라." 하나님은 먼저 바다에 물고기를 만드시고, 하늘에 새를 만드시고, 그 다음에 뭍에 짐승을 만드신 후에 마지막으로 인간을 만드셨다고 기록되어 있다. 고대인들은 이를 어떻게 알았을까?

스위스 학자 F. 모벤(F. Morven)은 바다의 전설을 모아 아름다운 책으로 엮었다.[4] 모벤은 전 세계 신화 대부분에서 물이 어떤 원소보다도 중요한 의미를 차지한다는 사실을 일깨워준다. 물이 가장 먼저고 나머지 원소가 그 뒤를 이었다.

『마노바 사스트라(Manova Sastra)』에서는 성서의 묘사와 같은 순서로 천지창조 이야기를 담았다. 이 세상은 마치 깊은 잠에 빠진 것 같은 형태 없는 어두운 혼돈이었다. 자신의 힘으로 존재하는 신이 5원소로 모습을 나타내 어둠을 흐트러뜨렸다. 신은 자신의 힘을 행사하여 우선 물을 만들고, 거기에 불을 이용해 움직임을 주어 태양처럼 빛나는 알을 하나 만들었다. 그 알에서 모든 인간의 아버지인 브라마가 나타났다.

이 고대 인도 성전에서는 바다를 모든 보석을 발견할 수 있는 장소인 '라트나카르(Rantnakar)'라고 칭한다. 또 다른 고대 인도 성전인 『푸라나(Purana)』에서는 바다를 휘저어 부의 여신 라크슈미를 비롯한 모든 보석과 부를 만들어내는 과정인 사무드라 만타나(유해교반)를 묘사한다. 부를 다 쓰고 나면 세계를 파괴할 수 있는 맹독이 생겨나지만, 시바가 그 독을 마시고 목 안에 머금어 독이 퍼지는 것

4) Morven, 1980.

을 막는다.[5)]

다른 고대 우화와 마찬가지로 이 푸라나 이야기는 지적인 힘, 정신적인 힘, 물질적인 힘을 합침으로써 비로소 바다에서 부를 모을 수 있다는 점, 시바가 그랬듯 세상의 파괴와 오염을 막기 위해서는 독을 소비(파괴)해야 한다는 점, 그리고 그렇게 하기 위해서는 집착과 욕구를 버리고 스스로 낭비를 절제할 필요가 있다는 점을 보여준다.[6)]

그리스인과 아즈텍족에 따르면 신들조차 모두 '물에서 탄생'했다. 모벤은 이어 페루, 멕시코, 북미, 인도, 칼무크인의 땅, 힌두 구전 설화, 이슬람 가르침, 스칸디나비아의 영웅 전설, 슬라브족의 전통 등을 조사했다. 하나도 빠짐없이 아름다웠다. 시적이고 창조적인 한 다발의 꿈이었다.

모벤은 물에는 만물의 근원이 있다고 결론지었다. 전설과 천지창조 이야기 대부분이 지구는 본래 파도로 덮여 있었으며 창조주가 그 위에 땅이 솟아오르기를 기다리고 있었다고 묘사한다.

바다는 생명을 부여할 뿐 아니라 생명을 빼앗기도 한다. 창조적인 동시에 파괴적이다. 그리고 인간의 죄에 대한 신의 노여움이 가져오는 억수 같은 비와 홍수가 육지를 삼키는 이야기는 이스라엘, 페루, 바빌론, 일본, 인도 등에서 이어져 왔다. 성서의 필자들도 노아의 홍수 이전에는 모든 대륙이 한 덩어리로 이어져 있었다는 것을 알고 있었다. 즉, 당시에는 섬도 없었고 노아의 홍수를 계기로 대륙이 나뉜 것이다. 최초의 대륙이동설이다.

해중과 해저에는 뱃사람들을 유혹해서 영원한 지옥으로 끌고자 파멸시키는 괴물, 요부, 뱀, 악령이 도사리고 있다고 여겨져 왔다. 힌두교 신화에서는 바다의 창조적인 면과 파괴적인 면이 끝없이 반복

---

5) Saigal. 2008.

6) Saigal. 2008.

되는 이야기로 짜여 있다.

"신들의 왕이여"라고 브라마가 비슈누에게 말했다.

> 나는 모든 것이 매주기의 최후마다 멸망하는 것을 계속해서 보아 왔다. 이때 모든 원자는 생명의 기원인 영원히 사라지지 않는 태초의 물에 녹아 들어간다. 그리고 만물은 완벽한 어둠으로 덮여 있고 생명의 흔적이라고는 찾아볼 수 없는데다가 그 끝을 가늠할 수 없는 거친 무한의 바다로 돌아간다.[7)]

이처럼 선과 악의 양면적 가치 때문에 바다가 우리 인간의 영혼을 비추는 거울, 즉 '인간적'인 존재가 된 것은 아닐까?

> 바다는 너의 거울!
> 너는 네 영혼을 한없이 출렁이는 물결에
> 비추어 보는구나.
> 바다처럼 한없는 네 정신 쓰라린 심연은 아닌 것을.

보들레르는 시집 『악의 꽃』에 실은 가장 뛰어난 시에서 위와 같이 말했다.

바다는 어머니처럼 수렵보다 낚시를 먼저 시작한 것으로 보이는 초기 인류에게 먹을 것을 제공했다. 원시시대 인간이 물고기를 잡을 때 보인 발명의 재능은 고고학자들을 매우 놀라게 했다. 로버트 C. 밀러(Robert C. Miller)의 아름다운 저서 『바다』에서도 짚었듯 원시시대에 발명된 기본적인 도구들은 오늘날 우리에게도 익숙한 것들이다. 밀러는 "낚싯바늘에 미끼를 단 낚싯줄, 여러 종류의 덫, 그리고 후릿그물, 배낚시 등 다양한 낚시 형태에 따른 어망류 등은 역사의

---

7) Borgese, 1975.

기록이 시작된 시점에는 이미 존재했다"고 말한다.[8)]

중석기시대 지중해지역의 동굴에 최초로 살던 사람들은 기원전 7000년경에 어민이 되어 있었다. 이들이 살던 동굴에서 물고기 뼈가 잔뜩 발견되었다. 필자의 저서 『해양의 드라마(Drama of the Oceans)』에 기술한 바와 같이 3천 년 전에는 다음과 같은 일이 일어나고 있었다.

> 어업은 고도로 체계적인 기술로 발전했다. 기원전 1500년경 지진으로 파괴된 미노아 가옥에서 발견된 세밀화에는 어구, 낚싯대, 낚싯바늘을 만재한 배와 자루를 안고 바다에 뛰어드는 잠수부들이 그려져 있고, 그중 한 사람은 큰 해면 같은 것을 안고 있다.

80만 년 전에 동남아시아에 살았던 유일한 인류인 호모에렉투스는 뱃사람이었다. 깊고 유속이 빠른 바다 위에서 자바에서 600㎞ 이상 떨어진 인도네시아 섬 플로레스까지 항해할 수 있었다. 플로레스의 화산암 지층에서 최근 발굴된 석기로도 이 사실을 엿볼 수 있다.[9)]

어업은 석기시대부터 연안 지역사회의 경제적 기반이었다. 조선 기술을 발달시키고 과학 및 탐험 정신을 드높이고 국제교역 및 해군력을 활성화한 것도 어업이었다. 중세 북부유럽 여러 도시 간 연맹이었던 한자동맹의 세력과 영향력은 지금도 함부르크, 뤼베크, 브레멘, 리가, 탈린, 크라카우의 문화에서 엿볼 수 있는데, 이 동맹의 기반이 된 것은 청어잡이 어업이었다. 15세기에 청어잡이 어업이 쇠퇴

---

8) Miller, 1996.

9) 『사이언스』 279호 「고대 섬에서 사용하던 도구, 호모에렉투스가 바닷사람이었음을 보여줘(Ancient Island Tools Suggest *Homo erectus Was a Seafare*)」, 1998년 3월 13일.

하면서 한자동맹의 힘도 꺾였다. 이에 16세기에는 1492년 이후 안트베르펜과 암스테르담을 찾아온 스페인·포르투갈 지방의 유대인과 신교도들이 있는 네덜란드와 벨기에로 힘의 주축이 옮겨왔다. 마치 해군력이 물고기의 이동 경로를 따라가는 것 같았다. 18세기까지 3세기에 걸쳐 최강의 해군력을 자랑하던 네덜란드의 경제도 주로 청어 어업을 기반으로 삼고 있었으며 영국, 스코틀랜드, 노르웨이가 그 뒤를 이었다.

"바다를 지배하는 자가 육지를 지배한다"라는 말은 통념으로 받아들여진다. 최고로 위세를 떨치던 시절의 베네치아인들이 "바다를 제패하는 자가 육지도 제패한다"라고 말했고, 덴마크 왕들도 같은 관념을 바탕으로 비슷한 표현을 썼다.[10)]

콧대 높은 국가 상당수가 해전의 결과에 따라 운명이 결정되었다. 살라미스 해전(기원전 480년)만 봐도 충분히 알 수 있을 것이다. 테미스토클레스의 주도면밀한 전략을 바탕으로 유럽 내 페르시아의 세력 확장을 저지한 이 해전에 아테네 해군 선원으로 참전한 아이스킬로스는 해전의 모습을 자작 「페르시아인들(The Persians)」에서 화려하게 묘사했다.

악티움 해전과 레판토 해전 역시 각각 로마제국과 그리스도교국의 세력 확대를 가져온 걸로 잘 알려졌다. 잉글랜드 여왕 엘리자베스 1세와 스페인 왕 펠리페 2세도 바다에서 교전하였고, 1588년 스페인은 해전 패배와 함께 그 무적함대도 함께 쇠퇴했다. 나폴레옹은 트라팔가 해전(1805년)에서 패망하고, 제정러시아는 쓰시마 해전(1905년)에서 기세 좋은 일본에 굴복했다.

두 개의 세계대전 사이에 그때까지 보편적으로 받아들여졌던 "해신 넵튠이 가진 삼지창이 세계를 지배한다"라는 믿음이 지정학 이론으로 인해 잠시 비껴갔다. 독일의 지정학자 카를 하우스호퍼(Karl

---

10) Morven, 1980.

Haushofer)가 영국의 해럴드 매킨더(Harold Mackinder)의 사상을 차용한 이 지정학적 이론은 "동유럽을 지배하는 자가 지구의 중심, 즉 중심지역을 지배하고, 중심지역을 지배하는 자가 세계를 지배한다"라고 주장했다. "육상의 힘이 해양을 지배하는 것이지 그 반대 방향이 아니다"라는 것이다.[11)]

그러나 지정학은 제3제국과 함께 쇠퇴하고, 제2차 세계대전 후 해양과 오늘날에는 미사일을 탑재한 잠수함으로 대변되는 해군력의 전략적 역할이 유례없이 중요해졌다. 고도 정찰기와 정찰위성 등 기술 혁신으로 인해 육상에서 반격용 병력과 선제공격용 병력을 안전하게 보관하는 게 힘들어졌다. 오늘날 공포의 균형은 불투명한 심해의 수중에 숨어 있는 것이다. 패권을 향한 광기 어린 경쟁 속에서 해군력이 높아져 감에 따라 현재 또는 미래의 초강대국은 자국은 물론 인류, 해양의 생명을 파괴할 수도 있다. 이렇게 되면 모든 원자가 영원의 존재인 태초의 물에 녹아 들어가 삼라만상이 그 끝을 알 수 없는 황막한 해양의 무한, 생명의 흔적이라고는 찾아볼 수 없는 칠흑 같은 어둠 속으로 돌아가는 것으로 끝남으로써 한 주기에 종말을 고할 것이다.

냉전이 종식하면서 탄생한 '신지정학'은 캐나다, 인도, 일본 등지에서 학자와 해군 제독들의 지지를 얻고 있다.[12)] 이 이론은 해양 중심적인 동시에 해군에 새로운 역할과 임무를 부여한다. 즉 해군이 모니터링, 정찰, 법 집행, 조사 및 구난, 재해 원조, 인도적 지원 등을 함으로써 전쟁에 임하는 게 아니라 평화 구축에 힘쓰고, 경쟁하지 말고 협력해야 한다는 것이다.

---

11) Borgese, 1943.

12) 『바다와 평화를 위한 의제(*The Ocean and the Agensa for Peace*)』, Paris: UNESCO/IOC, 1997 참조.

사람들을 분리하고 연결해온 거대한 물의 집합체인 바다는 '위대한 교육자'로 사람들을 위대하게 길러냈다. 역사적으로 이름 높은 많은 상인과 모험가가 항해자 집단에서 배출되었다. 항해자는 자유도 중요하게 여겨왔다. 바다처럼 자유롭다고 느끼는 것이다. 해양 민족이 공화국을 만들고 내륙이 전제국가를 낳았다.

헤겔은 자신의 저서 『법철학』에서 공업사회에서의 바다의 역할을 농업사회에서의 육지의 역할과 비교하고 통찰력 있는 견해를 제시한다. 그는 바다가 가진 문화적, 교육적 영향력을 이해하고 있었고, 근면함과 개화를 갖춘 해양 국가와 항해에 나서지 못하는 숙명을 가졌거나 "이집트인이나 인도인처럼 무감각 상태에서 가장 지독하고 부끄러운 미신의 세계에 빠진" 국가를 비교해보도록 독자를 안내한다.

이집트와 인도의 지리와 문화에 대한 헤겔의 지식은 분명히 잘못되었지만, 해양의 교육적 측면과 문화 창조적 측면을 중시한 견해는 의심할 여지없이 정확하다. 핀란드에는 "바다는 인간의 혼을 창조했고, 파도는 지성을 만들었다"라는 속담이 있다. 유사 이래 바다 자체, 그리고 인간과 바다와의 관계는 수많은 건축가, 화가, 음악가, 작가에게 영감을 불어넣었다. 인간의 모든 공예 기법과 과학, 예술, 생활양식, 더 나아가서는 집단의 목적과 세계관 등 모든 것이 선박의 건조에서 구현된다. 선박은 타인과 자연에 대한 인간의 태도를 보여주는 완벽한 예시이다.

선박은 이집트의 파라오 시대부터 현재에 이르기까지 회화가 존재하는 한 가장 인기 있는 그림의 소재였다. 고전 회화에서는 바다의 풍경이 많이 등장하지는 않지만, 보티첼리의 「비너스의 탄생」에서는 파도가 태피스트리 같은 모양으로 양식화되어 묘사되어 있고, 틴토레토의 걸작 「갈릴리호의 그리스도」처럼 구름의 빛을 반사해서 힘 있게 넘실거리는 파도의 명암을 그린 작품도 있다.

바다가 무궁무진한 그림 소재로 자리 잡은 것은 낭만파, 후기 낭만파, 인상파, 야수파, 표현주의 시대이다. 모네, 세잔, 고갱, 반 고흐, 터너, 와토를 위시하여 독일과 네덜란드의 화가, 그리고 일본의 호쿠사이 등 수많은 화가가 바다를 천공과 별을 비춤으로써 자신의 혼을 보여주는 거울로 여겼다. 터너는 잉글랜드 원양에서 해상 폭풍설을 겪은 후 「눈 폭풍」을 그렸다. 그는 사이렌의 노랫소리를 듣기 위해 몸을 돛대에 묶게 한 오디세우스를 떠올리며 "광풍을 잘 보기 위해 선원에게 나를 돛대에 단단히 묶어달라고 부탁했다"라고 기록했다. 그는 이어 "나는 몇 시간이나 돛대에 묶여 있었고 벗어날 수 있으리라고는 생각하지 않았지만, 만약 벗어날 수 있게 된다면 그것을 그림으로 남겨야 한다고 생각했다"라고 말했다. 이렇게 탄생한 작품을 두고 에드워드 록스파이저(Edward Lockspeiser)는 터너의 바다 풍경화 중 최고 걸작이라고 평했다. 터너는 "아무도 마음에 들지 않는다고 해도 좋았다. (중략) 이해를 받기 위해 그린 그림이 아니라 그저 그 정경 자체를 보여주고 싶었다"라고 설명했다.[13)]

호쿠사이의 유명한 판화 「가나가와 앞바다의 파도」는 드뷔시의 교향곡 「바다」의 관현악단 악보 표지로 쓰이기도 했다. 일본 미술 수집가로 유명한 에드몽 드 공쿠르(Edmond de Gongcourt)는 1896년에 발표한 논문에서 이 작품을 다음과 같이 묘사했다.

> 이 파도 무늬는 바다를 신격화한 모습이다. 자신의 나라를 사방으로 둘러싼 압도적인 바다를 향한 종교적인 외경심을 품고 산 화가의 작품이다. 갑작스럽게 거칠게 하늘을 향해 솟구쳐오르는 파도, 투명하고 깊은 청색을 띠는 파도의 안쪽, 쩍 갈라져서 짐승의 발톱 같은 모양으로 작은 물방울이 되어 쏟아져 내

13) Lockspeiser, 1962.

리는 물마루 등이 인상적이다.[14)]

이 호쿠사이의 작품에는 견고하고 정적인 면도 있어, "회화는 말하자면 움직임이 없는 색채의 음악이기도 하다"라는 뤼시앵 파브르(Lucien Favre)의 말을 상기시킨다.

한편, 음악은 가장 자연에 가까운 예술이라고 볼 수 있다. 음악에는 시간적 측면이 있어 바다의 소리, 색, 질감뿐만 아니라 그때그때의 도발적인 움직임과 변화, 리듬을 담을 수 있다. 드뷔시는 "이런 면에서 음악은 회화보다 낫다"라며, "음악은 색과 빛의 변화의 모든 모습을 한데 모을 수 있는데, 이는 매우 당연한데도 별로 주목받지 못하는 점이다"라고 말했다.[15)] 발라스(Vallas)는 자신의 저서 『클로드 드뷔시 이론』에서 다음과 같이 썼다.

> 화가와 조각가는 공공연한 자연의 해석자라고 자처하지만, 그들이 할 수 있는 건 세상의 미를 대충 단편적인 모습을 전달하는 것밖에 없다. 어느 한 측면, 어느 한 순간만을 포착해서 기록한다. 음악가들은 낮과 밤, 지상과 천공의 시를 담아 그 공간을 재구성하고 자신의 커다란 심장 고동의 리듬을 기록할 수 있다.[16)]

은색 잔물결의 소리와 큰 파도가 철썩 부서지는 소리는 관현악으로 쉽게 표현할 수 있다. 폭풍우가 거세지거나 사라지는 모습도 크레셴도(점점 세게)와 데크레셴도(점점 약하게) 같은 이미 정해진 기호

---

14) 앞과 같음.

15) 앞과 같음.

16) Vallas, 1967.

를 이용해 표현할 수 있다. 파도의 너울거림과 그 영원한 가락은 음악의 선율로 쉽게 옮길 수 있다. 신비로운 해저부터 수중의 파도와 흐름, 잔물결이 반짝이는 수면까지 여러 층을 품고 있는 해양공간은 수직적으로는 대위법으로 표현할 수 있고, 시간에 따른 흐름은 수평적인 선율의 전개로 나타낼 수 있다.

시대를 막론하고 많은 작곡가에게 있어 바다란 가장 많은 소리로 가득한 곳이다. 리하르트 바그너가 표현한 바다에서 좋은 예를 볼 수 있다. 어니스트 뉴먼(Earnest Newman)은 「방황하는 네덜란드인」에서 바그너가 바다를 표현한 방식을 두고 "그들을 둘러싸고 으르렁거리고, 휘파람 같은 소리를 내면서 몰려드는 것은 바다"라며 "여기에서 바다는 단순한 극의 배경이 아니라 이야기를 탄생시킨 요인 그 자체이다"라고 썼다.[17] 「트리스탄과 이졸데」의 절절한 가락은 탁한 회색빛의 아일랜드해를 보여준다. "배는 아직인가, 아직 보이지 않는 것인가?" 하고 그곳을 찾아오는 배를 기다리고 있다. 그리고 바다에 빠지듯 사랑에 빠져 죽음을 맞이하는 내용이 「사랑의 죽음(Liebestod)」에서 탐미적으로 묘사된다.

바람에 실려 와
내 주변에 넘실거리는 소리는
산들바람의
물결인가

(중략)

점점 물결이 높아져
웅성거림이 나를 감싸네

---

17) Newman, 1967.

나 숨을 쉴까
귀를 기울일까
들이켜고 이 속으로 뛰어 들어갈까

(중략)

물결치는 솟아오름
울려 퍼지는 소리 속에
세계의 숨결을 불어 보내는 만유萬有 속에
빠져 죽고 가라앉아
의식 없이
최고의 쾌락!

(후략)

「라인의 황금」의 긴 내림 마장조 도입부에서는 물이 만물의 시작이라는 것을 상징한다. 공허하게 이어지는 5도 음정을 통해 라인강이 흐르는 모습이 그려진다. 이 물의 흐름은 신들의 시작, 그리고 영원과 복잡한 관계를 맺는 인간의 창조를 나타낸다.

전자 신시사이저 등의 기술과 구체음악으로 만들어지는 소리로 나타낼 수 있는 대상의 범위는 무한하다. 그 좋은 예는 미국 작곡가 앨런 호바네스(Alan Hovhaness)의 유명한 「그리고 신은 거대한 고래를 만드셨네」라는 곡에서 볼 수 있다. 이 작품은 슬프고 고독하고 기이한 혹등고래의 노래를 일본의 영향이 분명히 드러나는 우울한 5음 음계를 사용하여 다층적인 음색과 전조에 의한 대위법으로 표현하고 있다. 그리고 곡은 고조되어 대결과 비극의 결말로 정점에 달한다. 놀랍게도 이 효과는 의도된 것이 아니었던 것 같다. 줄곧 일본풍 음악에 경도되어 있던 호바네스는 작곡을 하면서 일본 포경업자들과 그 비극적 희생물 간의 드라마를 의식하지 못했던 것 같다. 그는 다음과 같이 기록했다.

> 5음 음계의 선율은 바다 위에 펼쳐지는 하늘의 개방감을 느끼게 한다. 해저에 있는 산들의 융기와 침강이 호른, 트롬본, 튜바로 표현된다. 고래들의 음악도 산맥처럼 오르락내리락한다. 고래의 노래는 거대하고 신비한 해조처럼 나타난다. 인간은 존재하지 않는다. 자연의 이 장엄한 일체감 속에 인간은 아직 태어나지 않았다.[18]

국제포경위원회에서 전개하는 활동들을 보면 이 곡이 다르게 들린다!

문학과 회화 등을 비롯한 넓은 의미의 예술 맥락에서 바다가 음악에 미치는 영향을 전형적으로 표현한 작곡가는 친구 로베르 고데(Robert Godet)가 "사방이 바다로 둘러싸인 섬"[19]이라고 표현한 드뷔시이다. 드뷔시는 자신에 대해 "뱃사람이 될 운명이었던 나는 우연히 다른 길을 걷게 되었지만, 바다에 대한 정열은 멈춘 적이 없다"라고 썼다.[20] 바다의 흔적을 담고 바다를 흉내 내고 반영한 크고 작은 여러 작품 중에서 최고봉인 중요한 작품은 「바다」이다. 음울한 북대서양과 잔잔한 지중해의 느낌을 담은 이 곡은 '바다 위의 새벽부터 정오까지,' '파도의 희롱,' '바람과 바다의 대화' 등 3악장으로 구성되어 있다. 어떤 평론가는 마지막 악장에 "바다가 즐겁게 약동

---

18) A.Hovhaness의 「그리고 신은 거대한 고래를 만드셨네(*And God Created the Great Whales*)」 (World Premiere Recording Columbia Stereo Masterworks, M : 30390)의 프로그램 해설문에서.

19) Lockspeiser, 1962.

20) Newman, 1967.

하면서 에너지를 발산하는 모습과 파도, 물보라, 거품이 이는 물, 소용돌이치는 연무, 쏟아지는 햇살"[21]을 담고 있다고 표현한다. 보들레르가 말했듯 음악은 바다처럼 사람의 마음을 빼앗는다.

필자의 아버지 토마스 만(Thomas Mann)이 쓴 문장에서도 음악과 바다의 밀접한 연결고리를 볼 수 있다. 그는 발트해 연안의 트라베뮌데라는 작은 마을에서 보낸 어린 시절의 여름을 떠올리면서 다음과 같이 기록했다.

> 이곳에서 바다와 음악은 나의 마음속에서 정서적으로 영원히 하나가 되었다. 그리고 이 감정과 관념의 결합체에서 무언가가 생겨났다. 이것이 이야기, 산문, 서사시가 되었다. 나에게 있어 이러한 이야기와 서사는 바다와 음악의 서사와 매우 밀접하게 연결되어 있다. 나의 서사는 어떤 의미에서 바다와 음악으로 이루어져 있다. C.F. 마이어가 자신의 시에는 모든 구석구석에 장대하고 정적에 빛나는 빙하가 있다고 말했다. 나의 저작에는 모든 구석구석에 바다의 리듬, 바다의 음악적 초월성이 명확하게 드러나지 않더라도 어떤 형태로든 나타나 있다고 말할 수 있을 것이다. 나의 유년기의 바다 뤼벡만灣에 대한 감사의 마음을 충분히 표현해 왔기를 바란다. 뤼벡의 바다는 내가 사용한 팔레트였을지도 모른다. 그리고 내가 가진 물감의 색이 빛나지 않고 불투명하다면, 은빛으로 빛나는 너도밤나무들 건너편에 보이던, 어리고 행복했던 나의 눈이 머물던 바다와 하늘의 담담하고 은은한 색조라고 생각해도 좋을 것이다.[22]

바다와 음악으로 이루어진 장편 서사! 회화나 음악만이 아니라

---

21) Lockspeiser, 1962.

22) T. Mann, 1960.

문학의 역사에도 바다는 빈번하게 등장한다. 호메로스와 그리스 비극 작가부터 조지프 콘래드, 보들레르, 베를렌, 멜빌, 토마스 만 등 많은 작가가 바다를 소재로 썼다. 예술은 종교에서 가장 많은 영감을 받아 왔다. 그리고 바다는 예술에 종교적인 영감을 제공한다.

나중에서야 깨달은 사실이지만, 아버지의 바다를 향한 깊은 애정이 필자에게도 분명히 강력하게 영향을 미쳤다. 바다와 깊게 관계를 맺게 된 나이에 이르고 나서 아버지의 작품을 다시 읽으니 인간과 자연, 특히 바다 사이의 관계에 대한 아버지의 분석이 매우 심오하다는 것을 알 수 있었다. 아버지는 문명의 제약과 대비해 바다의 무한과 야성에 대해 인간이 갖는 외경심에 주목했다. 문명과 바다는 모두 필요한 것으로 상호 보완적이다. 바다는 전부인 동시에 전무이며, 천벌이나 구원이고, 동경의 대상이자 두려움의 대상이다. 아버지는 예술가로서 당신 속에 있는 야성적 요소로서 바다를 인식하고 있었다. 아버지는 짧은 수필에서 바다에 관해 다음과 같이 기록했다.

> 무한성! 내가 언제나 산보다 바다를 좋아하는 이유는 산은 허세를 부리듯 다채로운 모습을 가진 데 반해 바다는 말도 안 되게 단순하기 때문이다. 바다를 향한 나의 사랑은 잠에 대한 사랑만큼이나 오래되었다. 나는 바다와 잠에 대한 애정이 비롯된 하나의 근원이 무엇인지 알고 있다. 나의 마음에는 인도에서 비롯된 것이 많다. '열반' 혹은 '무'라고 불리는 그 형태 또는 완벽한 형태의 부재에 대한 갈망이 많다. 나는 예술가임에도 불구하고 예술가답지 않은 방식으로 영원을 지향하는 경향이 있는데, 이는 명료함과 정밀함을 싫어하는 방식으로 발현된다. 내가 지향하는 것에 반하는 것은 확실히 말하지만, 교정과 규율이다. 엄밀하게 말하면 사기士氣이다. 사기란 무엇

인가. 예술가의 사기란 무엇인가.[23]

이런 글도 있다.

> 바다는 풍경이 아니다. 바다는 영원, 무, 죽음의 경험이다. 형이상학적인 꿈이다. 이는 만년설을 이고 공기가 희박한 고산에도 해당하는 이야기다. 바다와 고산은 전원도 육지도 아니다. 이들은 궁극적이고 야성적이고 초인간적인 장엄함을 갖는다는 면에서 근원적이다. 문명화되고 시민적이고 도시적인 부르주아 예술가는 시골의 풍경은 건너뛰고 곧바로 근원적인 것을 추구하는 것처럼 보인다. 자연과의 관계의 본질은 공포와 소외감, 일탈, 모험이라는 것을 고백하고 표명해도 용납이 되리라 생각하게 되는 건 이 근원적인 것에 직면했을 때 가능하기 때문이다.

『돈키호테와의 항해』에서 볼 수 있듯 비아냥거림과 자조로 자주 억제되기는 했지만, 아버지의 바다를 향한 외경심에는 바다를 실리적 대상으로 보는 관점이 비집고 들어갈 틈이 없었다. 아버지가 생각하는 바다는 인간의 요구사항을 채우기 위해 길들이고 진보를 위해 이용되는 대상이 아니었다.

> 선상에서 경험하는 바다가 해안에서 경험하는 바다보다 느낌이 덜하다는 사실은 진작 알고 있었다. 거기에는 내가 서 있는 대지에 부딪혀서 장엄하게 사라지는 파도가 불러일으키는 정열이 없다. 신비감이 없어진다. 여행자를 위한 일반 도로의 역할로 냉정하게 전환되면서 바다의 마력은 상실된다. 바다는 장

---

23) T. Mann, 「Süsser Schlaf」, 1960

관, 꿈, 직관, 영원에 대한 영적인 관점이라는 특징을 잃고 단 순한 '환경'이 되어버린다.[24)]

아버지는 산업혁명이 심해까지 침투하면서 바다가 오염되고 능욕당하고 있는 것에 대해 뭐라고 이야기하셨을까? 이 새로운 상황에 대처하기 위해 바다에 새로운 질서를 설계하고자 하는 우리의 시도를 어떻게 평가하실까? '질서'와 '바다'는 아버지의 거창한 관점에서는 반의어가 아니었을까?[25)]

우리가 생각하는 '인간화된 바다'는 야유를 받을 여지가 있지만, 궁극적으로는 반대를 받는 일은 없을 것이다. 인간화를 향한 노력, 즉 실리주의는 바다가 거대하고 야성적이라는 발상을 조금도 손상하지 않기 때문이다. 우리가 억제하고 규제하려는 건 바다가 아니라 인간의 활동과 침해행위이다. 새로운 해양과학은 바다를 낱낱이 설명할 수 있는 게 아니다. 과학이 우주에 침투했다고 해서 우주의 신비감과 장엄함이 손상되지 않는 것과 같은 이치다. 게다가 위대한 과학자가 위대한 신비주의자이기도 한 경우도 많다.

"나에게는 꿈이 있었다……"

해양이 인간의 삶과 문화의 진보 혹은 인류의 꿈에 있어서 매우 큰 역할을 해왔다고 한다면 그 영향은 앞으로 더 커질 것이다. 인류는 바다로 회귀하고 있다. 식량, 금속, 광물, 에너지 등 여러 면에서 바다에 대한 인간의 의존도는 극적으로 높아지고 있다.

---

24) T. Mann, "Meerfahrt mit Don Quijote," Vol.Ⅸ, 1934.

25) 토마스 만의 바다와의 관계에 관한 한층 완전한 최근 분석에 대해서는, E. Goebel, "Thomas Mann und das Meer", *in Mare*, I.1. Hamburg: Dreiviertel Verlag, 1997년 4월을 참조.

해양 경제의 핵심은 포획과 채취(전통적 어업)에서 해양 동식물의 양식으로 옮겨갈 것이다. 바다 양식을 포함한 수산양식의 출현은 인류학적 혹은 진화론적 면에서 약 1만 년 전의 농업의 출현과 같은 정도로 중요할지도 모른다.

많은 기술자가 단언하는 것처럼 장기적으로는 해양 광물의 채광이 육상 채광보다 적은 비용으로 가능한 게 사실이고, 그에 더해 비슷한 목적의 토지 사용과 상충하지 않고, 환경 영향이 적으며, 값싼 수송 수단에 직접 접근할 수 있는 등의 이점이 있다면 광업은 자연히 육상에서 해양으로 이행하게 될 것이다. 이런 움직임 때문에 국가 내 혹은 국가 간 이주가 필요하겠지만, 동시에 새로운 기회와 도전을 제시할 것이다.

석유나 천연가스는 물론 아직 개발되지 않은 무한하고 재생 가능하고 오염을 일으키지 않는 바다 그 자체의 에너지원, 조석, 파도, 조류에서 생성되는 에너지, 온도 차와 염도 차에 의한 에너지, 그리고 놀랄 속도로 성장이 빠른 풍부한 켈프 같은 바이오매스 등을 망라하는 해양 에너지원은 세계의 에너지 수요 충족에 큰 도움이 될 것이다.

그 토대가 이러한 경제적·기술적 발전이건 태곳적부터의 꿈이건 혹은 양쪽 모두이건 간에 인류는 새로운 국제 경제질서 구축이라는 과업을 시작했다. 인류의 꿈속 원시시대 지구와 마찬가지로 이 새로운 질서는 바다로부터 모습을 드러낼 것이다. 1982년 체결된 유엔해양법협약이 국제 사회에서 압도적 다수로 채택된 것은 이러한 방향에 있어 돌파구가 되었다.

결함은 있을 수 있다. 이 세상에 결함이 없는 것이 있기는 한가? 이 조약은 결함에도 불구하고 인류의 꿈을 불완전하게나마 반영하면서 경제발전, 환경보전, 평화를 향한 노력에 임할 수 있는 새로운 발판을 제공한다.

마지막으로 우리의 꿈이 담긴 바다를 다시 보면, 지난 여러 세기 동안 역사의 기반이 되었던 '소유'와 '주권'이라는 낡아빠진 개념들은 제멋대로 소용돌이치는 물결의 반사 속에서 왜곡되고 변형되며, 이 물결은 인상파의 강렬한 색채와 드뷔시의 녹아드는 듯한 화음 속에서 산산이 부서지는 것을 볼 수 있다. 이런 개념들은 이제 '인류의 공동유산'이라는 새로운 형태를 취하고 소유를 초월하여 주권에 '공동 의사결정에의 참여'라는 새로운 차원을 더한다.

공동유산이라는 꿈을 바탕으로 바다에서 새로운 '생태적 의식'이라는, 우리에게는 새로운 것이지만 세계 일부 지역에서는 고대부터 존재했던 새로운 비전이 탄생하는 것을 볼 수 있다. 이 비전은 인간과 자연, 그중에서도 특히 바다와의 관계에 대한 비전이다. 실제로 동양의 종교와 신화에서는 지구상 만물이 신에 속하며, 수탁자인 인간은 신의 뜻에 따라 행동해야 하고, 인간은 자신의 욕구와 사회의 필요를 조화시켜야 하며, 자발적인 소비 억제를 통해 형평을 달성해야 한다고 강조한다. 코란에서는 자연에 존재하는 모든 것이 모든 생물의 공동재산이라고 설명한다. 인류가 천연자원을 이용할 권리는 용익권用益權이라는 맥락에만 한정된다. 이는 손상하거나 파괴하거나 낭비하지 않는다는 이해를 바탕으로 다른 사람의 재산을 수탁해 이용할 수 있는 권리이다. 이슬람법은 토지, 물, 공기, 불, 숲, 일광 등 자연의 기본요소는 인간을 포함한 모든 생물의 공동재산이라고 규정한다.

인류의 진화와 역사는 자연과의 대립이 아니라 자연의 일부이다. 어떤 신에게서 자연을 정복하라는 명령을 받은 것이 아니라, 자연 그 자체의 인도로 서로 협력해 왔다. 이러한 협력에는 자연과의 상호작용뿐만 아니라 인간끼리의 협력도 필요하다. 바다뿐만 아니라 일반적으로 말하는 자연환경이나 사회환경은 모두 인간의 마음을 비추는 거울이다. 좋든 나쁘든 우리는 자기 자신을 보는 방식대로 주위의 세계를, 바다를, 그리고 만물을 보게 된다.

제3장

경제적 관점에서 본 바다

'해양경제학'이 전체 경제학의 일부인 것까지는 분명하지만 사실은 그 이상이다. 다음 세기 경제의 기본 틀을 구축해줄 아이디어의 원천이기 때문이다. 해양에서의 혹은 해양과 관련한 인간 활동은 그 영향 면에서 육지, 상공, 우주에서의 인간 활동과 별개라 할 수 없지만, 바다에 대해서는 기존과 다른 참신한 사고방식으로 접근할 필요가 있다.

이번 20세기 후반 몇십 년 동안 중앙계획 경제는 점차 효과를 잃어갔다. 21세기의 경제는 아마 시장 체제를 초월하게 될 것이다. 시장은 여전히 존재하겠지만, 시간이 갈수록 하부 체제로 여겨질 것이다. 해양경제학은 '인류의 공동유산'이라는 원칙을 도입하며, 이미 이러한 변화를 예견했다. 미국을 비롯한 몇몇 자유시장경제국의 보수적인 정부는 이를 '사회주의' 내지는 '공산주의'라 낙인찍었지만, 인류의 공동유산 개념은 사실 애덤 스미스의 사상만큼이나 카를 마르크스의 사상과도 거리가 멀다. 사적 소유의 개념이 아닐 뿐 아니라 개별 국가 혹은 세계국가의 소유라는 개념도 아니기 때문이다. 이 원칙은 자연인 혹은 법인에게 사용자 권리와 관리 특전을 허용하되 로마법적인 의미에서의 소유권은 허용하지 않는, 비소유 (non-ownership)의 원칙이다. 그 근간에는 사용자 권한 및 관리 특전을 공동유산에 대해 행사할 때 해당 재산을 공유하고 또 공유를 위해 해당 재산을 보존해야 할 미래 세대의 권리를 배려(세대 간 형평성)할 뿐 아니라 빈국과 빈자의 권리도 마땅히 배려(세대 내 형평성)해야 한다는 윤리적 요소가 자리해 있다. 이러한 공동유산원칙은 경제발전의 측면, 환경적 측면, 그리고 평화 구축의 측면을 가지고 있다. 유엔해양법협약(UNCLOS)이 정의한 바에 따르면 인류의 공동유산은 오직 평화적 목적으로만 보유해야 하기 때문이다.

경제학이 윤리적 가치체계와 소유가 불가능한 자원을 모두 포용할 때 경제 체제는 도덕적 가치가 적용되지 않는, 즉 무도덕적인

(amoral) 시장 체제를 초월하게 된다. 게다가 육지와 상공이 본래 그렇듯 바다도 단순한 경제적 자원에 머물지 않는다. 바다는 무엇보다 인류의 생명 유지 체계에서 핵심적 역할을 하며, 나아가 인간 정신성의 필수 구성요소로, 개인적 견해로는 정량화할 수도, 금전적 가치로 환산할 수도 없다. 일단 윤리적인 측면이 경제 체제에 더해지면, 시장가격은 정책을 결정하는 독재자라기보다는 정책을 따르는 하인에 더 가까워진다. 윤리성은 투자와 소비자 지출의 방향에 영향을 미치나 금전적 가치로는 환산할 수 없다. 또한 이런 윤리성 때문에 복지, 행복, (전체론적 의미에서의) 효율, 그리고 해양의 선한 이용을 측정하는 지표를 설정할 필요성도 사라지지 않는다.

이 장은 4개의 절로 구성되어 있다.

1절에서는 바다의 가치를 3가지 항목으로 나누어 기술했다. 첫 번째 항목에서는 〈표 3-1〉에 제시했듯이 해양에 관련된 혹은 해양에 의존하는 재화와 서비스의 총액을 집계했다. 이 '해양총생산(GOP)'은 적어도 원칙적으로는 화폐 가치로 환산할 수 있다. 집계된 GOP는 과거 추정치보다 훨씬 증가한 것으로 보이는데 가장 큰 요인은 국제 무역의 90%를 차지하는 해운 무역과 크루즈 운항을 비롯해 폭발적으로 성장한 해양 관련 관광업이다. 해저 광섬유 케이블 산업도 가파른 성장세를 보이며 이런 증가세에 커다란 공헌을 했다. 탱커[1] 등 조선업에 투자되는 자본과 보험 및 재보험산업으로 유입되는 거액의 자금은 집계에 직접 포함하지 않았다.[2] 이들은 육지기반 산업이기는 하나(그리고 '육지기반자원'을 활용하기는 하지만) 확실히 바다에 초점을 둔 해양 의존 산업이다. 두 번째 항목에서는 다음 세기에 열매를 맺을 것으로 기대되는 새로운 해양 산업의 시장가치를 일

1) 그러나 이들 수치는 해상수송비 산정 시 반영할 것이다.

2) 이 역시 해상수송비에 포함되어야 할 것이다.

부 다뤘으며, 세 번째 항목에서는 인류의 생명 유지 체계의 일부로서 해양이 지닌 가치를 탐구했다. 다만, 육지기반산업과 해양 관련, 혹은 해양 의존 산업을 명백히 서로 구분하는 것이 어렵다는 점을 짚어 두고 싶다.

2절에서는 바다의 진정한 가치를 평가하려면 어떤 지표를 설정해야 적절할지 살펴보았다. 현재 방대한 관련 문헌이 존재하는 사회적, 환경적 지표는 주로 육지 경제 관점으로 개발되었다. 바다가 안타깝게도 제대로 주목받지 못한 이유는 다름 아니라 '개별 국가 소유'가 아니기 때문이다.

〈표 3.1〉 세계 해양 산업의 경제효과

그룹	백만 달러	활동	경제효과 (백만 달러)	부가가치 (백만 달러)	부가가치요인[1]
석유/가스[2]	138,130	천연가스원유총합	20.960 117,170 138,130	16,978 94,908 111,886	0.81 0.81
해양 관련 관광업[3]	423,000	연간 세계방문	423,000	296,100	0.70
해운 무역[4]	5,196,000	총 적재량	5,196,000	247,000	c.0.05
해군 방위[5]	167,287	해군	167,287	83,644	0.50
어업[6]	183,535	어획 및 양식 가공 해초 총합	79,535 100,000 4,000 183,535	39,678 21,000 800 61,518	0.55 0.21 0.21
해저 통신/광섬유[7]	1,000,000	전화 서비스, 인터넷	1,000.000	500,000	0.50
항만[8]	?				
해양기술관련 장비[9]	?				
연안[10]	32,400	건설 가교	25,920 6,480	5,443 4,017	0.21 0.62
환경[11]	16,414	폐기물 처리 측량	14,976 1,440	5,391 720	0.36 0.50
안전 및 구난[12]	9,984	구난 등대 구명보트 인명구조	1,440 3,216 2,736 2,592	720 1.769 684 648	0.50 0.55 0.25 0.25
해양 교육 및 훈련[13]	7,392		9,984	4,879	0.66

해양 연구[14]	2,400	해양 연구	2,400	1,584	0.66
골재 및 사금[15]	756,000	비연료 광물 해저 용천수	756,000 365	196,560	0.26
담수[16]	11,965	해수의 담수화	11,600	5,983	0.50
조석에너지[17]	10,100	글로벌 잠재에너지 연간 추정치	10,100	5,000	0.50
합계	7,198,609		7,198,609	1,706.230	

1. 해양 부문의 GDP 공헌도 산정을 위해 개별 해양 부문 활동으로 산출된 가치를 측정함. 총 산출가치를 계산 후 0에서 1까지의 부가가치요소를 적용해 조정. 해당 부가가치요소는 『국가 경제에 있어서 해양 산업 시장의 중요성(*The Importance of Marine Industry Markets to National Economies*)』(J. 웨스트우드(Westwood)와 H. 영(Young), 1997)과 MTS/IEEE 해양'97 컨퍼런스 (핼리팩스, 1997.10)의 학회지에서 추출.
2. 해당 데이터의 근간이 된 수치: 1995년 연안 천연가스 일 생산량: 35,892 백만 큐빅피트, 해당 연도 1000 큐빅피트당 세계평균 가격: US$ 1.60, 해당년도 연안 원유 일 생산량: 19조 2천억 배럴, 1995년 7월 배럴당 세계 평균 가격: US$ 16.72. 출처: 미국 석유 협회(API), 미국 에너지부(US Department of Energy) 에너지정보실(Energy Information Division). 부가가치 81%.
3. 부가가치 70%, 노동집약적 산업이기 때문.
4. 데이터는 1996년 추정치. 재화 가치(총 산출)는 5.196조에 포함됨. 따라서 5% 미만의 부가가치 요소를 운임비에 적용. 출처: 오니 베넘(Awni Behnam), UNCTAD, 개인적 질의응답.
5. 해군 지출은 1996년 총 미 군사 지출액인 US$ 557,624,000,000의 30%로 추정(NATO 군사지출 총액 US$ 394,943,000,000). 출처: 스톡홀름 국제평화연구소(SIPRI)(1997), 『세계 군비 및 군비 축소: SIPRI 연감』, 케임브리지, MA: MIT 출판. 부가가치 50%.
6. 어획 및 양식 데이터는 담수 생산을 뺀 총 육상량의 1995년 추정치. 출처: 『유엔식량농업기구(FAO) 어업통계연감: 원자재』 Vol 81 (1995). 가공업에 대한 정보는 해양 수산 원자재의 전 세계거래량 추정치임. 해조류 관련 정보는 웨스트우드와 영 연구 참조(주1). 어획 및 양식 부가가치는 55%. 가공 및 해조류의 부가가치는 21%.
7. 해당 수치는 1996년 국제 유선 서비스 총세입 US$ 690억의 65%로 산정함. 국제 통신의 65%가 해저 케이블을 통해 이루어짐을 근거. 출처: 세계 통신 개발 보고서 1996/7 (World Telecommunication Development Report 1996/97): 『통신 거래 (*Trade in Telecommunications*)』, 서두 개요, 국제 통신 연합 (International Telecommunication Union), 제네바, 1997.02, hjttp://www.itu. inti, 웨스트우드와 영 연구(주1). 케이블 제조 및 설치에 50%의 부가가치 요소 적용. 해저 광케이블 산업의 가치에 대해서는 인터내셔널 헤럴드 트리뷴 1998년 3월 10일자, 2페이지, 마이크 밀스(Mike Mills)가 작성한 '해저에 쌓인 방대한 데이터(A Wealth of Data on Ocean Floors)' 참조.
8. 도쿄에 주재한 국제항만협회(International Association of Ports and Harbours)에 따

르면 항만의 경제적 효과를 전 세계적으로 측정할 체계가 존재하지 않음. 다음 수치로 주문량 가늠. 미국 항만협회(American Association of Port Authorities)가 1994년 제시한 데이터: 1억5천9백만 일자리, US$ 7조8,330억 GDP 공헌, US$ 5조1510억 개인소득, 전 계층으로부터 US$ 2천100억 세수, US$ 1.623조 사업거래. 가중치를 조정한 전미 해외 무역의 95%가 미국 항만을 통해 이루어짐. 로테르담은 항구를 통해 7만 개의 일자리가 직접적으로 생성되고 295,000개의 일자리가 간접적으로 생성되는 것으로 추정. 네덜란드 싱가포르 그리고 이전의 홍콩과 같은 작은 소국은 항구 활동에 국부가 직접적 의존. 캐나다항만공사(Canadian Ports Corporation)가 1990년 캐나다 항만 체계에 대해 요약한 내용: 36,872 개의 직접 일자리, 28,876개의 파생 일자리, 총 65,748개 일자리. CA$ 570억 매출 효과, CA$ 320억 개인 소득, CA$ 120억 세수 효과.

9. 수산 해양 기술은 추정치를 내기 어려운 부문임. 사용되는 장비 대부분이 제조사 측에서는 최종 활용도를 모르는 채 만들어지므로 해양 장비에만 특정한 데이터가 부재. 전 세계에서 수십억 미 달러 세입 창출.

10. 해당 부문 세입은 웨스트우드와 영 연구에서 계산한 영국 해양 경제 세입(주1)을 바탕으로 추정함. 이 부문의 영국 수치를 1 £ ¼ 1:6 US$ 환율로 미 달러 환산한 후 30을 곱함. 세계 해양 GDP의 금전적 가치가 US$ 15조로 영국 US$ 440억의 대략 30배임을 고려할 때 합리적인 계산법. 세계 해양 경제에서 이 부문의 지분을 계산할 때 합리적인 방법.

11. 보르게제, 1986.

12. ibid.

13. ibid.

14. ibid.

15. 1993~19944년의 가격으로 계산한 생산 가치. 출처: 필모어 어니(Fillmore Earney), 1990. 『해양광물자원(*Marine Mineral Resources*)』, 데이비드 크로넌(David Cronan), 1992. 『경제특구의 해양광물자원(*Marine Minerals in Exclusive Economic Zones*)』, 캐나다 천연자원부(Natural Resources Canada) 1995. 『캐나다 광물 연감(*Canadian Minerals Yearbook*)』; 미 광물국(US Bureau of Mines), 1995. 『광물연감 (*Minerals Yearbook*)』. 부가가치는 26%로 가정.

16. 데이터는 용천수 일 생산 2백만㎥/일, 담수화 일 생산 2,030만㎥/일에 근거한 1997년 잠재적 생산치. 평균 비용은 ㎥당 US$ 0.50으로 가정. 담수화수치는 메인주, 웨스트 넥 스트래터지(West Neck Strategies), J.D. 버케트(Birkett)가 제공.

17. 글로벌 잠정 생산량 64Gw (연간 8,760시간, 연간 112,118Gwh 20% 생산 효율)과 1997년 시간당 1Gw 1/4 US$ 90,000 가격에 기반한 데이터. 프랑스 헝스(Rance)강에 위치한 240 Mw 발전시설. 노바스코샤에 위치한 아나폴리스 로얄(Annapolis Royal)Mw 발전 시설은 매월 2.5Gwh(연30 Gwh)을 생산하며 연 세입은 CA$ 2천7백만.

3절에서는 최근 대두되는 지속 가능한 개발의 경제학을 윤리적 혹은 정신적 측면에서 살펴보았다. 해양 부문을 사례연구로 다뤘지만 좀 더 확장해서 적용할 수 있다. 폴 와프너(Paul Wapner)는 다음과 같이 지적하고 있다.

> 국제관계 연구자들은 환경 안보와 국제 환경협력에서부터 지구 환경 문제에 관한 국제법을 위한 새로운 도전에 이르기까지 광범위한 주제에 대해 다양한 문서를 생산해왔다. 흥미로운 점은 이들 연구자가 도덕적 의무, 적절한 행동양식에 대한 원칙 있는 이해, 혹은 국제적 환경 문제의 원인 및 대응과 관련한 도덕적 고찰 등의 주제에 대해서는 꾸준하게 다루지 못했다는 것이다.[3)]

와프너의 논고 전반에 걸친 핵심은 임마누엘 칸트가 이야기한 "진정한 정치체계는 먼저 도덕에 경의를 표하지 않고서는 일보도 전진할 수 없다'에서 나왔다.

4절은 이 장의 결론으로 1, 2, 3절의 내용을 바탕으로 근본 원칙과 실천적 지침을 도출하고자 했다.

---

3) Wapner, 1997.

1. 해양의 부富

1) 세계 해양 산업의 경제적 영향

〈표 3.1〉은 여러 해양 산업의 경제적 효과를 꼼꼼한 주석과 함께 상세히 설명하고 있다. 해당 데이터에 따르면 해양 관련 혹은 의존 산업의 시장가치 총액은 연간 7조 달러 이상으로 보인다. 이 7조 달러가 '자금 및 제품 플로(flow)' 혹은 연간 산출고라는 점을 주목해야 할 것이다. GNP 산출과 마찬가지로 해당 숫자는 '스톡(stock)'이나 '자산'의 총액이 아니다. 만약 자산이라면 해양의 재산적 가치는 거의 밝혀진 바가 없는 것을 생각할 때 다소 무의미한 추산일 것이다. 또한 육지에서 생산된 제품의 해상수송이 불가능하다면 무역은 대폭 축소되고 국제분업의 여러 이점이 사라질 것이다.

2) 미래산업: 정량화 가능한 영역

21세기의 과학기술에 기반한 재화와 서비스의 시장가치는 예측하기가 여전히 훨씬 곤란하다.

〈표 3.2〉 의약품 및 생리활성 해양자원 표본

생물 강(Class)	표본 생물	생리활성 물질	실제 활용 & 잠재력	비고
피낭동물 카리브해, 캘리포니아만 지중해	Aplydium albicans	디뎀닌 B	항바이러스, 구충제, 백혈병 & 흑생종, 난소/유방/신장/대장암 대항물질	강력한 항증식성, 림프종 대항 능력 뛰어남.
선식동물	Bugula neritina	브리오스탄틴	항암/백혈병/AIDS	
극피동물 성게, 해삼	Strongylocentrotus sp Holothurians sp	남성 피임제		

나체류 괌 마셜군도 호주 바다 물총	Chromodoris elizabethiana Ecteinascidia turbinata	라트룬큘린 A	항균 (포도상구균, 칸디다) 항종양 (암, 종양)	놀랍고 뛰어난 광범위하게 존재하는 유기체
균류	Cephalosporium acremonium	세팔로스포린 C	항균	
산호 원산지: 바하마 종류: 고르고니안 하와이 산호	Pseudopterogorgia elisabethae Telesto riisei	슈더토로신 C	건선 및 관절염 항암 뼈 이식	'리질리언스'™ (에스티로더) 뛰어난 세포대항 자연스러운 구조 제공
어류 및 조개류 복어 아귀		테트로독신	근육경련, 말기 암 증상 완화	전통적으로 동방에서 사용, 세포 거부 가능성 및 장기 이식 연구
갑각류 말굽 게	Limulus polyphemus	게 혈액	응고제, 뇌막염 감지, 패혈성 쇼크 박테리아	
연체동물 오징어 푸른홍합(식용) 군소 인도양	Mytilus edulis Dolabella auricularia	축색돌기 연구 접착제 돌라스타틴 10	신경세포 구조 연구 각막 및 망막 복구 치과 보철 항종양 흑색종	파킨슨 및 알츠하이머성 간질 소량 복용으로 생명 연장 기능 탁월
조류 참김- 붉은 해조류				원천 생물의 깊이나 위도와 관계없이 활동성 유지 가능
일본	Halichondria okadai	할리촌드린 B	난소암, 흑생종, 백혈병	항암제로서의 잠재력 뛰어남
뉴질랜드	Ircinia variabilis		항생제, 항바이러스제	
팔라우	Luffariella variabilis	마노알라이드	진통, 항염	"벌에 쏘인 상처에서부터 관절염까지"
카리브해		시타라빈	항바이러스	
바하마 아일랜드 바다이끼	Discodermia dissolute Chondrus sp Digenea simplex	디스코더몰리드 카라기난 카이닌 산	면역 억제 소화 불량, 궤양 치료 구충	장기 이식 조직 항거부반응
조류 (다시마)	Stypropodium sp Laminaria sp		항종양, 저혈압 항진균, 항응고, 경관팽창 (화학적 팽창이 아닌 물리적 팽창)	
규조류 및 와편모충	Nitzschia sp Dysidea sp	도모이산 등	중앙 신경계 연구. '요오드화물 펌프'	갑상샘 기제 이해에 유용

출처: 『해양 유래 의약품(Marine Pharmaceuticals): 인류 공동유산의 특별 케이스』, W. 어윈 저드슨(Irwin Judson), 미 출판.

해양 생명공학은 아직 요람기지만, 이 신생 산업은 안전하게 보호를 받으며 경쟁이 치열하고 주로 민간이 강세인 산업에서 흔히 그렇듯 조용히 그러나 급격하게 성장하고 있다. 생리활성 물질은 좀 더 수온이 낮은 해역의 동식물군에도 존재할 수 있지만 주로 열대 해양에서 매일 새로운 물질이 발견되고 있다. 현재까지 발견된 종만 수천 종이며 성공적인 제품화가 한 건만 이루어져도 금전적 보상은 상당하다. 제품 하나 특히 항바이러스제나 항암제가 성공적으로 시장에 도입되면 단일제품으로도 연간 10억 달러의 판매액을 기대할 수 있다고 한다. 카리브해 원산인 피낭류(멍게의 일종)에서 유래한 비다라빈(Ara-A), 안시타빈(Ara-C)이라는 항바이러스성 화합물은 이미 오랫동안 헤르페스 치료제에 활용되어왔으며, 현재(1990년 시점) 연간 5,000~1억 달러의 매출을 기록하고 있다.

수십억 달러에 달하는 경제적 잠재력을 지닌 이 신생 산업에 지속 가능한 개발 목표를 적용하면 복잡한 정치적, 법적, 제도적, 윤리적 파급효과가 발생한다. 이 주제는 이 책의 마지막 장에서 다룰 것이다. 심해저의 유전자원, 특히 호열세균 등의 산업적 활용은 주목할 만한 예이다. 해저 유전 자원(genetic resource)은 제약 산업 외에도 폐기물 처리, 식품 가공, 유전 서비스, 제지 가공, 채광산업 등 광범위한 목적으로 활용된다. 어떤 면으로는 심해저로 한정했기에 범위가 좁아졌다고도 볼 수 있다. 초호열성 박테리아의 산업적 활용은 연간 30억 달러의 잠재적 시장가치를 지닌 것으로 추정된다.[4)]

글로커(Glowka)는 세심하게 작성한 논고에서 다음과 같이 설명한다.

> 초호열성 박테리아는 심해저에서 채취 가능한 미생물 유전자

4) Glowka, 1996.

원이 어떤 상업적 잠재력을 지녔는지 보여주는 한 가지 예에 불과하다. 연구가 진전되면 상업적으로 흥미로운 생물이 더 발견될 수 있다. 예를 들어, 미네랄 이동과 금속류의 생체농축 과정을 조율할 생물이 존재할 수 있으며 유해폐기물의 생물학적 복원, 즉 유해폐기물 처리에 활용 가능한 생물도 있을 수 있다. 바이오 채광에 응용할 생물도 발견될 수 있다. 심해저 유기체와 관련된 바이러스, 특히 초호열성 박테리아는 생명공학 활용에 새로운 방향성을 제시해 줄 수 있다. 연구자들이 기타 매크로 유기물과 관련된 심해저 박테리아 혹은 균류에서 항암제 혹은 항생제로 활용할 만한 물질을 추출할 수도 있을 것이다. 즉, 해저의 생물다양성은 거의 탐색한 적이 없어 해저에 무엇이 살고 있는지조차 알려지지 않은 상황이다.[5)]

해양자원의 현재와 미래가치는 특히나 미국이 바이오 업계의 압박을 받는 가운데 생물다양성협약의 의제에 관련 항목이 포함되지 못하도록 버티고 있는 것을 보아도 짐작할 수 있다. 심지어 미국은 생물다양성협약 체결국도 아니다!

세계 GDP에 대한 해양의 수치적 공헌도를 더욱 높여줄 세 번째 산업은 해양을 활용한 재생에너지 생산이다. 해류는 방대한 에너지를 창출하는데 이중 극히 일부를 터빈으로 추출한다는 계획은 20~30년 전에 제안되었고 실행되지는 못했으나 근래에 들어 언론의 높은 관심을 받고 있다. 최근 플로리다 해류(멕시코 만류의 일부)에서 일련의 실험이 시행되었고, 이를 통해 1메가와트급 발전소를 킬로와트 당 3,000달러 이하의 비용으로 건설할 수 있고 0.085/kWh로 전력 공급이 가능하다는 것이 실증되었다.[6)] 또한 오랫동

---

5) 국제자연보전연맹은 심해에는 1,000만 종이나 되는 생물이 서식한다고 추정한다.

6) Venezia and Holt, 1995.

안 구상 단계로 남아 있는 해양온도차발전(Ocean Thermal Energy Conversion, OTEC)도 여전히 잠재력이 높다는 평가를 받고 있다. 태평양과 카리브해에서 OTEC 기술의 시장규모는 2015년에 이르면 연간 약 185억 달러가 될 것으로 추정된다.

또 다른 21세기 신에너지원이 될 수 있을 심해저의 메탄하이드레이트에 관해서는 어떤 수치도 아직 나오지 않았다. 미국지질연구소(US Geological Survey)는 심해 메탄하이드레이트의 중요성을 강조하며 이를 신개척지, '뉴 프론티어'라고 불렀다. 해당 연구소는 "전 세계 가스 하이드레이트 속 탄소의 매장량은 이미 알려진 지구상 모든 화석연료에 매장되어 있는 탄소의 적어도 2배에 달한다"라고 설명했다.[7] 하이드레이트 연구는 미국을 위시한 선진공업국에서 활발히 진행되고 있으며, 매력적인 미래 시나리오가 이미 제시되어 있다. 딜론(Dillon)은 다음과 같이 설명한다.

> 예를 들어, 미래에는 해저에 연료전지를 설치해 메탄하이드레이트의 메탄을 에너지원으로 수소를 생산하고 파이프를 통해 육상으로 운송해 수소 기반 무공해 에너지 유통 체제에 공급할 수도 있다. 또, 부산물인 이산화탄소는 해저의 가스 하이드레이트로 처리할 수 있다 (이산화탄소도 해저 환경조건에서 가스 하이드레이트를 형성한다).[8]

하이드레이트는 환경 위협물질로 여겨지기도 하지만 미래의 에너지원으로서 기대도 받고 있다.[9]

이상의 내용에 근거하면 21세기에는 연간 실질 해양총생산(GOP)

---

7) Dillon, 1992.

8) bdillon@nobska.er.usgs.gov

9) Englezos, 1993 참조.

이 지금의 두 배로 증가하리라 추정할 수 있다.

3) 생명 유지 체계로서의 해양: 정량화가 불가능한 영역

시장 체제 연구자들은 최근 몇 년에 걸쳐 흥미로운 시도를 했다. 바로 해양 및 기타 생태계가 제공하는 '생태계 서비스'를 화폐 가치로 환산하는 것이다. 예를 들어, 미국의 경제학자 로버트 코스탄자(Robert Costanza)와 동료 연구자들은 태풍 및 홍수 대응, 질소 고정, 식물유래 의약품 등 해양, 하구역, 열대림을 포함해 16개로 특화된 생물군계(biome)가 공급하는 17개 범주의 재화와 서비스의 총가치를 약 30조 달러로 계산했다.[10] 이 30조 달러에는 시장가격, 추정 소비자 최대지불의사(Willingness to Pay, WTP), 서비스 대체 비용 등이 마녀의 스프 속 재료처럼 위험하게 섞여 있다. 해양·연안 체제의 규모와 대기와의 상호작용 정도를 고려하면, 해양·연안의 경제적 공헌을 21조 달러로 산정한 것도 그다지 놀랄 일은 아니다.

코스탄자의 계산은 많은 비판을 받았다. 코넬대학의 생태학자인 데이비드 피멘텔(David Pimentel)과 동료 연구자들은 계산액이 너무 크다고 주장했다. 피멘텔의 연구팀은 해당 재화와 서비스의 총가치를 겨우 3조 달러로 산정했다.[11] 계산상 차이가 이 정도까지 나는데 정확한 산출을 위해 노력하는 것이 과연 현실성이 있을지 당연히 의문이 생긴다. 그러나 국민계정 체계가 처음 도입될 때는 GNP에 대해서도 같은 이야기가 있었다. 수치 차이 자체가 도움이 되지는 않지만, 산출 노력을 통해 해양경제학 분야를 더 명확히 정의하

---

10) R. Costanza, R. d'Arge, M. van den Belt, 「세계 생태계 서비스와 자연자본의 가치(The value of the world's ecosystem services and natural capital)」, 『*Nature*』, 1997년 5월 15일. vol.387, no.6630 pp.253-260.

11) Roush, 1997.

려면 어떤 질문이 필요할지 그 기본 방향을 설정할 수 있다. GNP 산출과정에서도 이러한 작업이 거듭되며 산출물 생산에 있어 사회적 요소의 중요성(예를 들면 교육이 생산성과 생활의 질 등에 미치는 영향)을 인지하게 되었고 유엔은 인간개발지수(Human Development Index, HDI)를 주창하게 되었다. 뒤이어 설명하겠지만, 인간개발지수가 비록 해양환경이라는 주제를 다룬 지표이기는 하나 앞으로 훨씬 많은 관련 작업이 이루어져야 한다. 핵심 질문은 지속가능성이다. 수산자원도 이전처럼 시장 체제에 이끌려 소진해 나간다면 지속이 가능하지 않을 것임이 분명하다. 더욱이 어업이 세계 GDP에 420억 달러의 '공헌'을 한다고 하지만 여기에는 유엔식량농업기구(FAO) 통계상 어업에 제공되는 연간 총 520억 달러의 보조금이 포함되지 않았으며, 자원의 고갈(이유 불문)도 계산하지 않았다. 최첨단 어선, 대형 트롤선, 가공시설을 갖춘 공장선에 과잉투자가 계속되면 채무 압박을 받는 국가에 어떤 결과가 나타나는지도 역시 고려하지 않았다. 채무 압박을 받는 선단 소유주들은 자원을 계속 고갈시킬 수밖에 없다. 어떠한 복합적 이유가 있건 자원 고갈은 단기적으로야 이득일지 모르나 장기적으로는 빈곤을 가중한다. 지아리니의 모델과 같이 플로가 아니라 스톡을 계산하고 총부가가치뿐 아니라 차감가치를 고려해 순부가가치를 산출하는 쪽이 현실을 더 잘 반영하는 방법이다.

지아리니가 지적했듯,[12] 부의 생산 과정의 핵심이 체제를 지속해서 가동하는 것이라면 체제 유지를 위한 활동(위기관리 활동을 비롯해 특히 체제 내의 약점을 통제하는 활동)이 훨씬 중요해진다. 기존의 비용-편익 틀에서는 해당 활동이 비용으로 계상될 것이다. 하지만 원전의 최종 해체와 같은 미래(장기적 관점)에 발생할지 모를 거액의 지출에 대비해 해당 활동이 계상될까? 단기적인 운영 및 초기투자

12) Giarini, 1987. Abstract in Giarini and Börin, 1991.

회수 비용만 계상되지는 않을까? 위험 및 취약점 관리가 필요하기 때문이라도 위험을 최적의 형태로 분산할 수 있는 수준과 방식으로 복합 체제를 설계할 필요가 있다.

해양의 장기적 위기관리에 대한 올바른 평가 운영과 관련 사안은 오염과 자원 고갈로부터 해양환경을 보호하고자 하는 노력의 핵심 요소이다. 우리는 여기서 기본 생명 자원으로서의 해양을 보전하고 개발하는 것과 관련된 근본적 질문에 맞닥뜨리게 된다.

요컨대 화폐 가치와 비화폐 가치를 통합해야 한다는 것은 가치 개념에 대한 경제적 시각과 생태적 시각이 통합돼야 함을 의미한다. 서비스 경제에 대한 이러한 새로운 관점을 통해 해양이 대변하는 인류의 공동유산을 측정하고 관리하는 문제에 대한 새로운 접근법을 얻을 수 있다.

2. 해양 관련 지표

로마클럽에 제출한 최초의 보고서[13]에서 우리는 인류 공동유산의 경제학을 논한 후 다음과 같은 제언으로 마무리 지었다.

> 이 새로운 분야, 즉 지방, 국가, 지역, 글로벌 차원 서비스의 필요성과 그 비용 등에 관한 연구가 상당히 필요하다. 또, 해양 공간과 자원의 상충된 활용으로 발생하는 부정적 시너지, 현대 기술의 비대화, 위기관리, 공해 경제 그리고 해양 부문의 군사적 활용과 평화적 활용 간 갈등 등 여러 요인으로 어느 정도 차감가치가 발생하는지도 연구되어야 한다. 나아가, 제공된 서비스와 생산된 재화(양식 시설과 기술, 채광선과 채광 기술, OTEC 플랜트 등)의 이용가치, 이차적·부차적 해양산업

13) Borgese, 1986.

> 의 창출(통조림 제조, 건설, 의약품, 석유화학, 육상수송 등), 그리고 무엇보다도 **실제 생산된 부를 정확히 측정하고 관찰하려면 어떤 사회적 지표를 설정하는 것이 유용할지도** 연구자들이 검토해야 한다. 후자의 연구는 부적절한 경제정책을 파악하고 일반 목표와 더불어 세부 목표를 달성하기 위한 행동 계획을 수립하는 데 도움이 될 것이다. 지표 도입과정에서 미묘한 정치적 문제를 마주칠 것을 참작하더라도 적절한 지표를 선택하는 일이 실천 불가능한 일은 아니다. 일단 지표가 선택되면 공신력 있는 기관이 이를 바탕으로 부의 변화 추이를 확인해 정기적으로 발표하고 그럼으로써 적절한 행동이 촉진될 것이다.

이러한 제언을 내놓은 후 사회적, 환경적 지표에 관한 연구는 상당히 많이 이루어졌다. 그러나 유감스럽게도 믿기지 않을 정도로 대부분 육상 체제와 활동에만 초점을 두었다. 해양은 애석하게도 관심을 받지 못했다. 이 절에서는 그 격차를 조금이나마 메우고자 했다.

인류공동유산이라는 개념에서 비롯된 포괄적 부와 복지 이론을 바탕으로 금전 가치로 환산된 자원과 환산되지 않은 자원을 측정하려면 더욱 지표가 필요하다.

지표의 전통적 정의는 ①구체적 관리 프로세스의 일부로서 시간의 흐름에 따라 혹은 정책이 변화함에 따라 차이가 발생할 때 이를 비교할 수 있도록 해주는 정보이자, ②그 명목상 가치 이상으로 의미 있는 정보이다. 지표는 자체적으로도 활용도가 높은 범용 목적의 통계를 기반하여 개발하고 변별할 수 있으며, 이후 특정 과제의 문제 해결에 활용할 수 있다.

본 절의 첫 번째 부분에서는 현재 진행 중인 해양 관련 지표와 연관성이 있는 여러 이니셔티브를 소개하고, 두 번째 부분에서는 해양 관련 지표가 보완해야 할 부분을 논의한 후, 세 번째 부분에서는 인류공동유산의 경제학이라는 새로운 관점으로 지표의 타당성을 검토한다. 마지막 결론에서는 이러한 분석을 정리한다.

1) 해양 관련 지표와 연관성이 있는 진행 중인 이니셔티브

우리는 공개적이고 확실한 지표개발 활동을 '지표 운동'이라고 부른다.

더 환경친화적인 국민계정이 다양한 형태로 개발되고 있으며, 이는 지표의 개발자와 소비자 양측이 모두 주목할 만한 움직임이다. 전통적인 국민계정의 유산에 기초를 두고 지속 가능한 개발이라는 도전 과제에 대응할 수 있는 모습으로 그 틀을 확장하는 것이다. 마찬가지로 비용-편익 분석과 환경영향평가(CBA/EIA)를 통해 사회적, 환경적 요인을 고려하면서 지표 운동에 도움이 될 만한 여러 방법과 활용처가 발굴되었다.

해양지표를 검토하기에 앞서 일반적으로 지표가 무엇인지 살펴보는 것도 좋을 듯하다. 지표는 어떻게 만들어지며 어디에 사용될까? 다음 4개의 원칙이 논의의 시작점이 될지도 모르겠다.

1. **지표는 이론을 따른다.** 합리적인 이유 없이 해변의 조약돌이 몇 개인지 초원의 양이 몇 마리인지 세어보지는 않는다. '잠에 쉽게 들 수 있어서'라는 이유처럼 희박한 근거라도 뭔가 이유가 있어야 한다.
2. **지표가 숫자일 필요는 없다.** 모든 것을 수치화하는 세계에서는 약간 비정통적인 이야기일지 모르나 이를 통해 모든 것을 정확히 몇 달러인지, 무게는 얼마나 나가는지 등 숫자로 환산할 수는 없다는 사실을 다시 한 번 깨달을 수 있다. 이누이트족에게 눈은 이름도 여러 가지이고 특징도 다양한 것처럼 인

도네시아 술라웨시 지방의 바자우족 어민에게 바다는 다양한 색을 띠고 다양한 신호를 보낸다. 우리의 세계가 기계화될수록 비수량적 지표가 의미하는 바를 놓치기 쉽다.

3. 데이터의 모습을 파악하고 그 의미를 해석하기 위해서는 인간의 통찰이 필요하다. 데이터라는 것은 그 자체로 다양한 의미를 가질 수 있다. 만물에서 영을 보는 정령숭배자에게 바위에 부딪히는 빗방울의 소리와 하천 바닥의 색은 신이나 악마, 전세와 내세의 혼이라는 개념을 일깨울 수 있지만, 지질학자라면 같은 것을 보고 들어도 바위 속에 금이나 동이, 혹은 철광석이나 석탄이 포함되어 있겠다고 생각할 수 있다.

4. 불확실성이 존재하는 세계에서 지표는 확률이라는 틀 안에 위치하게 된다. 예를 들어, 개인이 어떤 병에 걸릴 확률에 대해 체온과 혈액 검사 수치 혹은 외관상의 증상이 그렇고 그런 범위에 들어갈 때 20%, 50%라고 말하게 되는 것과 같다.

시간이 지나면서 특정 지표의 중요도가 달라졌다. 최초로 헬리혜성을 목격한 것과 현재에 와서 목격한 것은 그 중요도가 상당히 다르다. 지식은 불확실성을 줄여주나 생명을 전일적으로 이해하는 데 제약이 될 수도 있다. 누가 현대의 작곡가도 베토벤이나 모차르트가 도달했던 감정적, 정신적 깊이까지 도달할 수 있다고 말할 수 있을까? 레오나르도 다 빈치는 20세기의 북미에서 탄생할 수 있었을까?

해양은 아직 대부분 미지의 영역으로 남아 있다.

20세기에 인류가 이룩한 업적 중 하나는 다양한 육지기반 사물의 윤곽을 비록 불완전하고 우발적이나마 그려냈다는 것이다. 국민계정은 생산과 소비 맥락에서 국가의 규모와 과거의 행동(최소 그와 같은 행동이 가격과 양을 결정하는 시장에서 이루어질 경우)에 대해 일종의 개략도를 제시한다. 인간개발지수는 비록 한계는 많지만, 인간복지라는 맥락에서는 GNP 지표에 필적한다. 그러나 해양은 사실상 무시당하고 있다. 바다는 국민국가의 경계에 포함되는 경우가 거의 없고, 하찮게 취급받는다. '응당 받아야 할 대접'을 받는 경우는 드물며, 거의 언제나 부속물로 취급된다. 바다를 인정하는 것이 마치 육지 중심 정책에 직접적으로 달려 있는 것처럼 말이다.

이언 맥앨리스터(Ian McAllister)

(1) 서술적 지표

지아리니[14]는 로마클럽에 제출한 보고서에서 지참금과 세습재산이라는 개념을 소개했다. 이는 자연적(물리적, 생물적 등)인 부와 인공(문화, 인간의 기술, 인간에 의해 고도화된 자본 등)의 부가 조합된 전 세계적인 부의 스톡이다. 비슷한 방식으로 유엔의 지속가능개발위원회(CSD)는 지속 가능한 개발의 사회적, 경제적, 환경적, 제도적 측면을 구분하고 있다.[15] 지속 가능한 개발의 각 측면을 평가할 때는 불확실성과 가치관의 변화를 필수적으로 고려해야 한다. 우리는 이들 요인을 짧게 'SEEIU (Social=사회적, Economic=경제적, Environmental=환경적, Institutional=제도적, Uncertainty=불확실성) 측면'이라 부른다.

(2) 사회적 지표

일련의 여러 국가에 대한 사회적 지표는 유엔개발계획(UNDP)의 '인간개발보고서(HDR)'와 세계은행의 '세계개발보고(WDR)' 등이 자세한 설명과 함께 정기적으로 제시하고 있다.[16]

유엔개발계획의 '인간개발보고서'(아래 칼럼에서 기술)는 다양한 복지지표를 세분화해 인간개발지수(HDI)로 발표하고 있다. 목적은 대

14) Giarini, 1980.

15) UN, 1996.

16) UNDP, 1997, 세계은행, 1997.

략 175개국의 사회적·경제적 상황을 측정하고 개별 국가 상황을 비교하는 것이다.

인간개발지수는 해양의 이용 및 건전성과 어느 정도 관련되기 마련이다. GDP나 GNP 같은 지표도 마찬가지이다. 한 국가의 통합 생산량은 하천으로 유입되는 오염물질, 수산자원에 가해지는 부하, 국제 해상무역의 규모 등을 간접적으로 나타내는 경우가 많다. 고용·실업 지표는 해양에 유해한 환경요인이 얼마나 진지하게 고려되고 있는지도 대변할 수 있다(실업률이 높을 때는, 어떤 '대가'를 치르더라도 성장과 고용을 촉진하려는 쪽이 환경 보호를 주장하는 쪽의 의견을 소수 의견으로 밀어붙이기 마련이다). 토지이용과 소득분배 데이터, 연안 도시의 인구밀도, 연간 어획량, 해양보호구역의 수와 규모 등과 같은 지표는 해양 및 해양 자원의 이용과 남용 강도의 실태 파악에 단서를 제공한다.

평균수명 같은 다른 지표는 해양개발과 직접적 상관관계는 다소 떨어질지 모르나 여전히 몇몇 단서를 제공해준다. 소도서개발도상국(small island developing states, SIDS)의 사회·경제적 상황은 주로 해양개발 또는 미개발의 결과이다. 이들 국가에 있어 국가 사회·경제 지표 대부분은 '해양 관련'이다. 반면, 아르헨티나와 캐나다 등 연안 대국의 사회·경제적 발전 정도는 해양 활동만이 아니라 내륙 자원에도 크게 의존하고 있다. 이러한 연안 대국에서는 GDP나 평균수명 등의 지표가 해양과의 연관성이 그리 크지 않을 수 있으나 그래도 내륙에서 채굴·제조된 많은 상품은 국제 무역의 흐름을 따라 해상로를 통해 이동한다. 이들 큰 나라들이 경제·사회지표의 의미를 낱낱이 분석해 그들과 해양의 연관성을 밝힐 의미 있는 방법을 개발해야만 한다.

유엔개발계획의 인간개발보고서(HDR)와 인간개발지수(HDI)

유엔개발계획은 1990년 이래 매년 『인간개발보고서』를 발행하고 있는데, 해당 보고서에는 인간개발지표(Indicator)와 인간개발지수(Index)가 포함되어 있다. 이들 지표는 175개국 개별 국가 수치, 범주별 수치(지역별, 개발도상국·선진공업국별, 남북별, 농촌·도시별), 전 세계 수치로 산출되어 있으며, 국가 수준 이하의 세분화 노력도 진행 중이다.

200개가 넘는 항목으로 구성된 인간개발지표는 인적 발전 및 결핍의 양상과 경제실적을 대변한다.

인간개발지수는 장수 및 건강, 지식, 그리고 적당한 생활수준 면에서의 성취도를 나타낸다. 일단 서술 단계에서는 해당 국의 기대 수명, 교육달성도(성인 문해력과 취학률에 근거), 1인당 GDP(해당 지역의 생활비, 소득증가에 따른 효용체감을 참작해 조정)의 추정치를 산출한다. 이후 표준화 단계에서는 이들 3항목 각각에 대해 모든 국가에 같은 최소치, 최대치를 설정하고, 각국의 서술적 지표를 그에 대응하는 최소치와 비교한다. 마지막으로 이전 수치와 새로운 수치를 최대치와 최소치 기준으로 비교해 차이를 살펴본다. 그 결과로 얻은 상대값은 한 국가가 해당 지표상 얼마나 성취했는지를 나타낸다. 1에 가까울수록 목표에 가까운 것을 의미한다. 마지막으로는 3항목의 수치를 평균 내어 단일 숫자인 인간개발지수를 얻는다.

이러한 인간개발지수에는 사회적, 경제적 측면이 반영된다. 경제가중치를 부여하고, 현존 인간개발지수 구성요소를 조정하며, 완전히 새로운 그린지수(Green Index)를 설정해 인간개발지수와 병행하여 사용하자는 등의 제안을 통해 환경적 측면도 도입될 것이다.

출처: 유엔개발계획, 1997

(3) 경제적 지표

해양 관련 재화와 서비스는 여러 범주로 나눌 수 있다. 예를 들면 다음과 같다.

- 근해의 석유·가스·비연료 광물
- 인공 자본(항만과 선박, 원유시추 시설 등 인간이 만든 기반시설)
- 해양 유래 무역·서비스·제도
- 해양 및 연안 지역과 관련된 관광

상기 항목은 앞 절에서 생산(플로)의 추계를 다룰 때 언급했다. 여기서는 스톡과 그 영향력을 살펴보고자 한다.

전 세계 에너지 및 광물 매장량에 관한 데이터는 세계에너지협의회(WEC), 국제에너지기구(IEA), 미국 광산국(US Bureau of Mines), 세계금속통계국(World Bureau of Metal Statistics) 등의 전문기관이 정기적으로 집계하고 있다.

그러나 주요 보고서에는 해저 매장량과 소진량(또는 증가량)이 정확히 집계되어 있지 않다(유엔 지속가능개발위원회가 제안한 화석연료와 광물 매장량에 관한 2개의 지속가능성 지표도 마찬가지. 다음 항 참조). 이미 구축된 기반시설의 스톡은 원칙적으로 시간 경과에 따른 변화와 더불어 국민계정에 포함되어야 하며, 자본의 상각·누적 과정도, 물론 전혀 쉬운 일은 아니지만, 추적 가능해야 한다. 투입산출표를 통해 산업 간 플로를 알 수 있고, 세계 선박운행에 대한 『OECD 해운보고서』나 어업 선박에 관한 유엔식량농업기구의 연감 등 전문기관의 보고서를 통해 이 복잡하고 완벽히 이해하기 힘든 커다란 퍼즐의 조각을 일부 파악할 수 있다.

(4) 환경 지표

환경 지표는 해양 자원의 스톡과 더불어 자연 요소와 인적 요소의 증감(플로)을 통해 초기 자원이 최종 스톡으로 귀결되어 가는 플로의 실제 양상을 보여준다. 스톡은 경제 지표에서와 마찬가지로 생물 종 개체군의 규모와 어류 체내 오염물질 같은, 양적 측면과 질적 측면 모두를 가지고 있다. 플로는 지속 가능한 수확 등의 활용과 재생 가능 자원의 착취적 이용 및 재생 불가능 자원이 고갈에 이르게 하는 소모에 해당하는 남용, 그리고 환경적 지출과 복구불능의 경제적 소모로 인한 오염, 더하여 생태적 기능 상실과 비물질적 복지의 손실(경관의 손상과 문화적 유산의 손실) 등으로 발생한다.

전반적으로 유엔개발계획과 유엔 지속가능개발위원회(UNDP/CSD)의 지표는 지속 가능성을 나타내는 지표로, 약 130개의 지속가능성 지표와 유엔환경계획이 제1회 지구환경전망(GEO-1)[17]에서 적용한 코어 데이터세트 매트릭스(Core Data Sets Matrix)라는 약 170개의 파라미터 혹은 데이터군을 가지고 있다. 해당 파라미터 중 약 30개가 사회적 지표이고 약 40개는 경제적 지표이다. 약 100개인 나머지는 환경 지표로 그 중 반 이상이 육상 관련 지표, 약 4분의 1이 해양관련 지표, 그리고 나머지 4분의 1은 일반적인 지표(기후, 제도적 지원 등)이다.

앞 절의 내용을 되짚어보면 해수는 담수화, 조석발전 등 재생에너지의 생산에 활용된다. 해수욕이 가능한 수질, 금속 함유량, 연안 해수 수질, 해양쓰레기 등 스톡의 질을 대변하는 지표는 폐기물의 투기와 배출, 또 유엔개발계획과 유엔 지속가능개발위원회가 지적한

---

17) UNEP/DEIA/MR.96-3. 핵심자료작업그룹(1996). 1996년에 개최된 6개의 지역 협의회와 GEO-1을 지원하는 모델 분석이 예비적 조치가 되어 UNEP의 DEIA(Division of Environmental Information and Assessment)가 만들어졌다. 우리가 이후 수행한 검토는 「UNEP/UN System-wide Earthwatch Coordination(1995)」, 『*UN System-wide Earthwatch Programme Document*』 등에도 기반하고 있다. 어스워치(Earthwatch)의 사명은 지속 가능한 개발에 관한 의사결정을 위한 환경 정보와 적절한 사회경제적 정보를 제공하기 위해 유엔기구를 아우르는 관찰·평가·보고활동을 조정·조화·통합시키는 것이다. 제공되는 정보에는 주요 지구자원에 관한 압박요인이나 현상과 동향, 자연계, 인간계 양방에서의 변동요인과 과정, 이들 분야에서의 대책 등이 포함된다.

초산염, 인산염, 원유 유출 등에 의한 오염 상황을 보여준다. 유엔 해양환경보호전문가그룹(GESAMP)은 각각의 지표와 더 일반적인 지표에 관한 개요를 제시하고 있다.[18)]

우리가 나눈 자연 지역 범주 내에서, 소도서지표는 특히 유엔 환경계획이 발행하는 『도서록(Island Directory)』[19)]과 유엔개발계획의 『소도서개발도상국 네트워크(Small Island Developing States Network)』 등을 통해 발표된다. 유엔환경계획이 발행한 『소도서개발도상국(SIDS)을 위한 바베이도스 행동계획(Barbados Programme of Action for Small Island Developing States)』의 1999년 전면개정판 등도 흥미 깊다. GEO-1[20)]은 스톡의 양을 나타내는 해안의 길이와 더불어 오염과 이로 인한 스톡의 질 변화에 대해 추정치를 제시했다. 소도서를 위한 '바베이도스 국제 산호초 이니셔티브 (Barbados International Coral Reef Initiative)'는 산호초 손상 및 이용에 관한 기존 데이터를 보완하고 있다. 자연보호공원과 보호구에 대해서는 국제자연보전연맹(IUCN)과 세계동식물보전감시센터(WCMC)의 자원조사 일람이 해양구역을 특정하고 있으며, 지속가능성 지표(스톡의 양) 제안의 기초가 된다.[21)]

맹그로브의 감소와 조류지수 등을 포함하는 GEO-1의 식물군 보고는 지속가능성 지수로 제안되었으며 스톡의 양과 관련이 있다. 세계자원연구소의 '조류 수확량'은 앞 절에서 언급한 의약품 및 식품 활용과 관련이 있다. 유관속식물과 척추동물의 종에 대해서는 토착

---

18) GESAMP, 1990. 「해양환경 현황(The State of the Marine Environment)」, 지역해 보고·연구(Regional Seas Reports and Studies). No. 115. Nairobi: UNEP. p.111.

19) UNEP, 1991.

20) UNEP, 1997.

21) 자연구역보호를 위한 국가적, 국제적 시스템의 세부사항(해양·연안보호구의 데이터 구분 있음)에 대해서는 세계자원연구소(World Resources Institute)가 2년마다 발행하는 『세계자원(World Resources)』 참고.

종 중 위기에 처한 종의 비율이 지속가능성 지표로 제시되었으나, 육상과 해상이 구별되어 언급되지는 않았다(IUCN, WCMC).

동물상에 관한 기타 정보원으로서는 유엔환경계획과 유엔식량농업기구가 수립한 '해양 포유류 행동계획'과 국제포경위원회 등이 있다. 어류 및 다른 해양 동물에 대해서는, 추정되는 스톡의 양과 스톡의 질(오염도), 포획량과 사고사 수(주로 유엔식량농업기구, 가두리 양식 포함)가 정보로 정리되어 있다. 유엔 지속가능개발위원회의 목록은 지속 가능한 최대 어업생산량을 나타내는 지표를 포함하고 있다.

멸종위기종과 지방 토착종, 보호구역과 연안 지역 개발률을 포함해 분류학, 발생학, 생태계, 그리고 환경 관점의 기능 다양성에 대해서는 이미 몇몇 지표가 존재한다. '생물다양성 지표와 실시목표에 관한 세계생물다양성 포럼의 대화'를 통해 생물다양성협약의 체계적 실시에 가속이 붙었다. 유엔환경계획의 '생물다양성 프로그램 및 실시전략'은 소도서 개발도상국 등에서의 해양 생물다양성에 우선순위를 두었다.[22)]

(5) 불확실성

유엔환경계획은 최근 『환경 데이터 보고』에서 "어류의 생물학적 생산력과 총량에 영향을 주는 메커니즘은 매우 복잡하기에 현시점에서의 상업용 어류 스톡의 추정은 불확실하다"라고 기술했다.[23)] 이는 '확실성의 한계'를 상기시키는 문장으로 모든 지표 혹은 지수는 본질상 그 확실성에 한계가 있으며 현재 상태나 미래 예측을 서술적으로 표현하게 마련이라는 의미이다.

---

22) UNEP, 1995, 『UNEP 생물다양성 프로그램 및 이행 전략(*The UNEP Biodiversity Programme and Implementation Strategy*)』 및 UNEP, 1995, 『글로벌 생물다양성 평가(*Global Biodiversity Assessment*)』(지식의 현상, 이해의 격차, 더욱 연구가 필요한 분야 등에 관한 1,100페이지 이상에 달하는 보고서)도 함께 참고.

23) UNEP, 1993, Giarini and Stahel, 1989, 참고.

불확실성은 실재한다. 측정치와 그에 기반한 통계적 데이터, 인과관계, 실태 반영에 사용되는 모델에도 불확실성은 존재한다. 확률계산이 불가능하고 결과를 예측할 수 없을 때도 있다. 이 때문에 취약성지수가 개발되어 보다 전통적인 사회, 경제, 환경 지표에 통합되는지도 모른다. 유엔 경제사회국(DESA)은 소도서개발도상국의 지속 가능한 개발 행동계획을 위해 취약성지표 개발에 착수했고, 경제취약성 지표와 환경취약성 지표를 설정할 것을 제안했다. 유엔환경계획은 이미 『도서록(Island Directory)』[24]을 통해 위험에 노출된 주요 섬 지역에 대한 지수를 제안하고 있으며, 해양 보전, 인적 영향, 데이터 신뢰성의 중요성을 강조하고 있다. 더 최근에는 브리구글리오(Briguglio)[25]가 경제적 취약성을 높이는 요인(외부경제에 대한 의존도, 원격도 및 고립도, 재해빈도)을 정량화하면서 소도서개발도상국의 상황을 다뤘다. 브리구글리오는 해당 수치를 기반으로 종합적인 취약성 지수를 설정하고자 했다. 그 결과, 세 개당 하나의 소도서개발도상국에 대해 현재의 GDP 기반 순위를 취약성을 고려한 개발지수에 기반한 순위로 전환하는 작업만으로도 조건별 정보를 얻었으며, 다른 예로는 인간에 기인한 열대성 연안 생태계의 취약성을 1인당 GNP와 인구밀도의 함수를 이용해 계산하고 그 결과를 일반화된 취약성 지표로서 맹그로브, 해초, 산호초 등 자원의 풍요도 지수와 대비시켰다.[26]

(6) 지속 가능한 개발을 위한 지표

어젠다21(Agenda 21)은 제40장에서 지표의 필요성을 강조하고 유엔 조직에 다른 적절한 기관과 연계해 지속가능성을 지향하는 개

24) UNEP, 1991.

25) Briguglio, 1995.

26) 세계자원연구소, 1986.

발의 진척 상황을 진단할 지표를 창안할 것을 촉구했다. 이후 유엔 지속가능개발위원회는 '지속가능개발 지표(ISD)에 관한 작업계획'을 채택했다. 주된 목적은 국가 차원에서 의사결정권자들이 사용 가능한, 세계 공통의 지속가능개발 지표를 수립하는 것이다. 국제적인 차원에서는 특히 유엔 지속가능개발부(UNDSD)의 정책조정·지속가능개발국(DPCSD)이 관련 작업을 하고 있다. 잠정적인 주요 지속가능개발 지표는 지속가능개발위원회의 승인을 얻어 1996년, '지속 가능한 개발의 지표-체제와 방법론'이라는 제목으로 발표되었다.[27] 이 지속가능개발 지표 작성과정에서 유엔환경계획 환경평가계획 (UNEP/EAP)의 준비 활동에는 각종 환경 지표의 1994년 개요, 1995년 1월 벨기에 겐트에서 개최된 SCOPE·벨기에·코스타리카 간 워크숍, 1995년 11월의 독일 부퍼탈에서 열린 지속가능개발 지표에 관한 SCOPE의 과학적 워크숍 등이 있다.

발표된 주요 지속가능개발 지표는 사회, 경제, 환경, 그리고 제도적 차원을 갖추고 있으나, 이러한 총체성에도 불구하고 용인된 행동에 대한 정의나 사람들에게 공동의 이익을 추구하도록 동기를 부여할 도덕적, 윤리적, 정신적 지속가능성에 관한 내용은 빠져 있다. 각 지표(일단 추정치 없음)에 대한 방법론 서술 문서는 각 차원, 어젠다 21의 장 구성, 지표의 유형(추진력, 상태, 혹은 반응 지표)에 따라 제공된다.

지속가능개발 지표는 원칙적으로 이 절의 앞부분에서 논의한 국가 차원의 서술적 지표와 그에 대응하는 국제적 지속가능성 목표(예를 들어 연안 자원의 양과 수준의 임계치), 그리고 양자의 비교를 기반해 만들어진다. 환경적 목표치와 제한치에는 객관적이고 과학적인 근거가 있을지 모르지만, 사회·경제적 목표치와 제한치에는 주관적 가치가 훨씬 많이 반영되므로 각 사회의 사상, 목적, 가치관이 영향

27) 유엔, 1996.

력을 지닌다. 대부분 지표가 아직 국제적 목표치를 설정하지 못하고 있는 것은 이 때문일지 모른다. 10개 정도의 지속가능개발 지표는 해양개발과 관련성이 있는 듯하다. 즉, 소득불균형에 관한 지표, 환경요소를 반영한 국내순생산 EDP, 광물 매장량, 화석연료 매장량, 확인된 에너지원의 수명, 연안 지역의 인구증가, 연안수역에 대한 유류·초산염·인산염 배출량, 어업의 최대지속생산량, 조류의 유무, 멸종위기종과 보호구의 유무 등이지만, 이들 해양 관련 지표 중, 금액으로 표기된 것은 EDP 한 지표뿐이다. 목표치가 정해진 것은 최대지속 가능 생산량, 멸종위기종, 보호구를 나타내는 3개 지표이다. 해양 관련 지속가능개발 지표 중 3분의 1은 지금까지 개발 중으로, 지속가능개발위원회의 주요 지표도 아직 개발 중(1996년 현재)이라는 사실을 다시 한 번 깨닫게 해준다.

(7) 기타 관련 이니셔티브

환경친화적 국민계정, 자연의 기능(생태계 서비스) 연구 및 비용-편익 분석 등 몇 가지 방법이 여러 면에서 지표 운동을 뒷받침해주고 있다.

① 환경친화적 국민계정

유럽의회의 한 회의에서, 로마클럽과 WWF인터내셔널(WWF-International)은, 유엔의 국민계정체계(SNA)[28]의 기본 틀과 범위를 수정해 자연 자원과 서비스 가치를 포함하고 자연 요소를 반영한 새로운 단일기준을 세워야 한다고 촉구했다.[29]

국민계정체계를 수정하지 않더라도 위성계정을 중도 해결책으로 활용하면 자연 자원 스톡, 시장 외의 환경 서비스, 경제활동에 의한

28) 유엔 통계국, 1994.

29) Sheng, 1995, van Dieren (ed.), 1995.

손해를 추산해 체계를 보완할 수 있다. 유엔 통계국(UNSTAT)[30]은 '환경·경제통합계정(SEEA)'을 통해 5개의 대체 버전을 제안하고 있으며, 그중 버전 Ⅳ가 위성계정에 관한 것이다. 환경·경제통합계정은 콜롬비아, 멕시코, 파푸아뉴기니, 태국 등에서 국가 차원의 시험 적용이 진행되고 있다.

해양 관련 친환경계정은 다음과 같은 형태로 모색되고 있다.

ⓐ 천연자원의 고갈 회계. 예를 들어 생산량에서 천연자원의 순소모분을 빼는 세계은행의 '순수한 저축' 등.

ⓑ 여러 개발도상국과 선진공업국이 보유한 근해 광물 및 석유자원, 해양자원의 오락적 가치, 습지대, 맹그로브, 원생 해양지역, 어업과 국가 유산의 추정액.

ⓒ '방어적' 지출의 적절한 처리. 독일에서는 전체적으로, 멕시코에서는 환경 보호 서비스에서 나타남. 6개 남짓한 선진공업국에서는 지속 가능 경제의 복지 지표(Index of Sustainable Economic Welfare, ISEW)가 개발되어 특히 오염 및 재생 불가한 천연자원의 소모비용을 산출하고 있음.

ⓓ 환경의 질 저하 회계. 예를 들어, 원유 유출과 유해 물질에 의한 한국 서해와 제초제 오염에 의한 체사피크만의 피해 상황 등.

UN의 환경·경제통합계정 위성체제(Satellite System for Integrated Economic and Environmental Accounting)는 연결 환경 지표의 산출에도 이용할 수 있다. 세계자원연구소는 11~13개의 개발도상국과 선진공업국에 관한 시험적 연구를 통해 거시 경제적 자원소모 지수 (Index of Resource Depletion)를 작성했다. 이것은 1년 동안 인공자본 내 총 투자가치 대비 자연 자원 스톡 가치가 얼마나 감소했는지를 계측한 것이다. 이 연구소는 또한 국내 생산을 환경·경제통합

30) 유엔 통계국, 1993.

계정의 환경적 관점에서 조정하고 해당 자원 부문의 표준적 GDP와 조합해 비율을 계산해 농·림·수산 부문별로 자원소모 지수를 작성했다.[31)]

친환경 회계는 거시경제 지표의 기초가 될 만한 경제와 환경 간 관련성을 보여주는 정성적 데이터와 방법론을 구축해 환경면에서의 지속가능개발 지표의 개발에 필요한 정보를 제공하고 이로써 지표 운동을 뒷받침하고 있다. 핀란드, 프랑스, 네덜란드, 영국 등의 국가들이 이런저런 방식으로 환경친화적 경제계산과 실천적 지표 작성을 위한 노력을 통합하려 노력하는 것도 놀라운 일이 아니다.

② 자연의 기능

자연의 기능에 관한 연구를 지표 운동에 힘을 보탤 또 다른 이니셔티브로 보는 시각은 현대의 인류 공동유산 개념 및 서비스 경제와 맥을 같이한다. 코스탄자가 바다의 생태계 서비스를 측정하려 시도한 부분은 이미 앞에서 다루었다. 여기서는 드 그루트(de Groot)가 약 50개 기능으로 분류한 자연환경 체계를 다루고자 한다.[32)] 드 그루트는 해당 기능을 4개의 그룹으로 나누었는데 기본적인 생태과정과 생명 유지 체계에 대한 조절 기능, 인간의 활동에 공간 및 기질 또는 매체를 제공하는 매개 기능, 각종 자원의 공급을 나타내는 생산기능과 숙고, 정신적 심화, 인지발달, 미적 체험 등의 기회를 제공하는 정보기능이다.

드 그루트는 이 체계를 갈라파고스 국립공원(표 3.3 생략)과 네덜란드의 바덴해에 적용했다. 해양에 관한 다른 적용례로는 조절 기능(예를 들어, 습지대의 폐기물 처리기능과 습지대의 회복 기능 비교), 하구역과 습지대에 의한 생명 육성 기능, 근해의 상업적 어업과 레저성

31) Hammond, 1995.

32) De Groot, 1992.

어업을 지원하는 연안 습지대 등의 기초생산력, 매개 기능(야생 생물 관련 레저 활동의 장으로서의 가치. 캐나다에서는 레저 낚시와 사냥의 경제가치를 훨씬 능가하고 있음), 생산기능(어업, 생물다양성, 생태계 서비스, 레저, 해양성 의료자원을 포함하는 미국 경제에 대한 야생 생물의 공헌) 등이 있다.

③ 비용-편익 분석 및 환경 영향 평가

최근 10년간 환경 파괴와 이득을 금전 가치로 평가하는 기술은 크게 진보했다. OECD는 '비용-편익 분석 및 환경영향평가 프로그램'에서 현존 기술과 데이터, 6개국 약 50건의 사례연구를 포함한 종합적인 조사 결과를 발표했다.[33]

예를 들어, 네덜란드에서는 바다가 레저 목적으로 활용될 때 그 수질의 가치를 상업 수영장의 입장료를 기반으로 추산하고, 항행의 가치는 오염제거를 통한 비용 감소에 기초해 계산한다. 노르웨이에서는 이용자·비이용자의 일련의 편익 평가를 할 때 총비용과 조건부 가치평가를 활용한다.

이 OECD 프로그램은 새로운 방법론과 나중에 살펴볼 기타 활용도를 제시해주는, 지표 운동을 지원하는 이니셔티브의 한 예이다.

2) 해양관련 지표의 문제점

(1) 전반적인 면

이들 지표에는 인간의 생활에 효율, 활력, 조화 등을 가져오는 윤리적 가치관과 의식의 측면이 빠져 있다. 어젠다21에 대해 어스워치(Earthwatch)[34]는 지역 인구 프로그램(3C), 글로벌 해양 데이터베이

33) Barde and Pearce (eds.), 1991.

34) UNEP/Earthwatch Coordination, 1995.

스 구축과 양질의 개별 국가 수준 어업 데이터(17) 및 일관적인 지리 관련 데이터 면에서 보충할 면이 있다고 지적했다. 또한, 지표의 몇 가지 선진국 편향적 성향도 피할 필요가 있다.

지표의 하부구조, 즉 연안 인구나 지역 소득 등 관련성 있는 변수의 실제 해양 관련성을 통계적으로 상세히 분석할 필요가 있다. EU의 「환경평가보고서(Environmental Assessment Report)」[35]는 해양의 GNP 공헌도를 산정하는 데 있어 수송, 관광, 어업·양식업 관련 정보가 취약하다고 지적했으며, 유엔환경계획은 관련 지침을 작성해 감비아와 탄자니아에서 시험 적용을 했다.

(2) 세부 부문

"고도로 통합된 경제 지표 및 사회 지표 다수가 다양한 분야에서 도입되었지만, 그에 상응하는 국가 차원의 환경 지표, 의사결정자와 일반 대중이 환경 동향을 평가할 수 있도록 도와줄 지표는 실질적으로 전무하다."[36] 개별 환경 지표 수준에서는 주로 해양의 재생가능에너지 기술, 어류자원과 어업 기술 동향, 고용 레벨과 생산성, 생물다양성 등에 관한 데이터가 부족하다. 어떤 현상을 관찰할 때 필요에 따라 육상 관련인지 해상 관련인지 구별해야 하며, 유사한 취지의 이니셔티브(친환경 국민 계정 체계, 자연의 기능, CBA/EIA)에서 얻은 방법론, 데이터 작성, 응용 등의 훈련은 계통적으로 환경 지표에 활용되어야 한다. 인간개발지수에도 어떤 형태로든 환경적 측면을 도입할 필요가 있다. 1995년에 발생한 브렌트 스파(Brent Spar) 사건은, 해양 관련 사안에 대해 우리가 전반적으로 얼마나 무지한지를 보여주었다. 해양은 아직도 대부분 미지의 영역으로 남아 있다. 취약성 지표와 확률의 틀에 기반한 지표를 체계적으로 개발할 필요가

---

35) 유럽환경청, 1996.

36) Hammond, 1995.

있다.

필자가 로마클럽에 해양에 대한 첫 보고서를 발표한 뒤로 상당한 진전이 있었지만, 앞으로도 갈 길은 멀고 영원히 끝나지 않을 수도 있다. 지속가능개발 지표를 다루는 방법론이 완성되어 국제적으로 인정을 받으려면 아직 더 많은 과학적 정보, 각 관계 기관의 노력, 각국 정부 간 협력이 필요하다. 실제로 작업계획(Work Programme)은 다음과 같은 여러 가지 활동을 제시했다.

- 지속 가능한 개발의 경제, 사회, 제도 및 환경적 측면 간 연결성을 더욱 발굴하고 평가하여 그에 기반한 정책 관련 지표를 개발하기
- 고도로 통합된 지표에 대한 작업을 지속하기
- 지속가능개발 지표의 국가 차원 시험 단계 완료하기. 몇몇 선별된 국가가 자발적으로 시험에 참여해서 지표 활용 평가

3) 현존 지표와 공동유산 경제학 간의 불일치

현존하는 그리고 계획 단계의 해양 관련 지표가 공동유산의 경제학이라는 새로운 경제이론에 비추어 과연 유효한지를 검증할 필요가 있다.

(1) 일관된 지표의 요건

오리오 지아리니(Orio Giarini)[37]는 보다 포괄적인 부와 복지 이론이라면 인류공동유산의 경제학 맥락에서 지표 활용을 권장한다는 점을 거듭 강조한다. 이러한 지표에는 다음과 같은 사항이 반영되어야 한다.

---

37) Giarini, 1980 ; Giarini and Börin, 1991.

① 시장에서 거래되지 않거나 거래될 수 없는 재화와 서비스를 특별히 고려해야 한다.
② 부와 복지는 자연적, 물리적 그리고 생물적, 인적(문화적 도구), 금전적 (자본) 제 현상의 조합이다. 이러한 전체론적 시각은 우리의 사회적, 경제적 환경적 측면을 반영한다.
③ 플로 규모보다도 스톡을 다뤄야 한다. 부가가치 계산체제는 플로에 기반하고 있으나 필요한 것은 스톡에 미치는 영향이다.
④ 교환가치가 아닌 이용가치가 중요하다. 교환가치는 어느 시점까지는 하부 체제이며 이용가치의 일부로서 이용 가능(단, 차감가치를 고려한 경우에만 한함)하다.
⑤ 무보수 활동, 즉 보수가 지급되지 않은 활동 혹은 보수가 금전 외의 형태로 지급되는 활동을 반드시 포함한다.
⑥ 차감가치, 즉 인간으로 인한 공해와 해양자원의 난개발 비용을 고려해야 한다.
⑦ 복잡한 체제에 내재하는 불확실성을 고려해야 한다.

③에서 이야기하는 스톡과 플로의 규모는 관련되어 있다. 일정한 기간 동안 발생한 인위적, 자연적 증감이 최종 스톡에 포함되는 양을 변화시키기 때문이다. 따라서 스톡과 플로 지표를 집계하는 방법론은 서로 양립해야 한다. 게다가 국민계정은 ⑤와 ⑥을 연결하고 있다. 즉, 현재의 GDP는 무보수의 일을 고려하지 않으므로 저평가되고 또 한편으로는 환경 비용을 차감하지 않기 때문에 고평가되고 있다. ⑤에서 말한 무보수 활동의 경우, 선진공업국에서는 국민계정체계(SNA) 외의 가치가 GDP의 적어도 절반, 개발도상국에서는 그 이상이 된다. 이것은 사적 소비의 반 이상을 차지하며 세계의 가사노동 및 비공식부문을 포함하는 봉사활동 등 계산되지 않은 노동

분을 포함하면, 23조 달러의 세계생산액에 약 70%가 더해진다.[38)]

(2) 미흡한 현행 지표

몇몇 사례를 통해 해양 관련 지표가 필요조건을 충족시키지 못함을 알 수 있다.

① 다면적 프로그램

유엔 지속가능개발위원회의 사무국이 발표하는 지속 가능한 개발을 위한 유엔 DPCSD 핵심 지표 그룹과 WRI의 「세계자원보고」는 전일적 접근을 시도하고 있다. 둘 다 사회적, 경제적 및 환경적 측면을 다루고 있다. 이 밖에 2개의 측면에 집중한 지표군으로는 통합적 경제 및 환경 계산을 채택한 유엔 환경·경제통합계정(SEEA)과 사회적, 경제적 지표를 모두 포함한 인간개발지수 등이 있다. 다른 이니셔티브들은 여전히 주로 한 가지 측면만을 다루고 있는데, 예를 들어 유엔의 국민계정체계(SNA)는 경제적 측면만, 또, 유엔환경계획의 GEO-1과 「환경 데이터 보고」는 환경적 측면만 다룬다. 유엔식량농업기구의 어업에 관한 지표처럼 한 분야에만 특화된 예도 있다. 그러나 해양 부문에 있어서는 종합적 접근이 아직 불충분하다.

② 시장에서 거래되거나 거래가 불가한 천연자원에서 유래하는 부

어족 자원이나 연안 원유처럼 시장에서 거래되는 해양 천연자원의 추정 가치는 추정량과 평가 방법에 따라 달라진다. 추정량은 스톡(수산자원의 규모, 인간이 조성한 자본가치)을 보느냐 플로(어획량과 GNP 등)를 보느냐에 따라 달라지기 때문에 앞서 기술한 항목 중 ③번 항목과 관련이 있다. 스톡 기반 방법은 국제자연보전연맹의 멸종위기종 보고 등 일부 분야에서 총체적으로 활용되고 있고, 환경·경

38) UNDP, 1997.

제통합계정(SEEA)을 수반하는 국민계정과 유엔 DPCSD의 해양 관련 지속가능개발 지표를 비롯한 다른 분야에서도 활용하자는 제안이 나오고 있다.

나아가 가치평가는 외부비용을 공제한 순가격 또는 사용자비용(부가가치 요소〔진정한 소득〕와 사용자 비용 요소〔자원소모비용〕)에 기반하고 있다. 이러한 평가 방법을 적용할 시 앞서 기술한 ④ 교환가치가 아닌 이용가치, ⑤ 무보수의 일도 포함. 그리고 ⑥ 차감가치 즉 외부비용은 제외라는 항목을 유념해야 한다. 이러한 조건이 점차 충족되고는 있지만[39], 전반적 적용까지는 갈 길이 멀다. 따라서 지속가능개발위원회가 제안하는 주요 지속가능개발 지표와 환경요소를 고려한 국내총생산(EDP)이 매우 중요하다.

맹그로브숲이나 환경보전 해역 등 시장에서 거래되지 않는 해양자원의 평가는 CBA/EIA의 분야에서 개발된 방법 중 어떤 것을 선택하느냐 하는 미묘한 결정에 달려 있다. 중요한 것은 천연자원을 평가하는 동기이다. 예를 들어, 실제 이용하기 위해서인지(사용가치), 이용의 선택지로서 보존해둘 것인지(선택가치), 환경 그 자체를 위해, 혹은 생물종과 생태계의 본질적인 가치를 위해서인지(존재가치)와 같이 동기가 달라지면 평가도 달라진다. 사용가치는 레저 활동을 위한 장소까지의 이동 비용 등 대리 시장을 통해 추정하며, 선택가치는 특정 자산의 보존을 위해 얼마까지 기꺼이 지급할 의사가 있는지를 사람들에게 묻는 방법 등으로 측정한다. 존재가치는 치환 비용, 회피 비용, 유지보수 비용 등을 통해 추정한다. 천연자원의 총 경제적 가치는 실제 사용가치+선택가치+존재가치의 합에 일치한다. 이렇게 가치의 여러 형태를 인정함으로써 새로운 공동유산 경제학의 발전에 이바지할 부와 복지의 이용가치에 대한 이해를 발전시킬 수

39) 예를 들어 외부환경 비용에 대해서는 SEEA를, SNA의 대상 외의 부에 대해서는 인간개발보고를 상기하면 좋다.

있다.

⑦번 항목에 거론된 불확실성의 체계적 취급은 아직 충분치 않다.

유사한 취지의 이니셔티브를 살펴보면 국민계정에서의 환경·경제 통합계정(SEEA)과 자연 기능 측면에서의 접근법이 다시 떠오를 것이다. 그러나 SEEA 버전Ⅳ의 평가방법은 소모와 열화를 평가하는 방법에 대해 명확한 지침을 제시하지 않고 있다. 갈라파고스 국립공원의 기능에 대한 사회경제적 가치(표3.3)는 앞서 기술한 각종 가치를 조절기능, 매개기능, 생산기능, 정보 기능 측면에서 추정했다. 이러한 탁월한 적용으로 많은 정보를 얻을 수 있지만, 더 상세히 분석해 보면 공동유산의 경제학에 필요한 요건이 충족되지 못한 부분을 발견할 수 있을 것이다.

(3) 정략적이고 통합적인 지표는?

앞서 기술한 ①번 항목은 지표의 필요성을 보여주고 있다. 그러나 지표는 꼭 정량적이고 종합적이어야 하는 걸까? 지표가 꼭 숫자일 필요는 없다. 예를 들어 '지구환경 개황'[40]은 세계 7개 지역의 7개 환경 문제(생물다양성과 해양·연안지대를 포함)를 심각함의 정도에 따라 4색으로 구분하여 도식화했다. 지역 환경 문제의 경향도 비슷하게 아날로그 방식으로 제시하고 있으나 두 개의 요약 모두 간결하면서도 필요한 정보를 잘 전달하고 있다.

지표는 여러 요소로 구성되어 있지만, 의사결정자와 국민이 쉽게 이해하기 위해서는 결국 몇 개의 숫자로 정리할 필요도 있다.[41] 이를 위해서는 사회·경제·환경 3가지 측면 각각에서 종합적 숫자를 산출할 필요가 있으며, 물리적·화학적 특징에 기초하여 자연가중치를 적용하고 그 경제적 파급효과에도 가중치를 산정하며 전문가 혹

40) UNEP, 1997 : GEO-1, pp.6-7.

41) Hammond, 1995 역시 같은 의견.

은 시민이 선정한 가중치를 적용할 수도 있다. 이렇게 산출한 세 개의 지수를 그대로 개별적으로 제시할 수도 있고(지속가능개발 지표, GEO-1혹은 인간개발보고서의 지수) 아니면 통합하여 차원 변별 없이 통일된 수치로 제시할 수도 있다(인간개발지수와 취약성 지수 등).

이처럼 지표는 비수치적으로, 물리적으로 그리고 금전적 가치로 존재할 수 있으며 하나로 통합되어 제시될 수도 있다. 이것은 ①번 항목의 요건을 충족시킨다.

4) 결론

지표 운동 전반에 걸쳐 많은 작업이 진행 중이다. 사용자는 지표를 게재하는 웹사이트에서 유엔 지속가능개발위원회 지표 프로그램에 관한 최신정보를 입수할 수 있을 것이다.[42] 또, 지구정상회의+5에서 해양의 지속 가능한 이용을 위한 노력을 강화하기로 합의하면서 일련의 작업에 한층 가속이 붙을 것이다. 그러나 유사한 취지의 이니셔티브(친환경 국민계정, 자연의 기능, CBA/EIA)에서 얻은 방법론, 데이터 작성과 응용에 대한 교훈은 더욱 체계적으로 활용되어야 할 것이다.

해양에 관련된 지표 전반의 결함은 특히 서술적인 사회·경제·환경 지표와 불확실성에 대한 대처 면에서, 그리고 지속가능개발 지표 측면에서 두드러진다.

인류의 공동유산이라는 새로운 경제학의 관점으로 현존하는 많은 해양 관련 지표를 재고해보아야 한다. 전일적이면서 학제적인 접근법이 필요하므로 다수의 학문 분야를 아우르고자 하는 노력이 진행 중이나 해양환경 분야까지는 아직 충분히 미치지 못하고 있다.

시장에서 거래되는 해양자원의 평가를 위해 새로운 경제학의 원칙(이용가치, 차감가치, 무보수의 일이 창출하는 가치)이 점차 수용되고 있지만, 아직 일반적 적용과는 거리가 멀다. 어쨌든 각국 정부는 지

42) 주소: http://www.un.org/desa/dsd/ISD.htm

구정상회의(Rio+5)에서 에너지를 비롯한 다른 재화와 서비스 가격에 환경 비용 계상을 추진하기로 합의했다.

해양 관련 활동에 비용-편익 분석을 적용하면서 깨달은 사실은 육지 활동의 경우와 마찬가지로 시장에서 거래할 수 있고 측정도 가능한 비용 및 세입에만 몰입하지 않고 무형의 것과 외부적인 요소도 고려하는 것이 중요하다는 것이다. 또한 육지의 경우와 같은 종류의 함정 (분석 결과의 매력을 더하거나 덜하기 위해 이중 계산을 하고 싶은 유혹 등)도 도사리고 있다.

해양 관련 지표개발을 더욱 촉진하기 위해서는 지속가능성 지표와 생물다양성 지표를 위한 TF와 지역연수 워크숍, 예를 들어 1997년 6월 아프리카를 위해 가나 아크라에서 열린 워크숍이나, 지중해 행동계획 이니셔티브를 위한 워크숍 등에서 일관된 노력을 기울여야 한다. 또한 국민계정체계를 좀 더 환경친화적으로 조정하려는 노력을 해양자원으로까지 확대해야 한다. 그러면서도 동시에 지아리니가 지적했듯 새로운 가치(이용가치)이론을 수립해야 한다. 이를 통해 틀림없이 공동유산을 위한 새로운 경제학을 진화시킬 수 있을 것이다.

3. 윤리적 측면

> 경제학과 정신적 측면의 마지막 연결고리는 인간에게 각자의 신체적 고유성, 따라서 정신적 고유성을 유지하게 충분한 최소한의 경제 조건 이상에서 살 권리가 있다는 것이다. 바로 이 지점에서 경제학은 윤리적 측면을 지니게 되는데 이는 경제학이 존엄성과 신체적 안녕을 추구할 인간의 권리를 다루며 이로써 필연적으로 감정, 꿈, 정신성과 연결되기 때문이다.
>
> 오리오 지아리니

문화적 지표는 환경 및 사회적 지표만큼이나 중요하다. 현재의 공론은 사회경제 체제가 문화 체제에 뿌리내리고 있으며 많은 부분 가치체계가 그리고 최종적으로 종교가 이러한 문화 체제를 결정한다는 것이다.

마르크스주의나 자본주의나 현대경제이론의 원류는 18, 19세기 유럽에서 시작된 산업혁명의 초기 단계이다. 이러한 경제이론은 유대교·기독교 가치관에 그 뿌리를 두고 인류의 지위를 자연의 지배자로 격상했지만, 자연은 인간이 내키는 대로 취급 가능한 종속물로 격하되었다. 그 바탕은 로마법과 개인의 사유재산이라는 굳건하고 흔들림 없는 개념이다. 이를 통해 나와 남, 개인과 집단, 문화와 자연, 물질과 에너지, 공간과 시간, 과학적 진실과 허위, 선과 악이라는 이항 대립적 이원론 사고체계가 형성된다.

이원론은 어떤 면에서는 전문화의 가장 단순한 형태이다. 그리고 전문화는 전체를 조망하는 시야를 희생하며 유럽 문화라는 맥락에서 진화해왔다. 전문화로 인해 경제학은 개별 분야가 되었고 다른 문화적 가치와 과학으로부터 유리되었다. 과학이 뉴턴의 선형성, 확실성 및 예견 가능성의 패러다임을 초월해 하이젠베르크(Heisenberg)의 불확실성과 프리고진(Prigogine)의 카오스를 향해 나아갈 동안 경제학은 이전의 뉴턴식 패러다임에 머물렀다.

이제 선진공업국은 첨단 기술에 기반하여 산업혁명의 초기와는 질적으로 다른 새로운 산업혁명의 단계에 돌입했다. 최초에는 농업생산이, 이후에는 산업생산이 지배하는 경제에서 서비스에 핵심 기반을 둔 경제로 전환한 것이다.[43]

---

43) "오늘날의 우리는 미국 경제를 공업 관점에서 분석하는 경향이 있다. 그러나 실제로는 고용의 50%, GNP의 67%, 신규고용의 90%, 그리고 경제 활동의 많은 부분이 서비스 부문에 속한다." 씨티코프(Citicorp) 존 리드(John Reed) 회장.

여러 다른 문화와 가치체계에 뿌리를 둔 새로운 경제의 주창자들이 무대의 중앙으로 나섰다. 지난 세기 유럽 중심의 가치관은 더는 우세하지 않다.[44] 여전히 중요한 공헌을 할 수도 있지만, 아시아 신경제 대국의 가치체계를 비롯한 비유럽적 가치체계에 섞여들어야만 한다.

크리샨 사이갈(Krishan Saigal)은 곧 출판될 저서[45]에서 아시아 주요 종교의 가치관을 조사하고 이를 통해 경제의 기본 원칙을 추출하려 했다. 아시아 종교가 개인, 공동체, 재산, 자연과 인간에 대해 가진 개념은 서양의 개념과 다르며, 공동유산 경제학의 기본 틀 형성을 돕고 지속 가능한 개발을 실천하는 데 있어 의미 있는 역할을 할 잠재력이 있다. 이하의 고찰은 그의 연구에 기반한 것이다.

사이갈은 동양과 서양의 '패러다임'을 비교하며, 패러다임의 '안경'에 따라 바다의 부가 다르게 보인다고 결론지었다. 서양의 패러다임은 바다의 부를 인류가 바다로부터 얻을 수 있는 것, 즉 자원, 식량, 에너지, 공간이라 본다.

동양의 패러다임은 바다의 부를 실존의 가치라 본다. 이는 생명을 부여하는 해양의 가치이며, 수학적으로 혹은 통계적으로 정의 내릴 수 없는 무엇인가 이다. 국민계정체계(GNP 산출 체계)로는 전 세계적, 전 지구적 관점에서 해양이 어떤 의미가 있는지 포착할 수 없으며, 생명 유지 체계로서 해양이 인류에게 가지는 추산이 불가능한 가치를 파악할 수도 없다. 서양의 패러다임은 객관성, 가치체계의 구속을 당하지 않는 상태, 그리고 과학, 기술, 경제학에 기반한 사고를 열망한다. 반면 동양의 패러다임은 다양한 방식으로 가치체계를 포용하고

44) '유럽중심주의'에는 생활의 경제적 효율화와 그 글로벌화로 정점에 이른 '미국중심주의'도 포함된다.

45) 『지속 가능한 개발: 영적 측면(*Sustainable Development: The Spiritual Dimension*)』, 2008.

있다. 서양의 사고는 과도하게 개인주의적이지만, 동양의 세계관은 전일적이고 공동체나 자연, 우주에 통합되지 않은 개인을 환상이라 간주한다. 개인성과 공동체의 통합은 소유권과 재산이라는 개념에 시사하는 바가 크다. 그래서 석가모니는 "사람들은 자아가 형성된 개인성을 중시하며 소유라는 관념에 매달리지만 자아라는 것은 실제 존재하지 않기 때문에 소유라는 것도 존재할 수 없다"고 가르쳤다. 이러한 진리를 깨우치면 비이원성이라는 진리도 깨우칠 수 있다. 로마법적 개념과는 대조적으로, 동양의 패러다임은 재산을 위탁물로 보며 공동체 전체의 이익을 위해 그리고 인간공동체가 속한 자연에 대해 응당한 경의를 표하며 책임감을 느끼고 관리해야 한다고 생각한다.

1) 힌두교의 경제학

힌두교의 기저를 이루는 가치 전제에는 물질주의와 정신주의가 혼재되어 있다. 따라서 경제학은 비물질적 가치를 고려해야 하며 자연히 그 핵심은 인간 본성의 구성에 대한 베다(Veda)의 전일적 관점에 기반한다. 경제학은 사회체제와 정치체제 양쪽의 부분 집합이 된다. 힌두교가 보는 인간은 음식과 주거 등에 대한 생존 욕구만이 아니라 타인을 배려하고자 하는 욕구가 있다. 따라서 이기성과 이타성 혹은 나의 욕구와 타인의 욕구 그리고 정신성과 물질성 간 조화로운 균형이 형성되어야 한다.

힌두교식 윤리관을 체화한 경영진과 기업가가 그 이상을 따라 생산체제를 운영한다면 타인에게 해로운 상품은 생산되지 않을 것이다. 그러니 무기, 유해 물질, 마약, 폭력과 섹스 등을 다룬 영상물은 존재하지 않을 것이다. 공기나 물, 토양을 오염시키는 산업이 자리잡는 일은 없을 것이며, 기업이 과잉 선전으로 불필요한 욕망을 자극하는 일도 없을 것이다.

또한 이윤추구를 위해 노동자를 해고하거나 전통적인 공동체의 생계에 해를 끼치는 일도 없을 것이다. 타인을 희생하여 부의 획득(artha)과 행복의 달성(kama)을 이뤄서도 안 된다. 타인의 생계를 박탈하는 것은 윤리적으로 용납되지 않는다.

경제학의 목표는 충만한 영적, 정신적, 도덕적 성장과 더불어 행복을 최대화하는 것이며, 복지기능은 당연히 신고전파가 이야기하는 복지와는 극히 다르다. 신고전파의 피구적(Pigovian) 복지는 단층적 기능밖에 하지 않지만 힌두 경제학의 복지는 다층적 기능을 한다. 즉, 자기 자신의 이익을 추구하면 일정 층위의 유용성을 획득하게 되는데, 만약 가족의 이익을 추구한다면 그 유용성의 층위가 높아진다. 만약 자신이 속한 사회의 이득을 추구하면 더욱 높은 층위의 유용성을 얻는다. 만약 개인의 비전과 목표에 모든 생명체, 인간 및 기타 생명체가 포함되어 있다면 최상 층위의 유용성을 얻게 된다. 이러한 복지개념은 개인의 이익에서 사회 내지 전 세계의 이익으로 부 획득의 목적을 전환함으로써 획득 중심의 사회를 변화시킬 것이다.

특허와 저작권 등 지식재산권은 존재하지 않는다. 베다의 가르침대로 "모든 지식은 신에게서 나온다."[46]

이상적인 힌두교 사회는 다음과 같은 기본 원칙을 가지고 있다.

- 윤리, 정치, 경제 및 사회구조는 불가분 전체를 구성해 통합된 사회로 나아간다.
- 경제학은 본래 사람의 행복을 위한 과학으로 그 목적은 모든 이를 위한 복지이다. 여기에는 모든 생명이 동등하게 지닌 존엄성, 생명에 대한 존중, 모든 개인을 위한 복지라는 기본적 전제가 깔려 있다. 경제정책이라는 견지에서 해석하면 모든 이

46) *Sama Veda*, 1462, *Yajur Veda* 3.17. 양자 모두 델리 Motial Banarsidas에서 입수 가능.

가 지닌 가장 기본적인 물적 욕구(물, 식료, 주거)를 충족시키는 것이 최우선 사항이 된다.

- 경제학의 최우선 고려사항은 사람이어야 한다. 인간성과 그 물적, 정신적, 도덕적, 정신적 필요를 무시하는 경제 체제는 의미가 없다.
- 인간에게 초점을 맞춘 인간복지경제를 실현하려면 중앙 집권에서 벗어난 지방 분권적 사회적 경제가 필요하다. 이상적인 모습은 구성원 전원의 상호 교류, 접근 그리고 자발적 협력을 도모하는 공동체적 경제이다.
- 사회의 4분의 3(힌두교의 사회 계층구성에 따라 학생, 사회복지근로자, 탁발승)에 해당하는 구성원이 무료 교육과 사회 서비스, 진리의 실현을 통한 인류에 대한 봉사 등 비영리성, 자원봉사의 영역에 속하게 된다. 이는 나머지 4분의 1에 해당하는 이들에게 가해질 (임금을 위한) 고용 압력을 완화하고, 금전 가치로 환산할 수 없는 일을 국부의 영역에 포함한다.
- 재산에 대한 절대적 권리는 없고, 신으로부터 수탁 받은 사용권이 있을 뿐이다.
- 생계를 영위하기 위한 고용이든 봉사를 위한 고용이든 모든 사람이 고용 상태이므로 사회의 완전고용이 실현되게 된다.
- 부의 탐욕스러운 축적이 없고, 돈은 물질적 정신적 발전을 획득하기 위한 수단으로서 경제 체제 내에서 빠르게 순환한다.

힌두교의 경제 체제는 자연과도 완벽한 조화를 이룬다. 신이 우주의 모든 곳에 깃들여 있다는 개념에 기초하면 자연은 성스러운 존재이고 경의와 배려로 대우받는다. 힌두교식 체제의 목적은 지속 가능한 범위에서 지구가 내어줄 수 있는 범위 내에서만 자원을 얻고 물질적 풍요를 목적으로 그 한계를 넘어 착취하지 않는 것이다.

2) 불교의 경제학

사이갈의 분석에 의하면 힌두교, 불교, 간디의 가치체계는 서로 밀접하게 연결되어 있다. 불교가 특히 강조하는 것은 비폭력과 진리를 통해 얻는 평안이다. 평화와 안전이 사회발전과 행복의 기반이 되어야 한다.[47)]

신고전파 이론은 경제 체제에 속한 모든 사람이 합리적으로 행동한다고 전제하며 '완전경쟁'이라는 개념은 모두가 온전한 정보를 가지고 완벽한 미래 예측을 한다는 가정 위에 세워진 것이다. 자원의 효율적 분배라는 협의의 관점에서 보면 '불완전경쟁'이란 하나의 변칙적 상태에 불과하다. 이러한 이상적 사고는 경제활동을 하는 인간의 행동과 사고방식이 획일적이고 균질하다 간주하며 이를 통해 일정한 사회적 균형이 형성된다고 믿는다. 물론 많은 경제학자는 이것이 일정 수준까지는 유효할지 모르나 매우 심각한 한계가 있는 사고방식임을 곧 알아차리게 되었다(일례로 존 메이너드 케인스의 연구 참조).

반면, 불교 사회는 근본적으로 비균질하며 다양성이 높다. 모든 사람은 자신만의 업(카르마), 갚아야 할 부채를 지고 있다. 각자에게 주어진 초기 조건이 다르기에 사람의 행위와 행동에 엄청난 다양성이 나타나게 된다. 이로써 다수의 비합리적인 주체 간 강력한 비선형적 상호작용이 나타난다. 합리적인 주체가 통계적으로 예견 가능한 선형적 환경에서 행동한다고 보는 신고전파 이론과 선명한 대조를 이룬다.

비동질성과 도덕적, 심리적, 사회적 요인을 아우르는 경제 체제는 필연적으로 복수의 평형상태를 생성하며 당연히 일정한 미래 국가상을 예측하는 것도 불가능해진다. 사회 문화적 환경이 다양하면

---

47) 오늘날에는 서양에서 재산, 통치, 안전 관련 새롭고 흥미로운 이론이 발달하고 있다. Prins, 1998, Gray, 1993 참조.

경제 진화의 경로도 다양해진다. 따라서 세상에는 경제적 다양성이 존재하게 된다. 또한 불교적 관점으로 보면 그 어떤 국가도 다른 국가보다 우월하지 않으며 다른 국가를 지배할 수도 없다. 평화, 조화, 비착취라는 교의에 반하기 때문이다.

부처는 이를 선명히 인식하고 있었으며 그래서 해야 할 일과 해서는 안 될 일에 대해 단정적 지시를 내리기보다 다양한 개인이 지침으로 삼을 만한 가치관을 제시했다. 이러한 유연하고 적응력이 높은 접근법 덕분에 여러 불교 교의는 다양한 사회, 문화, 환경 속에서 꽃을 피울 수 있었다. 그래서 불교적 경제는 학습력이 높고 적응력이 뛰어나다.

이전 절에서 설명했듯이 서양의 경제학은 이용 측면의 가치와 교환 측면의 가치, 지아리니의 용어에 따르면, 이용가치와 교환가치라는 2가지 가치를 분리하는 경향이 있다. 신고전파 경제학은 교환가치만을 GNP에 산출한다. 시장에서 거래되는 가치이기 때문이다. 군비나 마약 등 사람의 행복을 위협하는 위협의 가치도 시장에서 거래되기 때문에 교환가치이고 따라서 GNP에 포함된다. 불교 경제는 위협의 가치를 GNP에 포함하지 않을 뿐만 아니라, GNP에서 차감한다. 그것은 '선'이 아닌 '악'(지아리니가 말하는 차감가치)이기 때문이다.

불교가 이야기하는 경제발전의 원동력은 근대 체제의 발전에서 보는 것처럼 기술이 아니라 도덕이다. 부처의 시대에는 지금처럼 기술이 사회 전반에 깊이 스며들어 있지 않았다. 그러나 부처에게 현대의 맥락에서 기술에 대해 판정을 할 기회가 주어진다면 환경을 훼손하지 않고, 빈곤, 실업, 착취를 수반하지 않은 방식으로, 오직 평화를 위해서만 기술을 사용하기를 원할 것이다.

사회에 해를 끼치는 몇몇 활동은 금지되었다. 석가모니가 살던 시대의 단순한 경제 체제에서의 가르침은 다음과 같다.

> 일반 신도가 행해서는 안 되는 5개의 상행위가 있다. 그 5개

란 무기, 흡입물, 고기, 술, 독물의 거래이다.[48]

불교 경제의 주된 특징은 다음과 같이 간단히 열거할 수 있다.

- 경제 체제의 기본 단위는 사람이다. 사람은 다양한 차원과 다층적 효용성을 지닌다.
- 경제 체제의 목적은 충분한 정신적, 도덕적 성장을 수반하는 행복의 최대화이자 건강과 복지의 최적화이다.
- 사회계층 구조는 비착취적, 비폭력적이어야 한다.
- 경제의 전체적인 방향은 병렬구조로 분산된 많은 단위(인간)의 상호작용으로 결정된다. 다른 무수한 단위의 상태와 행동에 따라 개별 단위의 행동도 결정된다.
- 상호작용에 가해지는 외부통제는 극히 드물다. 실제 통제는 내면적 가치관('자각')과 열반의 상태에 도달하고자 하는 모든 이들의 소망에서 비롯된다.
- 경제 체제에는 가정, 공동체, 사회, 인류 전체 등 다양한 수준의 조직과 상호작용이 존재한다. 어떤 수준에서든 개별 단위는 다음 수준으로 발전하기 위한 '주춧돌'의 역할을 하나 패권적 방식으로 활용되어서는 안 된다.
- 이러한 주춧돌은 체제에 경험이 축적되면서 지속해서 개정되고 통합된다. 체제는 유연하고 적응력이 높다.
- 각각의 단위는 상하 관계로 정렬되는 것이 아니라 자유로운 상태로 자신만의 경로를 따라 목적달성을 추구한다. 목적은 하나이나 길은 제각각이다.

불교 경제는 따라서 현대의 몇몇 서양 경제학자들[49]이 '적응형 비선형 네트워크'라고 정의하는 체제와 어떤 면에서는 일맥상통한다.

---

48) *Anguttra Nikaya*, Note 13, V.177.

49) Holland, 1998. pp.117-123.

이 도정을 따르면 다음과 같은 이상적인 경제에 이르게 된다.

- 유연하고 적응력이 있으며 창조적인 경제
- 착취가 존재하지 않아 재산과 소득이 공평하게 분배되는 경제
- 자연환경과 조화를 이루는 경제
- 자기 조절이 가능해 불필요한 소비가 절제되는 경제
- 문화적으로 규정되는 경제

이처럼 불교 경제는, 예를 들어 이그나치 작스(Ignacy Sachs)가 사회, 경제, 생태계, 문화의 지속가능성이라 정의한 친환경 발전[50]의 모든 측면과 이상적으로 일치하며 사회 내 행복을 최대화하고 평화롭고 안정적인 세계 질서가 구축되도록 이끈다.

3) 간디의 경제학

'간디의 경제학'[51]은 현재 관련 문헌이 많이 존재하며, 공동유산의 경제학과 접점이 많은 사상이다.

후크(Huq)는 간디의 경제 체제에서 생산이 목적하는 바를, "사회적으로 필요한 재화와 서비스 생산을 최대화하고, 사치품과 잉여 재화의 생산을 최소화하는 것이며 희소자원의 가용성뿐 아니라 그 어떤 것보다 우선하는 도덕적 목적에 의해서도 제약을 받는다"라고 설명했다. 간디의 경제철학은 유효수요를 자극하기 위해 사치품을 생산 소비하는 행위를 혐오했다. 간디는 도덕적인 이유와 경제적인 이유 모두에서 과시적 소비에 반대했다.

간디 경제모델의 또 다른 변수는 국산품 애용 운동(스와데시)이다. 현대경제학이 개개인의 가동성과 개개인의 이익 추구를 위한 경쟁을 강조하는 것과는 대조적으로 이타적 이익을 이야기하는 간디

50) Sachs, 1992.

51) E.g., Huq, 1985. p.68

의 원칙은 신의와 협조라는 사회적 가치에 방점을 둔다. 스와데시는 간디식 사고방식이 명확히 드러나는 운동이다. 스와데시는 우리 주변의 재화와 서비스만을 이용하고, 먼 곳에서 생산되는 것은 배제하는 정신이다. 따라서 지역에서 육성되고 생산된 제품이 우선순위를 가지게 되며, 이는 노동시장에도 적용된다. 고용주는 다른 동네, 다른 지역의 더 적합한 자격을 갖춘 노동자를 고용하기 전에 지역 내 비고용 인력을 그 능력치에 상관없이 일단 활용한다. 마찬가지로 노동자들도 가령 다른 지역에서 더 매력적인 조건으로 고용 제의를 받아도 지역 내 고용주를 떠나지 않는다. 간단히 말해 하나의 공동체, 지역, 국가 속에서 공존하는 경제 주체들은 더 좋은 조건의 거래를 위해 외부로 나가기 전에 자신이 속한 지역에서 가능한 모든 가능성을 탐색해야 한다. 스와데시를 실천하려면 효용성을 희생하는 것도 감수해야 한다.

현대의 지속 가능한 개발 이론과의 접점, 그리고 공동체에 기반한 생산 및 소비에 대한 강조가 분명히 드러난다.

사이갈은 간디의 근본 원칙을 7개로 정리한다.

(1) 비폭력적 소유권-신탁권

신탁이라는 개념은 생산수단에 대한 사적 재산권을 공동체의 필요에 부응해 행사하는 경우에만 인정하는 것이다. 이것은 사르보다야(sarvodaya), 즉 모든 이의 각성이라는 개념을 기업에까지 확장 적용한 것이다. 생산 현장에 존재하지 않는 자가 자본이나 토지를 소유하거나 투자행위를 하고, 스와데시에 반하는 생산이 일어나거나, 과잉 급여와 과잉 지출이 발생하면 이는 신탁이라는 개념과 연결되지 않는다. 또, 노동자가 수탁자로서 행동하는 한 신탁권은 노동자에 의한 자기 경영도 인정한다.

(2) 비폭력적 생산-적절한 기술

'적절한'이라는 표현은 인간의 욕구를 최대로 만족시키는 생산기능을 설명할 때 사용된다. 간디에 따르면 공동체 속에 실업자가 있는 한 수작업의 효율성을 올릴 기술을 도입해서는 안 되며, 이는 분명 간디의 사르보다야, 스와데시, 양심, 신탁권이라는 사고방식에서 유래한다. 또한 적절한 기술은 육체, 정신, 혹은 영혼에 해를 끼쳐서는 안 된다. 간디에 따르면, 기계화는 광기의 수준까지 진행되어서는 안 되며, 대량생산도 좋지만, 오직 각자의 가정 내에서만 이루어져야 한다.

(3) 비폭력적 소비-비소유

비소유는 엄밀히 말하면 비폭력의 원칙에서 왔다. 적게 가질수록 적게 원하고, 그를 통해 더 나은 사람이 된다. 어떤 면에서 더 낫다는 것일까? 삶을 즐기는 것보다 다른 존재에게 봉사하는 즐거움 측면에서 더 낫다는 것이다. 자신의 모든 것, 육체, 혼, 정신을 바쳐 봉사해야 한다. 모든 사람에게는 기초 필수품을 소비할 권리가 있지만, 상류층이나 권력을 쥔 자들은 다른 수백만이 가질 수 없는 것을 가질 권리는 거부하고 욕구는 증폭시키지 않는 황금률을 따라야 한다.

(4) 비폭력적 노동-양식을 얻기 위한 노동

간디의 저작 전반에는 인간의 개인적 성장에 있어서 노동이 중요하다는 생각이 일관되게 나타나고 있다. 양식을 얻기 위한 노동이라는 교리는 러스킨, 톨스토이, 지타(Gita)에게서 영감을 얻은 것이다. 간디는 다음과 같이 말한다.

> 가난한 이들이 할 수밖에 없는 노동을 우리가 예를 들어 하루 한 시간씩 하는 것만큼 고귀하고 합리적인 행위는 없을 것이다. 이러한 노동을 함으로써 우리는 그들과 동화되고 또 그

들을 통해 전 인류와 동화될 수 있기 때문이다.[52]

간디는 그러나 그 누구에게도 양식을 얻기 위한 노동을 강요해서는 안 된다고 강조한다. 강요에 의한 노동은 빈곤, 질병, 불만의 씨앗이 되기 때문이다.

5) 비폭력적 배분-협력

간디는 경쟁을 믿지 않았다. 경쟁은 폭력으로 이어지는 경우가 많기 때문이다. 간디는 경쟁에서 인간의 품위를 떨어뜨리는 감각 자극적 패러다임과 물질주의의 극치를 보았다. 두려움과 불안에서 비롯된 경쟁은 탐욕과 폭력을 낳는다. 반면, 협력은 타인에게 봉사하고자 하는 우리의 욕구, 인간적 요소에 호소한다. 그러나 간디는 진정한 (비폭력적) 협력은 가장 기본적인 물질적 욕구가 충족된 다음에야 일어난다는 것을 강조해야 할 필요성도 인지하고 있었다. 이는 양식을 얻기 위한 개인의 노동에도 지역과 마을의 스와데시에도 적용되는 진실이다. 자원의 희소성을 해결하기 위해서는 양식을 얻기 위한 노동과 지역경제 구조의 양 측면에서 내부적인 욕구를 줄여 조화로운 사회로 나아갈수록 있도록 노력해야 한다.

(6) 비폭력적 분배-평등

간디에게 평등은 주로 두 가지를 의미했다. 첫째는 모든 사람에게 생존을 위한 기본 권리, 즉 생존에 필수적인 기본 욕구를 충족시키고 동료와 공동체 속에 녹아들어 존엄한 삶을 살 권리가 있다는 것이다. 간디는 이러한 목적을 달성할 방법으로 일자리를 찾지 못하는 사람에게 공짜 식사를 던져주는 것 같은 자선을 강하게 비판하고, 일하고자 하는 모든 이들의 고용을 보장해야 한다고 주장했다. 둘

52) 앞과 같음, p.42

째는 착취가 없는 상태로서의 평등이다. 간디는 착취적이지 않은 자본·노동 관계를 주창했고 지적 노동이 신체 노동을, 도시가 시골을 착취해서는 안 된다고 믿었다.

여기서 다시 노동, 지속 가능한 고용, 직업의 존엄성에 대한 간디식 접근법과 지아리니가 논한 탈공업적 접근법이 하나로 수렴한다. 지아리니의 접근법은 자유로운 기업 활동 및 공동체에 대한 무보수 봉사가 보완적인 기능을 하며 최소한의 일이 보장되고 기본적 욕구(주거, 식료, 건강, 교육)를 충족시키기에 충분한 임금이 지급되는 상황을 전제했다.

(7) 비폭력-경제 체제의 개혁

간디는 자본주의에 우호적이지는 않았다. 오히려 자본주의를 파괴하는 데 거의 전 생애를 바쳤다. 그러나 이데올로기를 폭력으로 박멸할 수는 없다. 자본주의자는 구원을 받아 수탁자로 전환되어야 한다.

간디의 생태계 보전에 대한 지향성도 명확했다. 간디는 비폭력을 강조함으로써 생태계보호라는 주제에 이르렀다. 간디가 말하는 평화란 보편적인 개념이었다. 그것은 개개의 인간 사이에 존재하는 사회적 의미로서의 평화만이 아니고 인간과 동식물 간으로 범위를 확장해 조화를 이뤄야만 성취할 수 있는 평화이다. 간디는 사람과 환경 간의 균형 달성에 대해 예리한 감각을 갖고 있었다. 간디는 인도 대중에게 본인이 사용할 면 보자기는 본인이 짜기를 장려했지만, 이는 그들에게 자립심과 자존심을 불어넣기 위해서만이 아니라 자본 사용을 최소화해 환경을 지키기 위해서이기도 했다. 간디의 이념은 경제의 중점을 자본에서 노동으로 바꾸는 것에 있었다.

4) 이슬람 경제학

코란의 가르침에 대해 사이갈은 이전 IUCN의 연구 결과를 재확인하는 것으로 결론지었다. 코란에 바탕을 둔 이슬람 문화는 경제적 생태적 지속가능성 개념을 발전시키는 데 있어 긍정적인 시사점이 많다.

코란은 자연계의 모든 것을 모든 생물의 공유재산으로 본다. 인간이 자연 자원을 사용할 권리는 사용권, 즉 수탁한 물건을 손상하지 않고, 파괴하지 않고, 소진하지 않는다는 상호 이해에 근거해 타인의 재산을 사용할 권리를 의미한다. 이슬람법은 토지, 물, 공기, 불, 숲, 일광 등 자연의 기본요소를 인간만이 아니라 모든 생물의 공유재산으로 간주한다. 이슬람의 사법 규정과 원칙에는 이 점이 매우 구체적이고 명확하게 나타나 있으며, 다음과 같은 코란의 가르침에 기초해 있다.

> 이 대지는 모두 신의 것
> 그 신자 속에
> 가장 마음에 든 자에게
> 하사하신다.
> 최후(의 승리)는 경건한 신자의 것(7:128)
>
> 하늘과 땅에 있는
> 모든 것은 신에 속하느니(22:64)

초기의 이슬람교 율법학자 아부 알 파라지(Abu al-Faraj)는 다음과 같이 말한다.

> 사람은 실제 재물을 소유하지 않는다. 진정한 소유자는 창조주이기 때문이다. 사람은 재물의 사용권이 있는 것일 뿐 모든

재물과 사용은 신의 법에 따른다.[53)]

또한 코란은 적당하고 낭비 없이 자원을 사용하는 방법을 가르치고 있다.

그러나 신은 낭비하는 자를 사랑하지 않으니
과도한 낭비를 해서는 안 된다. (7:31)

우주에서 유일하게 살아 있는 행성일지 모를 지구 위의 삼라만상은 아름답고 또 매우 복잡한 자연의 균형 속에서 얽혀 있다.[54)] 코란은 인간이 이 균형을 유지하고 자연의 질서를 어지럽히지 않도록 거듭 명한다. 균형이 흔들리면 인류는 멸망의 길로 들어서 결국 다른 창조물로 대체되리라는 것이다. 코란에는 다음과 같은 구절이 있다.

그들은 왜 보지 못하는가.
그들 이전에 얼마나 많은 세대를
우리가 멸망시켰는지.
우리는 너희들에게 준 적 없는 것을
단단히 지상에 세웠고
풍요로운 단비를 하늘로부터 쏟아내려,
발밑을 흐르는 비옥한 하천을 주었지만
그들의 죄로
우리는 그들을 파괴했고,
그 자리에 새로운 세대를 일군 것이다. (6:6)

---

53) Khalid and O'rien, eds, *Islam and Ecology*, 1992, p.7에서 인용.

54) Lovelock, 1979 등 참조.

인간을 신탁 받은 자, 즉 수탁자로 보는 개념은 부자와 빈자 간 커다란 격차를 없애기 위한 개념이다. 신탁(amanah)의 주제는 자본가와 지주가 축적된 부를 사회 전체가 함께 사용할 신탁물로 전환해야 한다는 믿음에 기반해 있다. 코란에 따르면 음식, 의복, 식수, 주거, 안전, 평화, 충족 등은 이슬람 사회 모든 구성원이 지닌 양보할 수 없는 권리이다.

이슬람교에 따르면 부는 풍족하지 못한 이들과 나누고 사회 전체에 이로운 일은 분담하여 수행해야 한다. 남는 부는 사회 전체의 복지에 할당되어야 한다. 이 부분에서 코란의 메시지는 단호하며 무조건적이다. 코란은 가난하고 궁핍한 이들에게 유복한 이들의 부에 대한 권리가 있다고 믿으며 이는 그들의 요구 여부와 상관이 없다.

그러나 금지된 상업활동도 있다. 일단 어떤 경우라도 기만적인 활동을 수행해서는 안 된다. 종교적으로 부정하다고 간주하는 상품을 거래해서도 안 된다. 와인, 돼지, 정해진 의식을 따르지 않고 도살된 동물의 고기 혹은 물과 풀과 불 등 모든 이가 공유해야 할 물품 등이 포함된다. 또, 경제의 자유로운 작동을 방해하는 행위도 금지사항이다. 예를 들어, 식품에 대한 투기, 특히 사재기는 금지이다. 그중에서도 주목할 만한 것은 불확실한 요소가 포함된 매매행위를 금지하는 것이다. 경매를 통한 매매가 한 가지 예인데, 매매자가 상품이 팔리기 전까지는 판매가격을 모르기 때문에 금지사항이다. 또, 정확히 숫자로 표시할 수 없는 물품(예: 한 그루의 야자나무에 열리는 열매)의 매매도 여기에 해당하여 가격이 명확히 정해진 경우라도 금지사항에 포함된다.

이슬람교는 리바(riba)라는 행위도 금지한다. 아랍어에서 리바는 초과 혹은 추가를 의미한다. 정통파의 해석으로는 리바에 대한 금지가 모든 종류의 이자에 적용되지만, 최근 나타나고 있는 수정론적 시각으로는 리바 금지가 폭리를 금지한 것이며 '신은 무역은 허용하였지만, 고리대는 금지했다(2:275)'라고 하는 코란의 명령을 이자 폐지가 아니라 분배의 불평등을 초래하거나 연장하지 않을 정당한 다른 금융 메커니즘으로 대체하라는 의미이다.[55)]

논란의 여지가 있는 사안이지만 사이갈은 이자를 허용하지 않는, 정통적 해석에 좀 더 가까운 경향을 보이며 리바 금지가 지속 가능한 개발에 미치는 영향을 평가했다.

주류 현대 경제원칙을 설파하는 이들은 이자를 부과하지 않는 것을 역행의 징표라 생각해왔다. 이슬람의 은행은 이자에 의존하지 않고 투자에 대한 지분 참여를 근간으로 설립되어 번창 중이다. 이것은 현대사회에서 혁신적 개발 장려에 주로 사용되는 수단인 벤처 캐피털 조직과 매우 흥미롭게 유사하다. 이런 견지에서 이슬람의 체제와 모험심과 진취적 기상을 장려하는 코란의 가르침은 생산과 혁신이 경제를 견인한다고 보는 탈공업화사회에 더 근접해 있다.[56)]

이러한 원칙을 따르면 누구도 부와 재산을 소유하지 않으므로 모두가 평등하고, 기업가 정신과 자선 의지가 넘치는 체제에 이르게 된다. 이러한 경제 체제에 기반한 사회는 모두가 평등한 형제의 사회로 비착취적이고 평화로운 사회일 것이다. 이자를 부과하지 않는다고 해도 현재를 위해 미래의 가치를 희생하는 것이 아니며, 따라서 미래 세대의 이익도 보장할 수 있다.[57)]

이슬람의 정신을 표방하는 체제라면 다음과 같은 변수를 따라 운영되는 것이 이상적이다.

- 오직 신의 법으로서만 지배받는 삼라만상의 본질적 통일성
- 사람은 수탁자로서 행위하며 더 나은 세계를 만들기 위해 행위하면 신의 부집행관이라는 높은 신분까지도 오를 수 있다.

---

55) 한 예로 Nawvi, 1995을 참조. 여기에 대립하는 견해로는 Ahmad, 1974 참조.

56) Drucker, 1992, pp.22-26 참조.

57) '경제'와 '환경'을 '지속 가능한 개발'에 통합하려고 하는 노력에서 '할인요인'의 중요성이 자원경제학자들에 의해 자연스럽게 강조되게 되었다.

- 경제적 진보와 조화로운 사회를 동시에 획득하기 위해 가장 혜택 받지 못한 구성원이 자원에 대한 제1순위의 권리를 가진다.
- 신의 법은 다양한 사회적 맥락에서 변화하는 시대의 요청에 따라 해석해야만 한다. 그를 통해 사회적 다양성이 생성된다.
- 개인적인 권리행사는 무제한으로 승인된 것이 아니다. 개인은 사회의 필요, 특히 가장 혜택 받지 못한 이들의 필요를 유념해야 하며 그에게 수탁자의 권리를 준 신과 모든 사안에 대해 상의해야 한다.
- 경제성장과 부의 분배는 별개의 과정이 아니라 서로 치밀하게 얽혀 있어 이음매 없이 매끄러운 인과의 그물을 형성한다.
- 모든 사람은 자아실현을 하고 행복을 누리며 충만한 삶을 살 권리를 보유한다.
- 모든 생물은 세상의 풍요로움을 누릴 권리가 있다. 신이 그러하듯 모든 창조물을 사랑하고 소중히 여겨야 한다.

4. 21세기 공동유산 경제학을 위한 원칙과 지침

이처럼 경제의 윤리적 측면은 문화에 따라 근본적인 차이를 보이며, 각 문화권 내에서도 상당한 차이가 존재한다. 도시의 윤리관과 시골의 윤리관은 다르며 가난한 이들과 부유한 이들, 노인과 젊은이, 여성과 남성의 윤리관도 다르다. 이 모두를 아우를 공통분모를 찾기는 쉬운 일이 아니다. 그러나 기본적으로 해양 세계의 본질, 즉 모든 것이 흘러 들어가 다른 모든 것들과 상호작용하며 불확실성이 지배하고 그 가치의 대부분이 측정 불가능한 그러한 바다의 본질을 생각하면 우리의 사고를 혁신해 서양식 소유개념을 역사 전반에 걸쳐 인류 대다수가 가졌던 생각에 더 근접한 모습으로 만들 수 있을 것이다. 인류의 공동유산이라는 개념을 다음 세기 신 경제 체제에서 우리가 추구하는 바로 그 공통분모이자 지속 가능한 개발의 기초로 적절히 개발한다면 가능할 일이다.

공동유산선언의 기반인 공통분모는 간결해야 하지만 최소치가 아니라 최대치로 설정되어야 한다. 선언문은 간결할수록 널리 퍼지고 더 오래 유효할 것이다.

이 장에서 살펴본 내용을 근거로 몇 가지 원칙을 잠정적으로 도출해 보면 다음과 같다.

1) 전체론적 접근[58)]

경제학에는 사회, 정치, 환경, 문화, 그리고 윤리적 측면이 있으며 전 인류의 목적과 복지에 초점을 맞춰야 한다.

2) 지방분권과 공동체를 기반으로 한 공동관리

고도의 기술과 현대적 관리의 원칙·방법론은 간디가 말한 공동체주의와 지방분권화 된 사회적 경제를 강조한다는 점에서 비서양적 종교의 사고방식 및 이상에 맞닿아 있어야 한다. 의미하는 바는 다음과 같다.

- 소비자 차원에서 절제력 강화, 에너지 효율의 개선, 혼잡 시간대 교통량 완화, 생산과 유통 시스템의 구조적 개선 등을 통해 자원을 절약한다.
- '자발적인 간소함'과 자기 절제를 통해 소비를 감축한다.
- 물질적 소비를 비물질적 소비로 치환하고 이를 수용. 즉 상품 소비를 줄이고 서비스 소비를 늘리거나, 시장 지향 경제활동에 소비하는 시간을 줄이고, 비경제활동이나 친환경적인 자족적 소규모 생산에 더 많은 시간을 할애한다.

---

58) '전체론적(holistic)'인 접근법은 개별화를 극복하는 것, '포괄적(inclusive) 접근법'은 개별적인 이해를 극복하는 것이다.

- 도시 재설계를 통해 도시 내 수송수요를 저감한다.
- 지방과 지역 경제 통합성을 개선해 자재와 제품의 장거리 수송을 줄인다.

3) 형평

경제정책의 목적은 최대 다수의 최대행복이 아닌(이런 경우 인구의 51%가 나머지 49%를 착취하는 것도 쉬워짐) 모든 이가 누리는 복지이다. 기본 전제는 모든 생명이 존엄성을 지니며, 존중받아 마땅하고 각 개인은 복지를 누려야 한다는 것이다. 경제정책의 관점으로 해석하면 모든 이들의 가장 기본적 물질적 요구(물, 음식, 주거, 건강, 교육)를 충족시키는 것에 최우선 순위를 두어야 한다는 의미이다.

4) 지식재산

지식재산권은 정보화시대와 지속 가능한 개발의 경제학이라는 맥락에서 검토하고 재편해야 할 것이다.[59)]

---

59) Herlan Cleveland는 정보혁명이 지식재산권에 미치는 영향을 거론하고 있다. 그 지적에 따르면, 정보는 공유되는 것이며 교환되는 것이 아니기 때문에 정보는 현실적으로 소유될 수 없는 것으로, '지식재산권'이라는 말은 그 자체에 모순이 있다(Cleveland, 1996). 해양의 지속 가능한 개발에는 큰 규모의 기술협력이 필요하다. 필요한 기술이 없으면 가난한 국가들은 새로운 책임을 수행할 수 없다. 특허 등의 지식재산권을 강화하려고 하는 작금의 움직임은 문제를 복잡하게 할 가능성이 있다. 이러한 이유에서 생물다양성협약에는 다음과 같이 기술되어 있다. "체약국은 특허권과 기타 지식재산권은 본 조약의 이행에 영향을 미칠 수 있음을 인정하고 그러한 권리들이 본 조약의 목적을 뒷받침하면서 그에 반하지 않도록 국내법령 및 국제법에 따라 협조한다(제16조5)." 이는 "지속 가능한 개발에 필요한 것과 확립된 지식재산권이 상충하는 경우 전자가 우선한다"라는 의미이다. 메이저 소프트 프로그램을 개발·소유하고 있는 리처드 스톨먼(Richard Stallman)은 『인터내셔널 해럴드 트리뷴』(1998년 3월 14일)과의 인터뷰에서 소프트웨어는 무료로 공유되어야 한다고 말한다. "우리의 소프트웨어는 저작권으로 보호되고 있습니다. 그러나 사용자에게는 복사하거나 변경 후 새로운 버전을 배포하는 등의 행위를 허락하고 있습니다."

5) 불확실성

사회경제정책에 관한 의사를 결정할 때는 체제에 내재한 불확실성을 항상 고려해야 한다. 불확실성을 완벽히 없앨 수는 없지만, 현대 보험 경제학자들이 개발한 것과 같은 **예방원칙**과 새로운 **위험관리** 개념을 적용하면 줄일 수 있다. 또한 첨단 과학기술 방법론에서 얻은 시각과 오랜 지혜와 경험을 통해 얻은 교훈을 조합하여 공동체 기반 공동관리 체계에 적용하면 더욱 불확실성을 줄일 수 있을 것이다.

6) 일

일은 자기 계발과 자기실현의 표현이며 인간의 기본적 권리이다. 탈공업화사회 이론들은 '일(work)'과 보수를 받는 '고용(paid employment)'을 구별하고, '봉사(service)'의 중요성을 강조한다는 점에서 동양 문화의 이상과 일치한다. 의미하는 바는 다음과 같다.

- 인간의 기본적 필요, 즉 주거, 음식, 건강 및 교육을 확보할 수 있는 최소한의 보수를 받을 수 있는 고용을 보장한다.
- 수입과 저축을 늘리기 위해 비상근직으로 고용되어 있는 시간 이외의 시간을 이용해 자영업과 '자유기업'을 운영한다.
- 일생 중 특정 기간 공동체를 위해 무보수 봉사에 임한다. 이를 통해 공동체의 재산은 증진되고 개인은 젊은 시절 공동체에서 받은 혜택을 다시 공동체에 환원한다.
- 이와 같은 체제를 지역 공동체 차원에서 공동운영을 기초로 실현한다.

7) 부

부는 다양한 자원, 즉, 생물, 유전자, 비생물 및 정신적인 것과 자본, 노동 또는 서비스 등의 복합물이다.

부는 플로가 아닌 스톡으로서 존재한다. 부는 GNP나 GDP가 아닌 경제적, 사회적, 문화적, 환경적 지표 등을 포함하는 인간개발지수로 측정하고 진정한 부와 복지의 창출에 공헌하지 않는 각종 활동으로 생성된 '차감가치'를 뺀 값이다.

8) 가치

재화의 가치는 '교환가치(시장가치)'에 있는 것이 아니라, '이용가치'에 있다. 특정 제품의 유상·무상의 서비스, 예를 들어 훈련, 유지보수, 수리, 재건, 재활용, 그리고 폐기 서비스를 통해 사용기간이 늘어나면 그 제품의 가치가 높아진다.

9) 소유

바다, 해양과 그 자원은 인류의 공동유산이다.

- '자원'이란 생물자원, 비생물자원, 유전자원을 의미하며, 국가의 관할권이 미치는 수역, 공해, 혹은 국제해저기구가 담당하는 해저 중 어느 곳에 존재하건, 미래 세대와 빈곤 근절을 위해 특히 빈국과 빈자의 필요를 고려하여 지속 가능한 상태로 관리되어야 한다. 평화와 안보는 지속 가능한 개발의 기초이며, 자원은 평화적 목적으로만 사용되어야 한다.
- 따라서, 인류공동유산의 원칙은 바다만이 아니라 지구 전체의 지속 가능한 개발의 토대가 된다. 인류 절대다수의 문화에 따라 원칙 적용은 바다의 부로 시작해 전반적인 부로 확대되어야 하며 인간은 개인적으로든 집단적으로든 부를 소유해서는 안 된다. 인간은 그저 부의 수탁자로서 시민 사회와 지방, 국가, 지역, 전 지구 차원의 국가통치제도 간 협력을 바탕으로 이를 관리해야 한다.

10) 국내 및 국제 세입

세수는 필요한 서비스의 수준에 따라 지방자치단체, 국가, 지역, 그리고 전 세계 차원의 거버넌스 간 공유할 수 있다.

해양을 시작으로 지구적 공유재산의 모든 상업적 활동에 대해 점차 개발세를 부과할 수도 있다.

무기와 마약 등의 상거래를 금지하는 윤리적 요구와 발맞춰 차감가치를 생성하는 활동에 세금을 부과할 수 있다.

11) 적응형 비선형 네트워크

경제의 전체적 방향 설정은 산재하는 많은 단위(개인) 간의 상호작용으로 결정된다. 한 단위의 행동은 다른 무수한 단위의 상태와 행동에 좌우된다. 그래서 필연적으로 복수의 균형점을 갖는 체제가 형성되며, 이에 특정 고유한 미래 상태를 예측하는 것은 불가능하다.

이들 단위는 상하 구조로 배열되지 않으며 모두가 자유롭게 자신의 길을 따라 목적에 도달한다. 목적은 하나이지만 길은 제각각이다.

이 길을 따라가다 보면 다음과 같은 경제에 도달하게 된다. 즉,

- 유연하고 적응력이 있으며, 창조적이고,
- 착취가 없고, 자산과 수입이 형평에 맞게 분배되며,
- 자연환경과 조화를 이루고 자기 절제를 통해 불필요한 소비가 제어되고,
- 문화가 확고한 경제에 이른다.

12) 비폭력

비폭력은 소유, 생산, 소비, 노동, 할당, 분배와 경제 체제 개혁에 적용되듯, 지속 가능한 개발을 지향하는 사회·경제적 체제의 기반

이 된다.

모든 분쟁은 평화적으로 해결되어야 하며, 통치의 각 단계에서 그 필요에 따라 적절한 기제가 설정되어야 한다.

제4장

법적 관점에서 본 바다

이 장에서는 '바다의 관점'과 '육지의 관점'을 비교해보려 한다. 육지와 매우 다른 매체인 바다는 우리에게 다른 사고방식으로 접근할 것을 요구한다. 우주공간에 중력의 법칙이 적용되지 않듯 많은 육지기반 개념은 바다 공간에 적용되지 않는다. 육지기반 개념이란 로마법이 생각하는 재산, '베스트팔렌 시대'적 주권, 또 물고기나 오염이나 간단히 무시해 버리는 '국가 간 경계' 등이다. 이 장에서는 인류의 공동유산이라는 개념에 초점을 맞춰 그 경제적, 환경적, 군비 축소적 측면, 나아가 '지속 가능한 개발'과 '포괄적 안보' 등과의 관련성을 다룰 것이다.

우선 유엔해양법협약(UNCLOS)을 간단명료하게 분석하는 것으로 시작하려 한다. 지나치게 법률적인, 그리고 아마도 일시적일 세부 사항은 가볍게 다루고 진정 혁신적인 '바다의 헌법'이라는 사고방식과 원칙에 중점을 둘 것이다. 유엔환경개발회의에서 발단하여 일련의 움직임을 촉발한 시스템 변혁적 개념이다. 이 모두를 유엔 시스템의 재구축이라는 보다 넓은 관점에서 살펴보려 한다.

1. 유엔해양법협약: 조감도

유엔해양법협약은 해저평화이용위원회에서 5년간(1968~1973년) 그리고 제3차 유엔해양법회의(UNCLOS Ⅲ)에서 9년간(1973~1982년)의 준비작업을 거쳐 1982년 자메이카의 몬테고 베이(Montego Bay)에서 채택되었다. 협약의 채택으로 국제법과 국제관계사에 획기적인 한 획이 그어졌으며, 유엔환경개발회의와 그 뒤를 이은 여러 회의, 조약, 협정, 계획[1]을 통해 21세기 새로운 정치, 사회, 경제로 나아가

1) 생물다양성협약, 기후변화협약, 어젠다21, 사막화방지조약, 소도서개발도상국(SIDS)을 위한 행동계획, 경계왕래성어족과 고도회유성어족의 보존관리 협정, 육상활동으로부터 해양환경을 보호하기 위한 범지구적 실천계획, 연안역 종합관리에 관한 행동계획, 유엔인간거주계획, 소셜서밋(Social Summit).

는 여정이 시작되었다.

유엔해양법협약은 17부 320조와 9개의 기술적 부속 문서로 구성되어 있으며, 크게 세 부분으로 나눌 수 있다. 첫 번째 부분은 제1부에서 제10부까지로 성격상 영역 설정에 관한 것이다. 이 부분은 해양의 공간 구성과 각 공간에서 개별 국가가 지니는 권리와 의무를 재정의했다. 영해(기선으로부터 12해리), 접속수역(추가로 12해리), 대륙붕(기선으로부터 최대 350해리), 공해(국가 관할 영역이 확대되면서 면적이 좁아지기는 했지만) 각각의 경계선을 설정해, 제1차 및 제2차 유엔해양법회의(UNCLOS Ⅰ, 1958년; UNCLOS Ⅱ, 1960년)를 통해서 해결책을 찾지 못한 몇몇 문제를 해결하였다. 또한 새로운 유형의 세 가지 공간도 정의했다. 하나는 배타적경제수역(EEZ, 기선으로부터 200해리)으로 나중에 설명하겠지만 기능과 영역 체제에 대한 가장 독창적인 조합이다. 또 하나는 군도수역을 갖는 군도 국가인데, 이전에는 공해였으나 이제는 국가의 가장 바깥쪽 섬 및 암초를 연결한 기선으로 경계가 정해진 광대한 영역이다. 마지막은 미래를 위해 가장 중요한 심해저이다. 국가 관할권 바깥에 존재하며 인류의 공동유산이라는 개념에 근거해 국제해저기구(ISBA)가 관리한다.

제11부는 협약의 가장 핵심적인 부분으로 심해저 체제를 영역적 특징과 기능적 특징의 조합으로 정의했다. 심해저는 협약 발효 10년 후인 2004년까지 '경계선'으로 범위가 정해진다는 점에서 '영역적'이다. 경계선 확정은 매우 복잡한 작업이기 때문에, 대륙붕한계위원회의 지원을 받아 완료될 것이다. 또한 심해저는 국제해저기구가 광물자원의 탐사와 개발 및 관련된 활동을 규제하고 관리할 배타적 권리를 행사함으로써 제한된 기능을 수행하므로 기능적이기도 하다. 배타적 권리는 지역 내 관할권 공유(과학 연구)와 심해저 내 국가의 권리(탐사 등)와 공존한다. 심해저 이용은 오직 평화적 목적에만 한정된다.

117개국과 두 개의 비정부기구가 1987년에 채택하고 서명한 이 협약에 따르면 국제해저기구는 다음과 같이 구성된다.

① 총회: 모든 체결국의 대표자로 구성되는 최고기관 및 정책 결정기관

② 이사회: 각 지역 및 이익 집단의 대표성 간 균형을 신중히 고려해 36명의 이사로 구성되는 기구의 집행부. 경제계획위원회와 법률·기술위원회라는 각 15명으로 구성되는 두 개의 전문위원회로부터 조언 및 보좌를 받음

③ 사무국: 사무국장, 즉 기구의 CEO를 장으로 함

④ 사업체: 기구의 활동 기관. 인류 전체를 대표하고 빈국의 필요를 특히 배려하며 탐사, 채광, 가공, 판매 등의 활동을 직접 실행할 목적이었음. 공업국이 독점하기 쉬운 첨단 기술 활동에 개발도상국이 참여할 기회 제공 가능

망간단괴의 탐사와 개발은 이른바 병렬 체제를 기반으로 하는데, 이는 한편으로는 사업체가 또 다른 한편으로는 국가나 기업이 기구에 사용료를 지불하고 라이선스를 얻어 사업을 진행하는 것이다. 제3의 방법은 많은 개발도상회원국이 열렬히 지지했음에도 불구, 가볍게 언급되기만 했다. 바로 합작(joint venture)을 통한 진행이다.

병렬 체제는 사실 미국에 양보한 결과였다. 미국은 1976년에 이를 제안하고 압력을 행사했다. 각 공업국과 민간기업을 사업체와 경합시킨다는 점에서 최선의 방책은 아니었을 수 있는데, 관련 문제가 끝없이 나타났다. 특히 기구에 내는 금액과 기술이전 측면에서 문제가 많았다. 육상 기반의 광물(니켈, 동, 코발트, 망간)을 해저에서 채취하게 되면 해당 광물의 육상 생산국은 수출 이익이 줄어들기 때문에 이들 국가를 보호할 목적으로 초기 과도기 동안 생산을 제한했고 이는 자유기업 옹호자들에게 또 다른 눈엣가시였다.

최초의 상업 채굴이 이루어지고 15년이 지나면 병렬 체제가 적절

히 기능하는지 평가하는 검토회의가 개최될 예정이었다. 사업체가 민간부문과 잘 보조를 맞추고 있는지, 심해저가 오직 평화적 목적으로만 활용되고 있는지 등 기본적인 사안을 점검하는 것이다. 기능부전이 발견되면 체제 수정을 할 계획이었다.

제11부는 근본적인 결함을 안고 태어났다. 현대의 첨단 기술이 필요로 하는 바에 대응하기보다 정치적·이데올로기적 타협의 결과물이기 때문이다. 기반이 된 특정 전제는 망간단괴가 심해저 자원 중 유일하게 경제적으로 흥미로운 자원이며, 국제 심해저에 모두 자리잡고 있고, 상업적 광업은 1980년대부터 개시될 것이며, 오직 선진국만이 이들 자원을 탐사 개발할 역량을 가지고 있다는 것이었는데, 이후 모두 착각이었음이 드러났다. 하지만 이것이 1970년대 당시에는 국제사회가 고안해낼 수 있는 최고의 방법이었으며, 제11부가 설계한 국제해저기구의 모습이 인류의 공동유산이라는 원칙을 실현할 수 있는 유일하게 실재하는 모델이었다.

협약 비준이 1980년대를 거치며 지지부진해지고 더구나 비준국이 개발도상국에 한정되면서, 유엔 사무총장은 제11부에 대한 '비공개협의' 과정을 1990년에 개시했다. '동 협약이 보편적으로 수용될 수 있도록' 하는 목적이었으며 특히 1982년 당시 미국을 위시해 서명을 거부한 국가들을 포함하려는 의도였다. 그 결과 1994년 11월 16일에는 유엔해양법협약의 효력이 발생하였고, 협약과 동시에 잠정적으로 효력이 발생한 1994년 '이행협정'도 체결되었다. 이행협정은 1996년 7월에 필수 비준 정족수를 획득해 항구적 효력을 얻었다.

이행협정은 1970년대의 이데올로기적 공포증을 다루었을 뿐, 1990년대와 21세기의 현실적 문제에는 대처하지 않았다. 개발도상국이 70년대에 획득했다고 믿은 모든 혜택이 사라져버렸다. 사업체는 무기한으로 운영이 중단되었고, 생산 제한은 폐지되었으며, 기술이전은 취소되어 합작 상대방의 선의에 달린 사항이 되어 버렸다.

형평성을 지켜야 할 이사회에서마저 힘 있는 3개 부국('투자자')이 무엇에든 거부권을 행사하는 형태로 결정을 조작할 수 있었고, 강력한 '재정위원회가 설립되어 기구 운영을 관장할 각 조직 간 회합이 '비용효율적'이지 않으니 때가 되면 개최를 중단하자고 결정할 수 있는 권한도 지니게 되었다.

이행협정은 현실적인 문제들을 다루지 않았다. 즉 한편으론 망간단괴의 상업적 채광이 향후 20년간 이루어지지 않을 것이라는 문제와 또 한편으론 과학과 기술이 급속히 진보하는 상황에서 협약과 협정으로 미처 관리 체제를 마련하지 못한 새로운 자원이 속속 발견되고 있는 문제에 대처하지 않은 것이다.

국제해저기구는 이행협정에 근거해 1994년 11월 16일 자메이카에 설립되었다. 1998년 예산은 460만 달러를 상회한다. 그 의제는 1970년대에 머물러 있다. 기구는 애써 그 이상을 보지 않으려 한다. 기구의 장래는 불확실하다.

협약의 세 번째 주요 부분은 제12부부터 제15부이다. 이 부분은 명확히 비영역적인데 해양환경 전체를 다루면서 해양과학 연구 및 개발 기술이전을 지구적, 지역적, 국가적 차원에서 살펴보고 가장 포괄적인 방법으로 논쟁 해결을 시도한 부분이다.

제12부는 오늘날까지 유일하게 현존하는 포괄적이고 보편적이며, 구속력과 강제력이 있는 국제환경법에 관한 내용이다. 국제환경법은 전 세계 해양환경을 망라하며 농·공업에서 발생하는 폐기물, 화학물질, 혹은 기타 유해 물질 등 모든 종류의 오염을 규제한다. 환경문제는 국제사법재판소와 국제해양법재판소에서, 혹은 중재나 기술전문가가 담당하는 특별중재를 통해 구속력 있는 해결 절차를 밟아 처리해야 한다. 집행책임은 연안국, 기국, 항만국에게 있다. '항만국(Port state)'은 국제법에서는 새로운 개념이지만, 환경 및 어업 규제 집행에 있어 점점 중요한 구실을 하고 있다.

제12부는 이미 수립된 혹은 앞으로 수립되어야 할, 말 그대로 수백 개의 지리적, 기능적 협약 혹은 협정으로 채울 기본 틀을 제시하고 있다. 특정 지리적 영역에 국한되거나, 특정 오염원 혹은 특정 유형의 오염원만을 다루는 협약들이다.

따라서 제12부는 위대한 유엔환경개발회의(1992년 리우회의)의 모태라 할 수 있다. 제12부가 없었다면 유엔환경개발회의는 개최될 수 없었을 것이다. 그리고 유엔환경개발회의에서 비롯된 모든 협약, 계획, 협정은 그 반대급부로 중요한 해양 요소를 지니고 있어, 이제 유엔해양법협약 규정과 상호작용을 하고 있다. 이제 우리 앞에 놓인 과제는 다음 세기 더 나은 세계 질서를 구축하는 과정에서 이들을 최대의 시너지를 창출하며 활용하는 것이다.

제13부는 해양 과학 조사의 새로운 체제를 제시한다. 이 부분은 세 가지 탁월한 장점이 있는데, 일단 첫째는 제13부뿐 아니라 협약 전반적으로 현대 통치 구조에서 과학기술이 응당 지녀야 할 중요성을 인정했다는 것이다. 많은 국가 헌법이 참고할 만한 시각이다. 협약 320개 조항 중 거의 3분의 1에 달하는 약 100개의 조항이 어떤 형태로든 과학과 과학 기반 기술에 관해 다루고 있다. 이 부분에서 역시 유엔해양법이 선구적 역할을 이끈 것은 우연이 아니다. 과학기술은 오늘날 모든 부문의 의사결정에서 근본적인 중요성을 지닌다. 과학기술 없이는 경제발전을 상상할 수 없다. 경제 성장의 85~90%가 과학 기반의 기술 혁신 덕분이며 물질 혹은 자본을 투입했기 때문이 아님을 상기하는 것으로 충분할 것이다. 그러나 과학기술이 기본적 필요를 충족시킨 후 탐구해도 좋을 사치가 아니며, 모든 개발 격차 중 가장 최악의 격차인 과학기술 격차를 좁히기 위해 뭔가 하지 않으면 기본적 필요를 충족시킬 수 없다는 사실을 재빨리 인지한 국가는 아직 많지 않다. 이 상황에서는 과학기술을 강조하는 것이 위험할 수 있다. 선진국과 개도국 사이 이미 불균형이 존재하는

상황에서 선진국들이 해양 거버넌스에서도 우세함을 더욱 굳혀 나갈 수 있는 것이다. 과학기술 개발 격차를 줄이기 위해 전례 없는 노력을 기울여야 하는 이유이다.

과학기술이 전면으로 대두되는 이유는 바다의 본질 때문이다. 해양 과학기술 없이는 해양 자원의 조사·개발·관리·보전을 하는 것도, 안전한 항행과 연안 관리를 하는 것도 말 그대로 불가능하다. 해양환경의 본질적 특성 때문에 해양과학은 물리, 화학, 생물학, 사회과학을 통합한 학제적 접근이 필요하며, 전 지구적 차원에서 해양을 탐구하고 육지 및 대기와의 상호작용을 모두 다루려면 국제적으로 연구가 이루어져야 한다.

제13부의 두 번째 장점은 첫 번째 장점에 뒤이어 양자, 지역, 글로벌 차원에서의 협력을 꾸준히 강조한 것이다. 사실 해양법협약에서 협력은 의무사항이다. 협력'해야 한다'라는 것이지, 협력할 '필요가 있다'나 협력할 '수도 있다'가 아니다. 이러한 종류의 조항은 스리랑카의 국제법 전문가인 크리스토퍼 핀토(W. Christopher Pinto) 대사가 국제협력법이라는 신분야를 제안하는 계기가 되었다.

제13부의 세 번째 특히 뛰어난 장점은 해양과학 연구를 오로지 평화적 목적으로 수행해야 한다고 명시한 것이다. 공해와 심해저 이용을 평화적 목적에만 한정한 조항만큼이나 흥미로운 조항이다. 물론 전 세계 각국의 국방부가 전쟁을 목적으로 해양의 과학적 조사를 지속하고 강화해 나가는 것을 다 막을 수는 없겠으나, 앞서 강조한 국제협력과 이 제13부를 맞춰 읽는다면 새로운 국제협력법이 수립될 것이고 이 같은 국제협력법이 더 많이 수립될수록 더 많은 해양의 과학적 조사가 오직 평화적 목적으로만 이행될 것이라 추론할 수 있다. 해양과학 연구에는 자금이 필요하다. 자금 조달은 국방부를 통해서 혹은 국제협력을 통해서 이루어질 것이다. 국제협력을 통해 조달된 자금이라면 전쟁 목적으로는 쓰이지 않을 것이다.

이것이 미래로 가는 새로운 길을 열어줄 유엔해양법협약의 면모이다. 각국 정부가 해양의 과학적 조사에 그 어느 때보다 관심을 보이는 것은 이미 분명하다. 해양학연구소가 전 세계적으로 빠르게 늘어나고 있으며, 학제적 성격의 연구소가 대학 내 속속 설립되고 있다. 해양 대학이 세워지고, 전 세계 여러 기관에 30년 전에는 거의 알려지지 않았던 해양 관련 연수, 자격증 혹은 학위과정이 도입되었다. 그러나 제13부에는 과학발전에 추월당해 일부 시대에 동떨어지게 된 내용도 담겨 있다.

제13부는 이른바 '동의제도', 즉 전체 해양공간 중 개별 국가의 관할권에 놓인 약 3분의 1의 영역에서 타국이 연구 진행을 희망할 때 해당 관할권을 지닌 연안국, 도서국, 혹은 군도국의 동의를 얻도록 하는 제도를 제시했다. 몇몇 예외를 제외하면 관할국은 원칙적으로 연구요청에 동의해야 한다. 대신 연구수행 국가는 옵서버를 연구수행 선박에 동승시키고 데이터나 샘플을 공유하는 등의 의무사항을 준수한다.

1970년대에는 이 동의제도가 조사연구 성과 공유를 통해 빈국이 혜택을 받을 수 있는 괜찮은 해결책처럼 보였다. 그러나 원격탐사기술이 지난 수십 년간 비약적으로 발전했고, 이전에는 현장 연구가 필수였던 많은 연구 과제나 자원탐사 과제가 고공을 비행하는 비행기나 위성을 통한 원격탐사로 진행될 수 있을 만큼 해상도가 완벽해졌다. 경제적 이익을 보호하고 국가 안전을 보장하기 위해 동의제도에 의존하는 것은 이제 현실성을 잃었다. 해양과학 연구를 지역적, 전 지구적 협력을 통해 더욱 국제적 수준에서 추진하고 개발도상 연안국을 과제 운영에 참여시키는 것이 훨씬 나은 방법이다.

제14부는 개정 전의 제11부와 함께 국가적, 지역적, 그리고 전 지

구적 차원에서 기술협력, 개발 그리고 '이전'[2]을 실행할 수 있는 최선의 제도적 틀을 제공한다. 또 유엔 조직이 자금 공여국과 마찬가지로 개발도상국을 지원해 해당국의 과학기술 기반시설 개선을 도모할 것을 의무화하고 있다. 지역 차원에서는 과학기술 개발 및 기술이전을 위한 센터를 설립하라고 명시했는데, 지금까지는 실행되지 않았지만 이제 실행할 때가 된 조항이다. 전 지구적 차원에서는 다양한 '권한 있는 국제기구'에 점점 중요해지는 역할을 맡겼다. 이들 기관은 어업에 관한 FAO, 해양의 과학적 조사에 관한 정부간해양학위원회(IOC), 해운에 관한 IMO, 환경보전에 관한 유엔환경계획, 광업에 관한 국제해저기구이며 각각 새로운 추가 책무를 받았다.

제15부와 그 관련 부속서가 설계한 평화적 분쟁 해결 체계는 지금까지 국제사회가 수용한 가장 포괄적이고 가장 구속력 있는 체계로서 널리 그리고 당연히 환영을 받았다. 이 분쟁 해결체계의 주된 장점은 당사국이 서명 여부를 결정할 수 있는 선택적 해결 절차가 아니라는 것이다. 즉, 협약의 핵심 부분에 포함되어 있어 협약을 비준하는 바로 그 행위를 통해 제삼자에 의한 구속력 있는 분쟁의 해결도 미리 받아들이게 되는 것이다. 이것은 국제법, 평화, 안보의 발전에 있어 커다란 진전이며, 현 유엔 사무총장이 지적했듯이, 유엔 전체에 도입되어야 할 원칙이다.[3] 동시에 제15부는 당사국이 분쟁 해결을 위해 선택할 방법 또는 포럼 면에서는 굉장한 유연성을 보여준다. 일단은 당사국이 양자 협상을 통해 분쟁을 해결하라고 강력하게 권고하지만, 양자 교섭으로 해결이 되지 않으면 구속력 없는 조

2) '이전'을 강조한 이유는 이 단어의 의미가 전통적 의미는 이제 아니라고 생각하기 때문이다. 하이테크놀로지의 본질은 기존 테크놀로지와 질적으로 다르다. 하이테크놀로지는, 하드웨어, 자본, 물질보다도, 소프트웨어, 지식, 정보를 기반으로 하는 부분이 훨씬 크다. 이것은 살 수 있는 것이 아니다. 배우지 않으면 안 되는 것이다. 그 변화가 가져오고 있는 제도적 의미에 대해서는 제5장에서 논한다.

3) Boutros-Ghali, 1993.

정(conciliation) 절차를 따를 수 있으며, 이마저도 실패한다면 헤이그에 있는 국제사법재판소 혹은 함부르크에 신설된 국제해양법재판소에 제소하거나, 중재 재판을 통해 중재(arbitration)를 받을 수 있는 규칙을 제시했다. 협약은 두 개의 새로운 개념을 도입하고 있는데 첫 번째는 '의무적 조정'으로, 구속력 있는 분쟁 해결의 의무가 없는, 주권적 권리를 지닌 연안국이 관할하는 배타적경제수역에서 어획량은 어디까지 허용할지 결정하는 사안 등에 적용된다. '의무적 조정'이란 상기 면제권에도 불구, 소송국이 조정 절차를 필수적으로 거쳐야 함을 의미한다. 물론 조정위원회의 의견을 받아들여야 할 의무는 없다. 두 번째 획기적인 개념은 '특별중재'이다. 어업, 해운, 해양과학 연구, 혹은 환경과 관련된 기술적 사안에 이슈가 발생 시 재판관이 아닌 '권한 있는 국제기구'가 보유한 전문가 명단에서 정부 추천을 받아 선정된 전문가로 구성된 중재판정부에 해결을 의뢰하는 것이다. 이들 조직을 어떤 방식으로든 분쟁 해결 과정에 개입시킨 것은 처음 있는 일이다. 제11부(심해저의 광업)의 해석이나 실행과 관련한 문제는 국제해양법재판소의 해저분쟁재판부가 취급한다. 국제해양법재판소에서 특히 흥미를 끄는 부분은 해결해야 할 분쟁의 성격을 고려해 당사국뿐 아니라 비국가 주체, 예를 들어 채광기업, 비정부기구, 심지어는 개인조차도 재판의 장에 설 수 있도록 한 것이다.

제15부는 어떤 면에서는 협약의 모든 구성 조직을 하나로 통합하는 부분이다. 21명의 재판관은 체결국 회의에서 선출된다. 재판관의 임기 만료가 겹치지 않도록 3년마다 회의를 열어 재판관 3분의 1을 새로 임명한다. 매 3년 회의는 재판관 임명과 재판소의 예산을 검토 결정하는 한정된 기능만 수행한다. 해당 기능은 제15부를 포함한 협약 전체를 검토하고 개정하는 기능으로까지 향후 확대되어야 할지 모르겠다. 현대에 들어 체결된 대부분의 협약이 정기적 조항 검토회

의 체제를 갖추고 있으며, 이러한 체제가 협약의 현재성을 유지하고 급격히 변화하는 환경에 대처하기 위해 필수적임을 고려할 때, 해양법협약에 정기 검토회의를 위한 조항이 없는 것은 사실 놀라운 부분이다. 제11부를 위한 재검토 회의가 폐지된 이상 전체 협약의 검토 과정의 일부로서 정기 회의를 재도입하기에 적절한 시기라 생각한다.

마지막 부분, 즉 제16부와 제17부는 당 협약의 효력 발생, 개정 등에 관한 조항과 잠정조치 등, 주로 실무적 절차 사항을 포함하고 있다. 주목할 만한 조항은 제311조 제6항으로 체결국은 제136조가 규정하는 인류의 공동유산에 관한 기본 원칙을 변화시키는 그 어떤 개정도 하지 않아야 하며, 이 기본 원칙을 위배하는 어떠한 협정도 체결하지 않아야 함을 명시하고 있다. 이 조항은 인류공동유산이라는 원칙을 국제법상의 강행규범(jus cogens)으로 격상시켰으며, 이 원칙은 진작 중요도를 인정받아야 했고 미래에는 당연히 중요해질 것이다.

2. 주권

제3장에서는 바다의 고유한 특성이 세계 경제를 몇 세기에 걸쳐 지배해온 서양적 '소유'의 개념을 어떻게 변화시켰는지 보여주려 노력했다. 바다는 인류의 공동유산이라는 개념을 통해 사실 역사 대부분에 걸쳐 인류 대다수가 믿어온 바인 수탁자로서의 **소유개념**으로 우리를 이끈다.

이 장에서는 해양에 영향을 미치는 오랜 두 가지 개념을 살펴보고자 한다. 바로 주권과 영토 경계이다. 가치관과 감정이 깊게 개입된 이 두 가지 개념은 소유개념보다 더 논란과 분쟁의 대상이다. 상호 의존성과 '세계화'가 심화되어가는 우리 시대에 들어 '주권'에 위기가 닥쳤으며 인류의 대다수를 차지하는 개발도상국들이 단호하게 주권을 방어하고자 하는 부분은 이미 전반적으로 알려진 상황이다. 개발도상국의 입장은 물론 충분히 이해가 간다. 비교적 최근에 주권을 확립한 이들 국가에 주권은 빼앗길 수 없는 권리인 동시에 식민 시대 이후 나타난 새로운 유형의 착취에 대항할 필수 방어체제이기 때문이다.

주권의 엄밀한 정의 또는 보편적으로 합의가 이루어진 정의는 존재하지 않는다. 시간의 흐름에 따른 주권의 진화과정을 들여다보면 다음과 같은 세 가지 관찰 결과를 얻을 수 있다.

첫째, 주권은 항상 두 개의 얼굴, 대내적인 면과 대외적인 면을 가지고 있었다. 대내적으로는 지배자가 피지배자에 대해 가지는 주권, 대외적으로는 타국과의 관계에 있어서 국가가 지니는 주권이다. 역사적으로는 대내주권 쪽이 더 중요했다. 16세기 프랑스에서는 장 보댕(Jean Bodin)이 반항적 봉건영주들로부터 왕권을 지키기 위해 대내주권을 사용했다.

오늘날 주권은 이 내외 양면으로 공격을 받고 있다. 약 300년 전 민족국가의 시대가 시작된 이래, 휴화산처럼 잠자고 있던 민족적, 언어적, 종교적 압력이 분출되며 국가가 분열되고 있다. 이와 동시에 각국은 경제적, 환경적, 기술적 압박 속에, 또 국가 차원의 체제로는 도저히 다룰 수 없는 개별 국가 관할권을 초월하는 문제를 해결하기 위해 초국가까지는 아니어도 확실히 국제적인 조직을 만들어나가고 있다. 이 두 가지 흐름이 당황스러울 정도로 상반된다고 보는 시각이 많으나 사실은 그렇지 않다. 둘 다 주권이 대내적, 대외적 양 측면에서 해체되어가며 나타나는 결과이다.

둘째, 주권은 시간의 흐름과 함께 일원적인 개념에서 다원적인 개념으로 변모했다. 1791년의 프랑스 헌법은 다음과 같이 서술하고 있다.

"주권은 유일, 불가분의 권리이자 양도 불가, 불가침의 권리로 국가에 귀속된다. 특정 집단이 자신들에게 귀속시킬 수도, 개인이 부당하게 자신의 것이라 주장할 수도 없는 권리이다."

하지만 대내적으로는 민주주의 정치체제, 대외적으로는 더욱 그물망이 촘촘해진 국제 조약 및 협약이 이러한 일원적 개념을 금세 잠식해 들어갔다. 연방주의는 '공유주권'이라는 이론을 제안했으며, 해럴드 라스키(Harold Laski) 등은 더 나아가 '다원적 주권'을 추진했다. 다원적 주권이란 여러 정치, 경제, 사회, 종교 집단이 때에 따라 정부를 지배할 수 있는 주권 개념이다.

셋째, '주권'은 이러한 분리의 흐름을 통해 영역적 개념의 지위에서 기능적 개념의 지위로 옮겨갔다.

미키스 마놀리스(F. Mikis Manolis)[4]는 특히 존 러기(John Gerard Ruggie)의 작업에 기반해 해양과 국경을 가로지르는 수로가 이러한 지위 변화의 과정에서 어떤 역할을 했는지를 자세히 설명했다.

영토가 고정된 국가가 형성되면서 다음에서 러기가 이야기하는 '절대적 개별화의 역설'도 나타났다.

영토가 고정된 국가를 수립했고, 해당 영토가 개별적, 배타적 소유라 주장했으며, 이것을 국제사회 구성의 토대로 확립했다. 이 새롭게 정해진 영토의 지배자들이 영토 내에서 해결책을 찾을 수 없는 문제에 대응하려면 어떤 수단이 남아 있을까?[5]

해양공간에 있어서는, 마놀리스가 지적하듯, 휴고 그로티우스

---

4) Manolis, 1996.

5) Ruggie, 1993.

(Hugo Grotius)가 자유로운 해양이라는 원칙을 통해 이 문제에 대한 해결책을 고안해냈다. 그가 발견한 것은 "해양을 그 어떤 국가의 점유 대상도 아닌 공유물, 즉 모두를 포괄하는 공유의 공간으로 기술함으로써 상호 배타적인 영토성을 완전 부정하고 이를 통해 절대적 개별화의 역설을 완화하려는 시도"였다. 그의 주장은 이러한 접근법이 "더는 단순화할 수 없는 초영역성에 다름 아닌" 집합적 존재의 여러 모습을 설정하고 다루는 수단으로서 영역성의 '분해'라는 개념을 내재하고 있다는 것이다. '주권의 일원적 개념을 분해'하는 다른 형태로는 공동시장, 정치적 공동체와 기능적 제도 등이 있다. 아래에서 다시 다룰 주제이다.

배타적경제수역은 기능적 제도가 더 진화한 예이다.

> 주권적 영유권에 전통적으로 포함되는 권리 패키지를 분해 혹은 분리한다는 견지에서 배타적경제수역은 상호 배타적 영유권의 부분 부정을 내포한다고 할 수 있다. 항행과 상공 통과 등의 활동을 위한 비 배타적 이용권과 근린 연안국이 향유하고 있는 생물·비생물 자원의 개발 등 자원·경제활동에 관한 배타적 권리가 같은 지리적 공간을 대상으로 하기 때문이다.[6)]

나아가 1982년의 유엔해양법협약은 다른 곳에서 설명했듯이[7)] 주권의 개념을 제한, 변형, 초월하고 있다.

협약은 다음과 같이 주권을 제한한다.

- 분쟁의 평화적 해결을 의무화하여, 포괄적 분쟁 해결 체계를 창설한다. 이를 선택 가능한 절차가 아니라 모든 체결국에 구

6) Manolis, 1996.

7) Borgese, 1995.

속력을 발휘하는 협약의 중요 부분으로 포함한다.

- 자원을 관할하는 '주권'에 보전, 환경 보호, 그리고 심지어 어느 정도 공유까지 해야 할 의무를 부과한다.
- 환경, 자원관리, 해양의 과학적 조사, 기술개발과 이전 등에 관한 협력을 의무화한다.
- 국제관할지역에서의 자원개발뿐 아니라, 심지어 개별 국가 관할지역(200해리 이원의 대륙붕)에서의 자원개발에도 국제세를 부과한다.

협약은 또한 다음과 같이 주권을 변형시킨다.

- 주권을 '주권적 권리(sovereign right)'[8]에서부터 '배타적 권리,'[9] '관할권과 통제,'[10] 공유'관할권'[11]에 이르는 권리의 다발로 나눈다. 주권적 권리와 공유 관할권이 같은 공간(배타적 경제수역, 대륙붕, 군도수역)을 대상으로 공존하면서 라스키가 이야기하는 '다원적 주권론'에 새로운 측면을 부가한다.

나아가, 협약은 국가와 비국가 조직을 동등하게 혹은 거의 동등하게 취급하고 있다. 협약 전반에 걸쳐 '국가 및 권한 있는 국제기구'라는 표현을 사용하고 있는데 이 또한 '다원적 주권론'이 적용된 경우이다. 비정부기구, 기업('법인') 혹은 개인조차도 국제해양법재판소

---

8) 제60조.

9) 제81조.

10) 제94조.

11) 제79조.

(해저분쟁재판부)에서 자격을 갖는다.[12] 유럽연합과 같은 비정부기구도 협약의 당사자이며 국제법의 주체이다.

국가와 비국가 주체의 균등대우(parification)는 유엔해양법협약이 채택되고 15년이 흐르면서 더욱 진보하였다. 1992년 유엔환경개발회의와 이를 이어받아 개최된 일련의 회의에서 비정부기구가 중요한 역할을 담당하며 발전하였고, 비정부기구(투표권 포함)에서 국가와 동등한 권리를 부여한 지속 가능한 개발에 관한 지중해위원회(MCSD)가 설립되며 한층 진전하였다.[13] 이제 1998년에 열리는 유엔무역개발회의(UNCTAD)에서는 완성을 보게 될 것이다.

국가와 비정부기구 간 상호작용과 균등 대우의 또 하나 흥미로운 예는 국제자연보전연맹(IUCN)이다. 이 국제기구에는 국가와 비정부기구가 함께 회원으로 가입되어 있다.

마지막으로 유엔해양법협약은 인류공동유산 원칙을 기반으로 주권이라는 개념을 초월하고 있으며, 이는 비소유 및 비주권의 원칙이다.

제137조는 다음과 같이 선언하고 있다.

① 그 어느 국가도 심해저 또는 심해저 자원 일체에 대해 주권 또는 주권적 권리를 주장하거나 행사해서는 안 되며, 그 어느 국가, 자연인 혹은 법인도 심해저 또는 심해저 자원을 전용해

---

12) 국제사법재판소에서는 개인이 소를 제기할 수 없다. 세계적 차원에서 이는 혁신이다. 지역 차원에서는 유럽사법재판소에서는 개인이 소를 제기할 수 있다. 주권 개념에 미치는 영향은 1963년 유럽사법재판소의 다음 판결문에서 엿볼 수 있다(*American Journal of International Law 58*(1)). "유럽공동체는 국제적 성격의 새로운 법질서를 구성하고 있다. 그것을 이용하기 위해 비록 일부 지역이지만 국가가 그 주권을 제한하게 되었다. 그리고 회원국만이 아니라 그 국민도 또 그것에 따르지 않으면 안 되게 되었다. 따라서 유럽법은 각 회원국의 입법에서 독립해 있으며, 개인에게 부담을 주게 되는 한편, 종래에는 없었던 법적 권리를 발생시키게도 되었다."

13) 하지만 일찍이 1918년에 ILO에 의해 최초로 채택된 방식에 따라 각 정부에 의해 선정된 것이다.

서는 안 된다. 해당 주권 혹은 주권적 권리의 주장, 행사 또는 전유는 그 정당성을 인정받을 수 없다.

② 심해저 자원에 관한 모든 권리는 인류 전체에 귀속되며 기구는 인류 전체를 대표해 행위한다.

이 조항은 인류 전체에 주권적 권리를 부여하는 것이라 감히 말할 수 있을 것이다. 고故 장 르네 듀퓨(Jean René Dupuy)[14]가 취한 입장이기도 하다. 조항은 이렇게 국제법의 대상이 되었다. 주권국가라는 개념을 궁극적으로 초월한 것이다.

3. 과거로부터의 교훈

앞서 지적했듯 기능적 제도, 공동시장, 정치적 공동체 등 주권을 분리하는 방법은 다양하면서도 모두 한곳에서 수렴되기도 한다. 사실 유럽석탄철강공동체 혹은 슈만계획(Schuman Plan)의 체제와 해양 체제 간에 일정한 유사성을 발견할 수 있고 거기에서 교훈도 얻을 수 있다.

석탄과 철강은 경제발전을 위한 중요한 자원이자 전략적 자원이었다. 프랑스의 천재적 경제관료 장 모네(Jean Monnet)는 이 같은 석탄과 철강 자원의 관리 운용을 위탁할 국제적 제도를 창설하면 전쟁으로 피폐해진 유럽의 경제적 회복과 발전, 그리고 독일의 전쟁 도발 가능성을 제거해 유럽의 안전을 보장하는 두 가지 목적을 달성할 수 있다는 것을 인지했다. 전략적인 석탄·철강 산업이 국제화되면 전쟁에 사용될 수 없기 때문이다.

새로운 단계에 접어든 산업혁명의 맥락에서 심해저 광물자원의 중요도는 이전 시기의 석탄·철강 자원에 필적한다 할 수 있다. 심해저 광물자원 또한 경제발전 측면에서, 그리고 전략적 측면에서 중요

---

14) 개인적 소통

하다. 아비드 파르도(Arvid Pardo)는 심해저 광물자원 및 그 생산을 위해 개발될 첨단 기술을 국제화하면 경제발전과 해양 안보를 동시에 증진할 수 있어 군비 경쟁과 심해저의 난개발을 예방할 수 있으리라 예측했다.

석탄과 철강의 경험으로 얻을 수 있는 교훈은 경제 체제의 한 부문을 나머지로부터 혹은 경제를 정치로부터 분리하는 것이 불가능하다는 것이다. 석탄철강공동체는 유럽 통일의 계기가 되기도 했다. 심해저 채광 체제가 전 세계적으로 비슷한 역할을 할 운명일지도 모른다.

우리는 석탄철강공동체와 태동기에 있던 국제해저기구와의 유사점을 일찍이 1970년 제1회 세계해양평화총회(Pacem in Maribus: PIM)[15]에서 지적했다. 당시 샤인골드(Scheingold)는 석탄철강공동체의 성공을 다음 두 가지 요인에서 찾았다. 첫째는 당시 정권을 잡고 있던 기독교 민주주의파의 지도층이 시장 경제를 전적으로 유지하는 와중에도 석탄·철강 산업을 자유무역의 변덕스러움에 맡기기보다 공유하기로 결정한 것이다. "자유무역협정은 너무 수명이 짧았다. 우리가 필요한 것은 각 회원국의 기간산업을 공고히 결합해 줄 일종의 산업적 상호 침투였다." 두 번째는 해당 지도부가 조직을 설립해 국가뿐 아니라 법인도 규제할 권한을 가진 주체가 이끌어야 한다는 부분에서 해당 지도부가 뜻을 같이했다는 것이다.

인류의 공동유산 원칙에 따른 국제해저기구는 이 두 개의 조건을 충족시킨 셈이다.

비록 시장지향적 이행협정이 1994년 7월 체결되면서 국제해저기구를 운영 불능상태로 만들었지만, 이는 일시적이며 인류의 공동유산이라는 원칙은 온전히 남아 있다는 기대가 있다. 경제발전, 환경 및 자원 보전, 형평, 평화 및 안보라는 네 개의 측면을 지닌 공동유

15) Scheingold, 1972.

산 원칙은 지속 가능한 개발의 근본적 기초이며, 그 외 다른 기초로는 지속 가능한 개발을 성취할 수 없다. 이 원칙은 비서양 문화로 통하는 교각을 놓는다. 서양의 패권이 종식되어야 할 시기에 필요한 다리이다. 이것은 비소유가 그렇듯 비주권의 원칙이며 후기 산업사회의 과학, 기술, 환경적 필요와 '세계화'의 긍정적 측면에 부합하는 원칙이다. 근본적으로 육지와 크게 다른 해양 덕분에 인류는 어쩔 수 없이 혁신으로의 여정을 시작했다. 2차 세계대전이 남긴 파란으로 유럽이 혁신의 길을 걸을 수밖에 없었던 것과 양상이 완벽히 같다 할 수 없으나 일정한 유사점은 찾을 수 있다.

4. 영토적 경계 대 공동관리수역

국경이 육상에서조차 구시대의 유물이 되어가는 지금에 와서 해양에 국경을 정하려 애쓰는 것은 역설적이지 않은가! 공기는 청정하든 오염되었든 자유롭게 땅 위를 흐르고, 철새는 국경을 넘어 이동하며, 심지어 텃새들도 매일매일 먹이를 찾아 국경을 넘나들지만, 그렇다고 해도 가시철조망, 심지어 만리장성이나 '철의 장막'으로 국가의 경계를 표시하는 것은 가능하다. 강과 산맥은 보병이나 기병의 공격을 저지하는 방어선이자 그 뒤에서 각자의 길로 문화가 발전하도록 지켜주는 방패였다. 위성 기반 대량살상용 무기의 시대이자 경제, 기술, 금융, 환경적 상호 의존과 상호 침투의 시대인 오늘날에는 이 모든 것이 의미를 잃고 있다. 육지의 경계는 유럽 공동체에서 사라졌고 다른 곳에서도 그럴 것이다.

모든 것이 흘러가고, 모든 것이 상호작용하며, 경계를 가로질러 자원이 존재하는 바다와 대양에서 물리적이고 명확한 '경계'는 애초에 그다지 의미가 없다. 배타적경제수역을 아무리 거대하게 설정하더라도 경계선을 초월한 관리 체제가 없다면 자원을 관리할 수도 환경을 보호할 수도 없다. 생태공간과 정치 공간은 일치하지 않는다.

유엔해양법협약의 한 가지 특징은 조항 속에 타협이 녹아들어 있는 것이다. 새로운 것과 옛것, 영역성과 기능성, 육지성과 해양성 간의 타협이다. 서로 인접하거나 마주 보고 있는 국가의 관할수역 사이, 연안국, 도서국, 군도국과 공해 사이 혹은 법적 대륙붕과 심해저 사이에 경계선을 그어 놓는 것은 문제를 해결하기는커녕 문제를 만들어내고 있으며 정치적 경계보다 공동관리 체계가 중요하다는 인식이 높아지고 있다. 경계에 대한 권리 주장을 일정 기간 혹은 무기한으로 보류할 수도 있을 것이다. 이를 통해 기능적 협력을 도모할 수 있을 것이며 기능적 협력은 한 가지 기능에서 여러 혹은 전체 기능으로까지 확대할 수도 있을 것이다. 공동관리와 공동개발에 관련된 원칙은 제1차 세계대전 이후 수년간까지 거슬러 올라가는 상당히 긴 역사가 있지만, 유엔해양법협약 제74조와 제83조에 입각해 최근 20~30년 동안 극적인 발전을 이뤘다. 해당 조항은 다음과 같은 제안을 한다. "경계 분쟁 합의가 미결 상태인 상황에서 관계국은 이해 및 협력의 정신으로, 실행 가능한 성격의 잠정적 합의에 도달하기 위해 가능한 모든 노력을 기울여야 하며, 과도기 동안, 최종 합의 도달을 위험에 빠뜨리거나 방해하지 않도록 최선의 노력을 다해야 한다. 잠정적으로 합의한 내용은 최종 경계 확정에 편향적 요소로 작용해서는 안 된다." 쉽게 풀어 말하면, 관계국이 경계 주장을 보류하고, 공동개발 혹은 공동관리구역을 설정하도록 제안한 것이다. 세계 각지에서 세 개의 사례를 골라보았다.

1974년 협정의 체결을 통해 사우디-수단 홍해위원회가 설립된 것은 눈부시게 성공적인 예이다. 해당 협정에서 양국은 상대국의 배타적인 주권적 권리를 1,000m 등심선까지 인정하고 양국이 배타적 권리를 가진 수역 중간의 홍해 해저를 공동수역으로 설정했다. 합동위원회는 이 공동수역에 포함된 '대서양 II 딥(Atlantic Ⅱ Deep)'이라

불리는 금속함유 진흙층의 탐사와 개발을 통제하는 임무를 맡았다. 합동위원회는 금속의 탐사, 채광 및 정련 등의 기술적 작업을 위해 독일의 프로이사크(Preussag AG)사와 계약을 맺었다. 퇴적층은 등심선 약 2,189m인 곳에 60㎢ 넓이로 펼쳐져 있다. 미국 우즈홀 해양연구소 소속 과학자들이 대략 추산한 바에 따르면 이곳에는 1976년 가격으로 67억 달러 가치에 해당하는 약 9,000t의 은, 50만t의 동, 250만t의 아연이 묻혀 있다고 한다. 게다가 앞으로 역시 채광이 가능한 납, 카드뮴, 코발트와 금도 매장되어 있다.

이 획기적인 국제 공동사업은 수단과 사우디아라비아가 자원을 제공하고, 자금은 사우디아라비아가 단독 제공하며, 독일이 기술 조직과 기법을 제공하는 체제였다. 모든 참가자에게 이로운 거래였다. 사우디아라비아는 산업을 다각화하고 석유 수출에 대한 의존도를 줄일 수 있는 이득을 얻을 것임이 분명했고, 수단은 기술과 기법 획득을 통해, 독일은 자국 기술의 활용을 통해 이득을 얻게 되는 것이다.

치밀한 장기조사, 연구개발, 생산 계획이 채택되어 실행되었다. 환경에 관한 연구도 큰 비중을 차지하고 있었다. 막대한 양의 데이터가 축적되었다. 생산은 1980년경 개시될 예정이었으나, 금속 가격이 급락하고 환경에 대한 우려와 사업 영향에 대한 불확실성이 증가하면서 상업 단계 진입은 무기한 연기되었다.

두 번째 예는 1989년에 인도네시아와 호주 간 체결된 티모르 갭 협력 조약(Timor Gap Cooperation Treaty)이다. '국제 법률 학회지'[16]가 요약한 바 있듯이, 이 조약은 1979년부터 1989년까지 10년에 걸친 교섭의 성과이며 호주와 인도네시아 간에 체결된 가장 실질적인 양자 조약이다. 상호 이해관계와 이익이 얽힌 지역을 개발하기 위해 독특하고 복잡한 체제를 담고 있다. 협력지대의 전체 규모는 약

---

16) ILM. Vol.XXIX, No.3, May 1990.

61,000㎢에 이르고 협력 분야는 석유 자원의 탐사와 개발, 재무관리, 환경 보호, 오염방지, 인명구조, 관세, 고용규제, 과학적 조사, 건강과 안전 규칙, 대테러 안보까지 포함한다.

이 조약은 그 전문에서도 언급된 유엔해양법협약과 전적으로 일치한다. 협약의 제11부보다 길고, 훨씬 복잡한 내용을 담고 있는 조약은 향후 발전과정에서 협약으로부터 많은 것을 배워 나갈 수 있을 것이다.

이 조약을 바탕으로 각료급 이사회와 해당 이사회를 책임지는 공동기구를 설치했다. 이사회는 양국 정부가 목적에 따라 수시로 임명할 수 있는 각료들로 구성된다. 양국이 임명하는 각료의 수는 동등하고, 회의는 매년 혹은 필요에 따라 개최된다. 결정은 합의에 의한다. 각료급 이사회의 기능은 매우 포괄적이며 공동기구의 모든 활동에 대해 승인 여부를 결정하는 기능도 포함한다. 이 각료급 이사회의 기능은 어떤 면에서 유엔해양법협약이 설정한 국제해저기구 이사회의 기능과 유사하다.

공동기구는 법인격을 갖고 양국의 국내법상 권한을 행사하고 기능을 수행하기에 필요한 법인격의 권능을 인정받는다. 공동기구는 각료급 이사회를 관장한다. 어떤 면에서 공동기구는 국제해저기구 사업체와 유사하게 기능하지만, '병렬 체제'의 폐해는 피했으며 사업별로 생산분배를 위한 계약에 근거해 '단일 기업 체제'로 운용된다.

공동기구를 구성하는 상무이사는 양국 간 동수의 회원으로 구성된 각료급 이사회가 임명한다. 상무이사들은 기술부, 재무부, 법무부 3개 부서를 관장하며 또 경영지원부가 상무이사와 세 개의 부서에 행정지원을 제공하고 각료급 이사회도 지원한다.

상무이사와 네 명의 이사(기술·재무·법무·경영지원)는 이사회를 구성한다. 결정은 합의에 의하며 합의에 이르지 못한 안건은 각료급 이사회에 부의된다.

네 개의 부서는 2개소로 나뉘어 위치하는데, 본부는 인도네시아에 있으며, 호주 사무소에는 기술부도 설립되어 있다.

공동구역은 A, B, C 세 개의 구역으로 나뉜다. A 구역은 공동으로 개발되는 구역이므로 가장 중요하다. B 구역은 호주에 가까우나 인도네시아 쪽으로 200해리(인도네시아 배타적경계수역의 경계)까지 확대되어 있어, 호주가 관리하되 개발이 이루어질 시 모두 인도네시아에 통보해야 하고 사업계약자로부터 징수한 세금의 10%를 인도네시아에 지급할 의무가 있다.

인도네시아에 가까운 C 구역은 호주의 경계선 바로 앞까지 확대된 곳에 있어 인도네시아 법의 관할권에 들지만, 역시 호주에 대한 통보 의무와 사업계약자로부터 징수한 세금의 10%를 호주에 지급할 의무가 있다.

이 조약에는 네 개의 부속서가 있는데 대상 영역에 대한 상세한 기술, A 구역을 위한 석유채굴 규정, 모델 생산 분담 계약서, A 구역 내 활동에 대한 이중과세 회피를 위한 과세 규정이다.

국제해저기구라는 선례와 그 설립에 이르기까지 수년간의 작업이 없이 이러한 진전을 이룰 수 있었다고는 상상하기 힘들다. 그러나 이 티모르 갭 조약은 후발주자인 만큼 한층 진화된 모습이다. 보다 경험 기반이고 실용적이며 향후 국제해저기구의 재구축에 도움이 될 만한 시사점이 많다.

이 조약은 또한 단순히 심해저 채광 면에서만이 아니라 더 넓은 범위, 특히 지역 조직과 개발 면에서 몇 가지 교훈을 제공한다.

두 가지 특징에 특히 주목해야 한다. 하나는 각료급 이사회에 출석하는 장관이 사안에 따라 바뀔 수 있다는 것이다. 결정해야 할 사항이 환경 문제라면 환경부장관이 출석하고, 과학기술이 주제라면 과학기술 담당 장관이 출석한다. 이에 대해서는 다음 장에서 다시 다룰 것이다.

또 하나 주목해야 할 특징은 이 조약이 자원관리와 안보관리를 통합하고 있다는 것이다. 국제 해양 조약으로는 필자가 아는 한 최초이다. 유엔은 이를 일관되게 회피해왔고, '평화적 이용'을 다룬다며 자원관리는 여기서, 안보는 저기서 따로따로 다루는 식이었다. 그러나 안보는 지속 가능한 개발의 기본 구성요소이며, 이제 안보에서 제도적 시사점을 찾을 때가 됐다고 생각한다. 이 사안도 다음 장에서 다룰 것이다.

티모르 갭 조약을 통해 도달한 해결책 같은 성과는 육상에서는 거의 성취 불가능했을 것이다. 바다의 본질적 특징과 영토 경계가 바다에는 적합하지 않다는 점 덕분에 가능했던 성과이다. 공동개발구역은 고정적 개념에 기반한 육상의 경계와 달리 유동적 개념에 기반한다. 해양환경의 본질적 특징 및 필요사항과 관리적 정치적 필요사항을 적절히 조화시킨 것이다.

세 번째 매우 흥미로운 예는 아프리카에서 찾았다. 세네갈 공화국 정부와 기니비사우 공화국 정부 간 1993년에 체결된 협력과 관리에 관한 협정이다.

이 사례 또한 포괄적 국제 해양 체제의 진화된 형태이다. 그 권한은 직접 혹은 계약과 라이선스를 통한 생물·비생물 자원의 관리, 과학적 조사, 정보 교환, 해양환경 보전 및 오염방지, 수송, 해양 수색과 구조, 감시 및 안보 집행 유지까지에 이른다. 협력 영역은 양국 영해 간 전체 수역에 달하고, 관리협력청(Management and Cooperation Agency)이 관리한다. 관리협력청은 양국 간 일반 협력을 추진하는 임무도 추가로 맡고 있다.

관리협력청은 최고기관과 사업체로 구성된다. 최고기관은 정치 조직으로, 사업체를 위한 정책을 결정한다. 국가·정부의 수반 또는 해당 수반이 지명하는 자와 사무총장으로 구성된다. 최고기관의 장은 2년 임기로, 양국의 수반 혹은 수반이 지명한 자가 번갈아 임명된다. 최고기관은 필요 시 수시로 최소 연 1회의 회합을 하며, 최고기관의 장은 임기 중 사업체의 행정협의회 의장도 겸한다. 최고기관은 사업체의 활동이 1993년 협정을 준수해 이루어지도록 관리한다. 자원의 탐사 및 개발을 최적화하고, 굴삭·채광 활동에 있어서 최선의 관행을 따르며, 생물자원의 보호와 환경보전을 고려하는 것이다. 또한 최고기관은 대상 지역의 자원탐사·개발에 관한 규칙을 수정할 수도 있다. 더하여 안전 확보를 위한 감시와 과학적 조사 임무를 수행하며 행정 의원에 권고사항도 제시한다.

사업체는 독자적 법인격을 지니며, 최저 3인에서 최대 11인에 이르는 양국 대표와 주주로 구성된 행정협의회가 운영한다.

사업체는 다양한 관리부로 구성이 되는데, 일반 행정 관리부, 광물 및 탄화수소의 탐사 및 채굴 담당부, 어업 탐사 및 감시부 등이 있다. 재무담당부도 있다. 이들 부서의 수장은 사업체의 사무국장이 행정협의회와 협의하여 임명한다. 사무총장은 최고경영책임자(CEO)의 통상적 기능을 수행하며 최고기관을 책임진다.

사업체의 자본금은 10만 달러로 고정되어 있는데, 세네갈이 67.5%, 기니비사우가 32.5%를 제공한다. 지분의 51%는 양국 정부가 보유하고 49%는 개인 또는 기타 주체에 매각할 수 있다. 추가 자금은 임대료, 세금, 광업·석유회사가 지급하는 사용료, 어업 관련 기업 등이 내는 라이선스 비용으로 확보한다.

석유회사, 채굴회사, 어업회사, 국제기구 및 자금제공 기관은 과학적 조사와 연수에 일정부분 공헌을 해야 한다.

이 협정 역시도 유엔해양법협약의 선례가 없었다면 상상도 못 했을 성과이지만 협약에 담긴 개념을 상당히 발전시켰다. 사업체의 조직과 활동 범위가 훨씬 뛰어나며, 재정 조항이 더 사업적이다. 공공과 민간부문도 잘 융화되어 있다. 유엔해양법협약이 이와 같은 사업체를 준비할 수만 있었어도 경계왕래성 어종 및 고도회유성 어종에 관한 이행협정 등이 필요치 않았을 것이다.

바다에서 영감을 얻은 이 선린 우호적 협력의 개념은 한 가지 이점이 있는데 바로 특정 필요와 상황에 대처할 수 있는 유연함과 적응성이다. 이 덕분에 국가와 국가 간이 아닌 국가와 국제 관할지역 간, 혹은 공해와 국제 심해저 간, 정해진 '경계'를 가로질러 존재하는 영역뿐 아니라 더 넓은 영역까지도 스스로 적용 범위를 넓힐 수 있다.

일정 기간, 예를 들어 50년 정도 국가의 영해권을 유보하고 에게해 전체를 공동개발지역으로 설정할 수도 있을 것이다. 아마 불가리아와 마케도니아 등 배후지 국가도 포함될 것이다. 남극조약(Antarctic Treaty) 체제에서 차용한 영해권 유보와 '청구국'과 '비청구국' 간 대립의 일시적 유보는 가장 열렬한 애국자의 자긍심도 만족하고 체면도 살릴 수 있는 길이다. 권리의 공식적 포기가 아니라 단순한 연기이기 때문이다. 배후지 국가를 포함하라고 권고하는 데에는 두 가지 이유가 있다. '연안 관리,' 현재 진행 중인 담수 해수 관리의 통합,[17] 그리고 육상 활동에 기인한 하천 및 대기 유입 오염 예방이 점점 중요해지면서 배후지 국가의 지원이 필수가 되었기 때문이다. 또 참가국이 많을수록 교섭이 어려워지는 것이 아니라 오히려 쉽게 진행되기 때문이기도 하다. 참가국이 여럿이면 서로 대립하는 양국이 정면 대결 국면까지 치닫지 않고 문제 해결 노력을 지속할 수 있도록 방향을 바꿔줄 수 있기 때문이다.

에게해처럼 더욱 넓은 수역을 공동관리하는 경우, 그 체제는 복합적인 기능을 갖춰야 하며 그 범위도 포괄적이어야 한다. 지역 안보

---

17) UNEP, 세계은행, UNDP, 지구환경기금 모두 담수 및 해수의 관리를 통합해서 내부 조직과 프로젝트 관리 시스템을 재구축했다. 연안역에서는 실제 이 양자는 다양하게 관계를 갖고 있다. 탈염한 해수가 관개용 또는 식수로 사용되는 비율이 높아지고 있다. 하천과 후미진 해안은 침식과 침니 등으로 만들어진 해안선, 또는 배타적경제수역을 포함하는 연안해역에도 영향을 주고 있다.

를 비롯해 생물·비생물 자원의 관리, 환경보전, 해양의 과학적 조사와 기술협력, 연안 관광과 항해 등을 포함해야 한다. 이 점에서는 세네갈-기니비사우 협정에서 교훈을 얻을 수 있다.

중국, 태국, 베트남, 필리핀, 말레이시아와 브루나이가 영역 다툼을 했고 이제는 광범위한 합의가 이루어진 스프래틀리 군도(Spratley Islands)는 영해권 유보와 공동개발구역 지정이 유일하게 실용적인 해결책이 된 하나의 사례이다.[18)]

다음 세기를 내다보면 공동개발구역이 남중국해 전역을 포함할지도 모르겠다. 유엔환경개발계획이 발의한 지역해 체제가 지역적·다기능적 공동개발구역으로 진화할 수도 있다. 자원관리 및 안전보장을 어떻게 통합할지에 대한 교훈을 잊어서는 안 된다.

5. 결론

기념비적인 유엔해양법협약의 한 페이지에 불과한 짧은 전문은 21세기 세계의 바다 혹은 해양적 세계의 질서를 세울 초석을 담고 있다.

① 평화

평화 유지에 의미 있는 공헌을 한 본 협약의 역사적 의의를 인식하고(후략)

② 형평

이와 같은 목표를 달성함으로써 공정하고 평등한 국제 경제질서 실현에 공헌할 수 있음을 마음에 새기며(후략)

18) 1991년 4월, 중국의 리펑李鵬 수상은 "우리는 남사제도의 공동개발 문제를 평화적이고 우호적인 협의를 통해 관계국과 의논할 의향이 있다"라고 명확하게 재확인했다. Jagota, 1992 참조.

③ 인류공동유산

본 협약을 통해 유엔총회가 국가 관할의 경계를 초월하는 해저, 해저 표토 및 심토 그리고 매장 자원이 인류의 공동유산이며 탐사와 개발은 전 인류의 이득을 위해 실행될 것이라 엄숙히 선서한 1970년 12월 17일의 제2749호(제25회 회기) 결의안이 구체화하고 있는 여타 원칙을 기꺼이 발전시켜 나갈 것이며(후략)

④ 여러 문제와 공간의 상호 의존성

해양공간과 관련된 문제는 서로 밀접하게 얽혀 있어 전체로서 검토해야 함을 인지하고(후략)

각각의 명제가 제도적 시사점을 지니고 있으며 그에 대해서는 다음 장에서 살펴볼 것이다.

제5장

제도적 관점에서 본 바다

세계의 문제는 제도를 만든다고 해서 해결되지 않는다. 문제를 해결하는 것은 사람이다. 사람은 자신이 필요하다고 생각하는 제도를 만들고, 제도는 만드는 사람이 속한 문화에 따라 달라진다. 그렇다고 해도 사람은 제도를 만들지 않고는 문제를 풀 수 없으며, 제도가 실제 현실의 문제와 어긋날 때 '제도적 괴리'가 싹튼다. 제도적 괴리가 나타날 때 사람은 폭력이라는 형태로 반응하기 쉽다.

우리는 제도적 괴리의 시대를 살아왔다. 현실 세계가 지난 반세기에 걸쳐 놀랍도록 역동적인 변화를 겪는 동안 각국과 국제 사회의 제도는 변화하지 않은 채 멈추어 있었다. 그러나 이제 새로운 제도적 질서가 서서히 모습을 드러내고 있다. 곳곳에서 새로운 제도가 형성되면서 괴리를 메우고 있다.

제4장까지 다룬 모든 내용에는 제도적 함의가 있었다. 이번 장에서는 이에 대해 상세하게 다루고자 한다.

해양의 고리가 중심인 세계가 부상하고 있다.

간디의 비전은 바다에서 영감을 얻었다. 그러니 그 비전을 실천하고 실현하는 데 있어서 시작점을 우선 인간과 바다의 관계를 구성하는 것으로 삼는다면 간디가 놀랍게 생각할까? 앞선 장에서 살펴본 것처럼 우리가 다른 생각을 할 수밖에 없도록 강요하는 것이 바다의 본질이 아닐까? 우리가 만드는 제도와 바다에서 영감을 받은 세계관 사이에는 자연과학적이든 문화적이든, 경제적이든 법적이든 괴리가 있어서는 안 된다.

> 인간의 삶은
> 가장 아래층이 꼭대기를 지탱하는 피라미드가 아니다
> 개인을 중심으로 삼는
> 해양의 고리이다.

그러나 개인은 이원론적 견해에서처럼 자신의 이익이나 성장이 공동체의 이익과 상충하거나 제한되는 자아가 아니라, 전체 중 일부다. 전체의 힘이 개개인의 힘에서 나오듯, 개인 또한 가장 바깥쪽 고리인 해양이 에워싸고 있는 전체로부터 힘을 얻는다. 가장 친밀하고 개인적인 것이 가장 보편적이고 전체의 힘은 가장 약한 고리에 의해 결정된다. 이것이 비이원론적 견해이다.

이와 같은 개인 그리고 개인과 전체 간의 관계에 대한 개념은 그 자체로 새로운 해양법의 근간이 되는 두 가지 기본 원칙을 포함하고 있다. '인류공동유산'의 원칙[1]과 '해양공간의 모든 문제는 긴밀하게 연결되어 있어 전체적으로 고려해야 한다는 원칙'이다. 이러한 개념은 『우리 공동의 미래』[2]와 「어젠다21」[3]의 제도 창설 지침과도 일치한다.

이러한 지침은 다음 네 가지로 요약될 수 있다. 제도적 틀이 포괄적이고, 일관적이며, 종합적 또는 학제적이고, 하향식보다는 참여적이자 상향식이어야 한다는 것이다.

① '포괄성'이란 제도적 틀이 연안 지역 공동체의 지방 수준에서 주나 도 수준, 국가 수준의 거버넌스를 거쳐 국제기구의 지역적, 글로벌 수준까지 다다라야 한다는 의미이다. 이는 「브룬트란트 보고서」에서 기술하였듯 지방, 국가, 지역, 글로벌이라는 거버넌스 층위 간의 경계가 투명해졌으며, 육지보다는 해양에서 당연히 더욱 그러하다는 사실에도 부합한다.

수많은 촌락으로 구성된 이 구조에서는

1) 제3장 참조.

2) '환경과 개발에 관한 세계위원회(World Commission on Environment and Development)'에 의한 보고서(1997).

3) 유엔환경개발회의, 리우데자네이루(1992).

결코 위를 향하지 않고 옆으로만 넓어져 가는 동심원이 있을 것이다.

② '일관성'이란 거버넌스의 모든 수준에서 규제와 의사결정 프로세스 및 메커니즘이 양립할 수 있어야 한다는 의미이다. 이 원칙의 중요성이 주목받은 것은 국가 관할 수역과 공해 수역에서의 경계왕래성어족 및 고도회유성어족에 대한 논의 과정에서였지만, 지속 가능한 해양 관리의 모든 측면에서 중요하게 적용되어야 할 원칙이다.

결국에는 전체가
여러 개인으로 구성된 하나의 삶을 이루니
오만함 속에 공격성을 보이지 않고
언제나 겸손하게
자신들이 주요 구성요소인
해양의 고리가 중심인 세계를 함께한다.

③ '종합성' 또는 '학제성'이란 해양환경의 활동은 부문별로 개별적으로 고려할 수 없고 긍정적이든 부정적이든 그 상호작용 내에서 보아야 한다는 의미이다. "해양공간의 문제는 긴밀하게 연결되어 있어 전체적으로 고려해야 한다"라는 인식에는 어느 정도의 제도적 시사점이 있다. 왜냐하면 그런 방식으로 해양 문제에 접근하기 위해서는 지방, 국가, 지역, 세계를 막론하고 어느 차원에서든 그렇게 할 수 있는 포럼이나 제도, 의사결정 메커니즘이나 프로세스가 있어야 하기 때문이다. 지방자치 단위에 해양환경 분야의 모든 행위자, 정부 부문과 비정부 부문으로 구성된 평의회, 위원회가 필요하다. 많은 국가에서

주무 부처 또는 총리가 이끄는 범부처 메커니즘이 생겨나고 있다. 「브룬트란트 보고서」에서 지적했듯이 거버넌스 층위 사이의 경계뿐만 아니라 부처 간, 학제 간 경계 또한 점점 투명해지고 있다. 이러한 상황에서 과학 제도는 의사결정과 관리에 필요한 정보를 제공할 수 있는 위치에 있어야 하고 사회과학자와 자연과학자는 대화하는 법을 배워야 하며 과학과 정치는 새로운 관계로 나아가야 한다.

④ '참여성'이란 중앙 정부나 연방 정부가 일방적으로 규제를 도입하고 바다를 생업의 터전으로 삼고 있는 지방 공동체에서는 이를 무시하거나 경시하는 것이 아니라, 규제를 만들고 관리하는 과정에 지방 공동체가 직접 참여해야 한다는 의미이다. 이러한 맥락에서 '공동관리'라는 개념이 캐나다와 인도처럼 문화적으로 동떨어진 국가에서 동시에 등장하고 있다.

이러한 네 가지 원칙을 바탕으로 만들어진 실제 제도는 기존의 지방 인프라, 경제·기술 발전 수준, 보유 자원, 문화적 전통 등에 따라 지방자치단체와 국가마다 다르게 나타나지만, 해양 거버넌스 또는 연안 및 해양 관리는 확실히 이러한 방향성을 가지고 발전하고 있다.

1. 마을

세계 곳곳에서 새로운 '거버넌스'의 개념, 즉 '공동관리'의 개념이 떠오르고 있다. 공동관리는 중앙 정부가 주도하는 규제의 실패와 연안 지역 공동체의 사회 문화적 붕괴나 중앙 정부에 매우 높은 비용을 초래하는 어업 위기에 대응하기 위해 등장했다. 또한 현재의 지방분권화 추세는 물론, 많은 경우 민족 자치의 형태를 띠는 지방의 문화적 자치 흐름에 부합하는 개념이기도 하다. 공동관리는 지방, 도, 국가 등 여러 거버넌스 층위 간 '경계의 투명화'로 인한 결과이자, 정부 부문과 비정부 부문 간의 새로운 관계를 보여주는 사례이고, '공동체 기반의 관리'라는 개념과 만나는 지점에서는 학제 간, 부처 간 '경계의 투명화' 또한 반영한다. 상향식 접근법을 구체화한 모습이라 할 수 있다. 따라서 「브룬트란트 보고서」와 「어젠다21」이 제시하는 여러 지침에 부합한다.

남아프리카공화국에서는 인종차별정책 폐지 이후 민주화 과정에서 공동관리가 발전하고 있다. 모든 '이해관계자' 간의 협의를 수반하는 어업 및 연안역 정책 포럼, 지방 및 지역 정부 포럼 등이 부흥개발계획(아프리카민족회의, 1994년)을 통해 다양한 차원에서 형성되고 있다.[4] 공동관리와 공동체 기반의 관리가 융합되면서 남아프리카공화국의 연안 지역을 공정하고 지속 가능한 방식으로 재건할 수 있는 모델이 마련되었다. 하슬러(Halser)는 이를 두고 국가가 자원에 대한 관리 권한을 유지하나 지방자치단체의 참여가 극대화되는 '다층적 공동관리'라는 개념으로 설명했다. 그가 지적한 바에 따르면 어업 내에서 그리고 광업, 중공업, 고급 부동산 개발 등 타 산업과의 접점에서 다양한 기득권 경쟁이 발생하기 때문에, '지방 공동체'를 매우 역동적인 방식으로 정의하고 지역 및 국가 차원과 적절히 연결하는 것이 효과적인 관리 활동을 위한 필요조건이다. 1995년에 도입되기 시작한 대의민주제 지방 정부 구조를 바탕으로 이러한 정의를 구축할 수 있을 것이다.

> 그러므로 지방 공동체의 연안역 및 해양 관리 참여는 국가, 주나 도, 지방 정부를 서로 연결하고, 인종차별정책의 차별 대상이 된 분야를 대표하는 어업 단체나 어업협동조합과 정부 부문 간의 새로운 협력 관계를 통해 지방 정부라는 틀 안에서 산업계, 노동계, 비정부 부문 등의 '시민 사회' 구조를 포함하

4) Hasler, 1998.

는 다층적 공동관리 체제로 구현되어야 한다.[5]

다른 시민 조직과 더불어 지방 당국이 관리 권한을 행사할 수 있도록 권한을 이양하기 위해서는 법률 개정이 필요하다. 현재 남아프리카공화국에서는 지방평의회, 포럼, 지방자연자원관리협동조합, 지방자치단체, 비정부기구, 신탁, 공동재산권조합 등 다양한 시민 조직이 발달하고 있다.

중남미, 카리브해 지역, 중국, 노르웨이, 호주, 캐나다, 남태평양 지역에서도 고도로 발달한 공동관리 형태를 찾아볼 수 있다. 노르웨이, 남태평양 지역, 일본 같은 경우에는 긴 역사를 자랑한다. 그중 특히 흥미로운 사례인 중미의 벨리즈와 캐나다의 누나부트 준주를 통해 공동관리의 개념을 충분히 설명할 수 있을 것 같다.

벨리즈에서 실시되고 있는 공동관리의 역사는 1920년대로 거슬러 올라가며, 이를 통해 공정하고 지속 가능한 방식으로 어업을 관리해 온 것으로 보인다. 벨리즈는 어업협동조합을 바탕으로 한 공동관리 체계를 영위하고 있으며 현재 7개의 협동조합이 해안선을 따라 각 구역을 담당하고 있다.[6] 이들 협동조합은 법적으로 조합원의 해산물에 대한 판매, 가공, 수출 독점권을 가지고 있다. 그들은 어획량과 어획노력량 자료를 수집하는 등 어업 관련 기초 연구를 수행하고, 모든 해산물의 품질을 관리하며, 어업인 훈련과 기술 제공, 보험 지원, 신용 제공을 담당한다. 그리고 매년 해산물의 물량과 품질을 결정하고 이익 배분 결정도 내린다. 한편 정부는 해양환경 보호를 위한 법제 마련이라는 한정된 역할을 맡고, 어업허가증 발급과 관련된 수산업법을 관리한다. 수산업법은 협동조합이 창출하는 이익의 25%를 조합원의 결정에 따라 어업 진흥 목적으로 사용하도록 규정

---

5) 앞과 같음.

6) Fanning, 1997.

하고 있다.

각 협동조합은 어업자문위원회와 벨리즈어업협동조합연합회에 대표자를 보내고 있다. 연합회는 정책 집행을 포함하여 어업 활동 전반을 관리하는 농업부장관에게 정책 제언을 제공하는 조직이다. 협동조합은 또한 어업자문위원회에 적극적으로 참여하여 어업에 영향을 미치는 정책 결정을 이끌고, 정부는 협동조합과의 관계에 의지하면서 특히 수산자원 현황 관련 정보 등의 도움을 얻고 있다.

1993년 캐나다 의회가 누나부트 최종 협정을 비준하면서 누나부트 준주에는 완전한 공동관리 체제 확립을 위한 기틀이 마련되었다. 협정의 제15·4·1절은 다음과 같이 규정하고 있다.

> 누나부트 영향검토위원회(NIRB), 누나부트 수자원위원회(NWB), 누나부트 계획위원회(NPC), 누나부트 야생생물관리위원회(NWMB)는 누나부트 해양협의회로서 공동으로 또는 개별적으로 정부 기관에 해양 관련 사안에 대한 자문 및 권고를 제공하고, 정부는 해역에 영향을 미치는 의사결정에 있어서 그러한 자문 및 권고를 고려하여야 한다.

이 조항에 언급된 각 회의체는 그 자체로 정부와 이누이트가 동등하게 대표되는 공동관리 조직이다.[7] 브루스 길리(Bruce Gillies)는 "실제로 해양협의회 같은 조직의 합의 도출 방식은 그들의 권고가 받아들여져야 함을 의미한다"라고 덧붙였다. 협정 제15조는 "연구를 포함하여 다양한 북극 지역 해양 관리 활동에 이누이트의 참여가 필요하다"라고 명시하고 있다.

---

7) Bruce Gillies, 1999, 「누나부트최종협정과 북부해양관리(The Nunavut Final Agreement and Marine Management in the North)」, *Nothern Perspectives* 23(1) : 17-19. Canadian Arctic Resources Committee.

공동관리의 한 가지 이점은 어민의 과학 연구 참여를 확대하여 더 많은 정보와 지식을 폭넓게 얻을 수 있다는 점이다.[8)]

> 토지 청구 협약을 통해 유의미한 공동관리 구조가 형성되기 전에는 원주민의 전통적 지식이 정부 정책에 반영될 기회가 거의 없었다. 원주민이 관리위원회에 동등하게 모습을 드러내면서 비로소 전통적 지식과 사상이 관리 결정에 반영되고 있다.[9)]

반대로 어민들은 과학에 접근할 수 있게 되어, 고유한 지식과 더불어 과학 지식을 도구로 활용할 수 있다.

기술도 마찬가지다. 공동관리는 지방 공동체에 존재하는 원주민 고유의 능력 및 기술과 중앙 정부가 제공하는 첨단 기술을 조합하는 가장 좋은 제도적 틀이 되어 준다. 전통적 지혜와 첨단 기술(특히 마이크로전자공학과 유전자공학)을 '생태공학'의 형태로 융합함으로써 연안 지역의 지속 가능한 개발에 중요한 이바지를 할 수 있다.

물론 공동관리는 만병통치약이 아니다. 적용에 한계가 있다. 전체 사회 발전 단계를 놓고 봤을 때 상당히 높은 수준에 도달해야 공동관리가 가능해진다. 협동조합, 마을 위원회, 조직화한 이용자 그룹 등 인프라의 존재를 전제로 하기 때문이다. 빈곤 국가의 가난한 연안 마을에는 이러한 인프라가 없으며, 이들을 연안역 종합관리에 적극적으로 참여하는 파트너로 만드는 일은 무척 어려운 과제이다. 그러나 이들 마을을 포함하지 않는다면 연안역 종합관리란 통합적이지도 않고 지속가능성도 없는 허울이 될 것이다. 빈곤한 연안 마을의 삶의 질을 개선하는 것은 또한 가장 가난한 사람들이 연안 메가시티의 빈민가로 이주하는 흐름을 억제하고, 연안 환경을 악화시키고 늘어가는 빈

---

8) Jentoft and Mikalsen, 1994.

9) Welch, 1995.

곤층을 자연재해나 인재의 위험으로 내모는 무질서한 도시 확장을 막기 위해서도 필수적이라 할 수 있다. 빈곤한 마을과 연안 메가시티를 모두 연안역 종합관리에 포괄할 방법을 반드시 찾아야 한다.

'공동관리'란 무엇인가?

공동관리는 '협동조합관리', '합동관리', '협동관리'라고도 하며, 다음과 같은 정의를 포괄한다.

- 정부와 이용자 그룹이 자원의 관리, 보존 그리고 경제 개발에 대한 책임을 공유하는 제도적 형태
- 이용자와 기타 관계자가 관리 규정의 고안, 적용, 시행에 적극적 임무를 수행하는 관리 체계
- 정부 기관과 지방 공동체의 이해관계자 간의 의사 결정권 공유
- 공유된 정보를 바탕으로 하고 이해관계자와의 협의 및 이해관계자의 참여를 통해 도출된 관리 결정(정책)
- 지방 차원과 국가 차원 체계의 통합
- 정부와 원주민, 지방자치단체, 또는 산업계 등의 각종 조직이 예시적으로 환경보전과 자원개발 등 다양한 사안에 관해 각자의 권리, 권한, 의무를 명기한 공식 협정을 체결하는 제도적 형태

출처: 환경 및 경제에 관한 국가 원탁회의 『해양을 위한 지속 가능한 전략: 공동관리 가이드』 (오타와, 1998년)

최근 몇 년 전부터 인도의 S.M. 스와미나탄 연구재단에서 이른바 '바이오 마을'이라는 형태로 훌륭한 시작점을 마련하고 있다. 토지를 소유하지 않은 극빈층이 모여 사는 농촌 마을을 선정해 '생태공학'을 도입함으로써 주민의 삶의 질을 개선하고 사회 조직 구성 역

량을 강화하는 시도이다. 국제해양연구소(IOI)는 이 사업을 생활 조건이 매우 열악한 연안 어촌으로 옮겨와 전개하고 있다. 수자원 관리, 오염 토양 탈염, 호염 작물 재배, 어류 가공법 개량 및 수확 후 폐기물 발생 방지, 새우 부산물 재활용, 새로운 바이오산업 공정 일부를 마을과 가정 수준에 맞게 적용하여 신규 고용 창출, 사회 조직 구성 및 관리 역량 강화 등을 목표로 하고 있으며, 이러한 목표는 단기간에 달성할 수는 없지만, 일정 수준에 도달한 이후에는 공동관리를 통해 가속화할 수 있다.

필자는 전작[10)]을 통해 마을 차원에서 해양 거버넌스를 구현하기 위한 제도적 틀의 일반적 특징을 서술하고자 했으며, 이를 실현하기 위해서는 국가 수준의 법률이 뒷받침되어야 한다. 이 책에서는 기존 논의를 발전시키고자 하며, 이를 위한 법률은 다음과 같은 형태를 갖추어야 할 것이다.

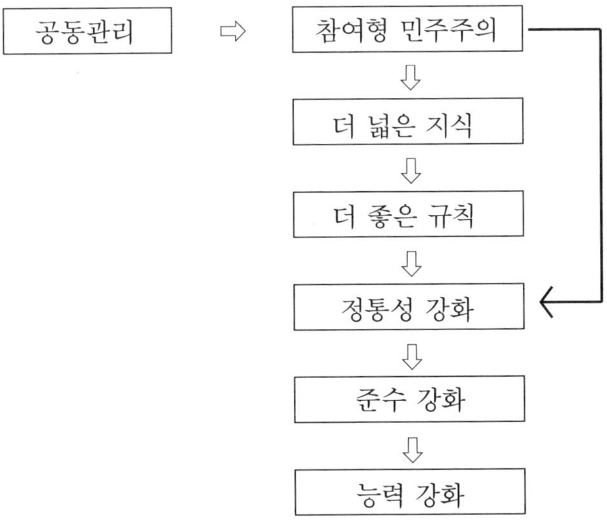

〈그림 5.1〉 '공동관리'의 이점

출처 : Svein Jentoft and Knut H. Mikalsen, *loc.cit.*

10) Borgese, 1995.

2. 연안 지역 공동체

1) 연안 마을의 평의회는 항만 당국, 선주, 어업 협회, 해양 산업, 관광국, 연구기관, 비정부기구, 소비자 협동조합의 대표로 구성되는 해양자원평의회를 선출한다.
2) 해양자원평의회는 해양 자원의 지속 가능한 개발, 해양 및 연안 환경 보호, 해양 관련 연구 및 교육에 관한 모든 사안을 심의하고 이를 바탕으로 지방 의회를 위한 입법안을 마련한다.
3) 해양자원평의회는 지속 가능한 자원 개발과 해양환경 보호를 위한 단기(1년) 및 중기(5년) 계획을 수립하고 지방 의회를 통해 주 또는 도 정부에 제출한다.
4) 해양자원평의회는 유엔해양법협약(UNCLOS), 「어젠다21」의 제17장, 생물다양성협약 및 기후변화협약의 해양 관련 부분, 유엔공해어업협정(UNFSA), 육상활동으로부터 해양환경을 보호하기 위한 범지구적 실천계획, 지역해 프로그램, 기타 해양 관련 협정과 프로그램 등을 지방 수준에서 실행할 책임을 진다.
5) 해양자원평의회는 필요에 따라 회의를 개최한다.
6) 지방 의회는 해양자원평의회를 통해 공유 생태계에 영향을 주는 사안에 대해 해당 지방 내에서, 그리고 인접 지방의 지방 의회 및 인접 국가의 의회와 함께 협력한다. 이러한 목적을 위해 적절한 주나 도, 국가, 국제 차원의 회의가 개최되어야 한다.

3. 국가

국가 차원에 있어서도 제도의 모습은 기존 인프라에 따라 다양하게 나타난다. 예를 들어 연방제, 연합제, 단일정부 여부나 민주제, 군주제, 독재 여부, 국가의 규모, 대륙 국가인지 도서국인지 군도국인지 등의 요소가 영향을 미친다. 그리고 경제발전 단계와 문화에 따라서도 달라진다. 그러나 모든 국가의 해양 제도에서 적어도 다음 두 가지 특징은 공통으로 발견된다.

우선, 연안 공동체의 '고리'와 국가 정부의 더 넓은 '고리'는 효과적으로 연결되어 있어야 한다. 작은 국가라면 직접적으로 연결될 것이고, 국가 규모가 크거나 연방제나 연합제를 채택하는 국가의 경우 양쪽과 효과적으로 연결된 주, 도 등의 중간 '고리'가 존재할 것이다.

둘째로, 어떤 방식으로든 해양과 관련 있는 모든 정부 부처가 효과적으로 연결되어 있어야 한다. 사실 거의 모든 부처에 관련성이 있다.

- 외교부는 법률·조약 관계, 국제 무역, 해외 원조, 해양에 관한 협력 부서 등을 통해 관계가 있다.
- 환경부는 해양보호구역을 포함한 해양환경을 보호할 책임이 있다.
- 교통부는 해운 및 항만을 관리해야 한다.
- 관광부는 연안 지역 관광을 다룬다.
- 농림부는 많은 국가에서 어업 규제를 담당하고 있다. 일부 국가에서는 별도로 어업 부처를 두기도 한다.
- 에너지 및 자원부, 또는 국가에 따라서는 내무부는 해양 석유와 가스, 비연료 광물 및 금속을 관리한다.
- 노동부 및 보건부는 선박과 해상 플랫폼의 노동, 위생 조건과 연관되어 있다.
- 과학기술부와 교육부는 해양 관리·개발의 핵심 근간이 되는

과학기술 인프라 구축을 담당한다는 점에서 매우 중요한 역할을 한다.

- 법무부는 평화적 분쟁 해결과 관련이 있다.
- 국방부는 해군과 해양경찰을 관리하고 감시 활동, 법률 집행, 해양 안보에 책임을 진다.

이러한 모든 부처의 해양 관련 책임은 서로 중복되기도 하고 자주 상충하여, 일관적이고 통합적인 해양 정책을 수립하기 위해서는 부문적 성격을 띠는 전통적 거버넌스 구조에서는 달성할 수 없는 수준의 긴밀한 부처 간 협력이 필요하다.

프랑스, 인도 등 일부 국가에서는 해양부나 해양개발부를 새로이 발족함으로써 새로운 과제에 대응하고자 했다. 그러나 이러한 시도는 어디에서도 성공하지 못했는데, 해양 문제와 연관된 기존 부처에서 누구도 '자기 영역을 양보'하려 들지 않았기 때문이다. 프랑스의 해양부는 짧은 역사를 뒤로하고 해산되었다. 인도의 해양개발부는 다른 기존 부처에서 다루지 않는 영역, 즉 남극 연구 및 탐사, 심해저 채광 등으로 책임 영역이 한정되었고 나머지 해양 관련 활동들은 조직화에 실패했다.

다른 국가에서는 주무 부처 또는 흔히 수상이나 부수상이 지휘하는 범부처위원회를 통해 정책 통합을 추진했다. 이러한 방식이 그 자체로 공동관리를 보장해주거나 '마을의 고리' 차원의 목소리를 반영해주는 것은 아니지만, 더 유망한 방식인 것으로 보인다. 지금까지 필자가 본 국가 제도 중에 가장 완전한 형태를 갖추었던 것은 네덜란드에서 북해의 영해를 관리하기 위해 만든 제도적 틀이었다.

네덜란드 모델은 정부, 연구기관, 이익집단의 폭넓은 참여를 끌어내고 효과적인 의사결정 시스템을 구축한다. 정치 차원에서는 수상이 의장을 맡는 각료회의를 설치하고, 산업계와 과학계 인사를 포함한 비정부 자문위원회와 의회 해양위원회의 조언을 받도록 한다. 이러한 자문 조직의 활동은 교통공공사업부장관이 관리한다. 관료 체제 차원으로는 전직 수상을 의장으로 하고 13개 부처의 고위직으로 구성된 범부처위원회를 둔다. 이 위원회에서 각료회의를 위한 준비 작업을 책임진다. 각료회의의 의사결정은 합의를 바탕으로 내려진다.

네덜란드는 그렇게 큰 나라가 아니다. 홍수 방지를 위한 제방 관리를 비롯해 연안 관리가 국가 차원에서 매우 중요한 문제이다. '마을의 고리'가 비정부 자문위원회에 구조적으로 편입될 수 있다(그림 5.2).

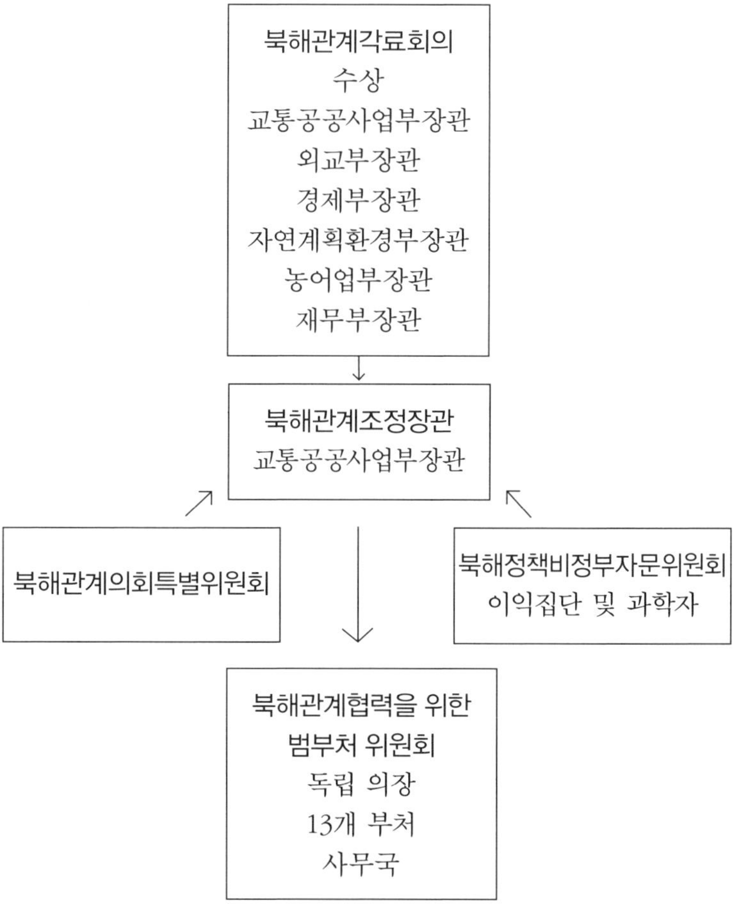

〈그림 5.2〉 네덜란드의 비정부 자문위원회 모델

브라질에서도 우수한 모델이 발달했다. 1988년 해군부를 수장으로 하고 11개 연방 부처 대표가 참여하는 정부 조직인 해양 자원에 관한 범부처위원회(CIRM)가 브라질 국가연안역관리계획(PNGC, The National Coastal Management Plan)을 수립했다. 이 계획에는 17개 연안주가 참여하며, 실행을 위해 다양한 차원의 정부 기관, 과학 기관, 비정부기구를 아우르는 정교한 구조의 제도가 마련되었다.

이 계획의 정치 행정적 구조는 상호작용하는 3개의 차원으로 구성되어 있다. 범부처위원회 사무국(SECIRM)은 주, 지역, 지방 조직에 기술적, 재정적 지원을 제공한다. 이를 통해 이들 조직이 여러 연방 정부 기관으로 구성된 조정 그룹에서 설계한 공통 방법론을 활용하여 스스로 관리 계획을 구상하고 채택하도록 독려한다. 지방 정부와 자치단체의 참여는 정치 행정 과정의 전체 사이클에서 세 번째 단계에 위치하며, 국가 우선순위와 지침을 수정하는 데 필요한 피드백을 제공한다 (그림 5.3 참조).

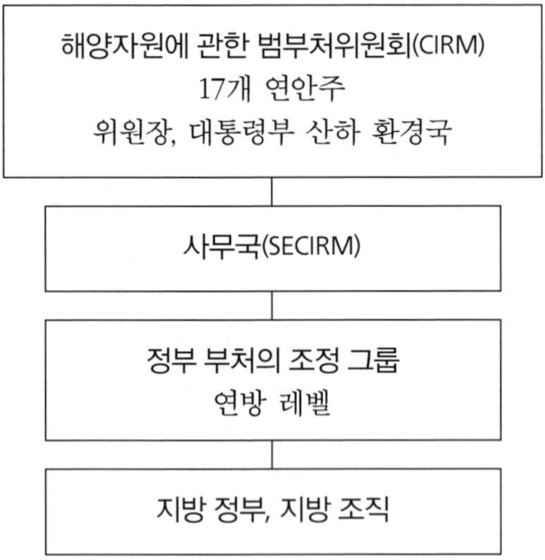

〈그림 5.3〉 브라질의 국가연안역관리계획(PNGC)

이러한 새로운 구조는 세부 사항을 변경하고 지방, 국가 차원의 필요와 상황에 맞게 수정되면서 계속해서 진화하고 있다.

시스템이 잘 작동하기 위해서는 진정으로 학제적인 새로운 유형의 훈련과 교육이 아주 많이 필요하다. 사실 새로운 유형의 공무원도 필요하다. 특정 정부 부처의 특정 '부문'에 국한된 좁은 전문성만 지닌 것이 아니라, 자연과학과 사회과학에 모두 능통하고 해양 자원의 주요 활용을 두루 섭렵한 사람이 필요하다. 이런 사람들이 모든 관련 부처에 있어야 부처 간 협력을 효과적으로 끌어낼 수 있다.

지방에서 도로, 도에서 국가로, 나아가 지역과 세계로 확장되는 해양의 고리를 따라가다 보면 두 가지 원리가 뚜렷해진다. 그 중 첫 번째를 아우렐리오 페체이(Aurelio Peccei) 원리로 명명하고자 한다. 페체이가 1960년대 후반 캘리포니아주 샌타바버라의 민주주의제도연구센터 세미나에서 상세하게 설명한 원리로, 당시 자료는 동 센터의 자료실에서 찾아볼 수 있다. 이 원리에 따르면 단기적으로는 가장 작은 고리인 마을의 고리 수준에서 계획을 수립하는 것이 가장 효과적이다. 마을 차원에서 장기적인 계획을 한다면 외부 요인에 의해 좌절되기 쉽다. 고리가 커질수록 더 장기적인 계획이 필요하다. 국가의 고리 수준에서 수립하는 계획은 최소 5년에서 10년 정도의 중기 계획이어야 한다. 지역의 고리 수준에서는 생태계 조건에 맞추어 더 장기적인 계획을 세워야 한다. 그리고 글로벌 수준의 고리까지 나아가서는 기간을 더욱 늘려 향후 50년, 100년 앞을 내다봐야 한다.

두 번째 원리는 요반 조르제비치(Jovan Djordjević) 원리라고 부르고자 한다. 자주관리체제가 발전한 티토와 카르델리 시대 유고슬라비아의 위대한 이론가인 조르제비치가 같은 시기 민주주의제도연구센터 세미나에서 발표한 내용이다. 이 원리는 계획 기간이 길수록 계획 과정에 더욱 폭넓은 참여가 필요하다고 단언한다. 지방의 단기 계획은 정부가 결정할 수 있지만, 다음 선거를 넘어가는 장기 계획에 대해서는 그럴 수 없다는 것이다. 정치인은 바뀌지만, 주민은 남는다. 따라서 고리가 넓어지고 계획 기간이 길어질수록 더 많은 사람이 계획 과정을 더욱 철저히 이해하고 더욱 활발히 참여해야 하며, 이 과정은 하향식이 아니라 반드시 상향식으로 진행되어야 한다.

더불어, 민주주의제도연구센터에서 '세계해양평화총회(Pacem in Maribus)' 회의와 국제해양연구소(IOI)를 낳은 해양제도 프로젝트를 시작한 것도 이 무렵의 일이다.

4. 지역

지역해 프로그램은 바다에 관한 지역 협력의 가장 포괄적인 제도적 틀을 제공하고 있다. 스톡홀름 인간환경회의 결의에 따라 유엔환경계획(UNEP)이 추진하는 이 프로그램은 유엔 시스템의 성공 사례이다.

- 그러나 이 프로그램은 1970년대 초 만연했던 부문 기반 접근법을 반영할 수밖에 없었다. 스톡홀름 회의를 통해 국가 차원에서는 부문별 환경 부처가 설립되고, 지역적으로는 환경 보호를 위한 지역해 프로그램이 발족했으며 글로벌 차원에서는 부문적 프로그램으로서 유엔환경계획이 설립되었다.
- 스톡홀름 회의가 열린 1972년과 리우 지구정상회의가 열린 1992년 사이 국제 사회의 인식은 부문별 접근법에서 포괄적 접근법으로, 환경 보호 중심에서 지속 가능한 개발 중심으로 옮겨갔다. 이러한 변화로 인해 현재 지역해협약, 의정서, 실천계획의 체결국에 다양한 제도적 영향이 나타나고 있으며, 그 유망한 시작점으로 1995년 바르셀로나조약 및 행동계획이 개

정되었다.

- 지역해 프로그램의 갱신과 재구성은 이 유용한 프로그램 자체의 존속이나 해양법협약의 실행만이 아니라, 유엔환경개발회의 이후 마련된 모든 협약과 행동계획의 실행, 그리고 경제적, 환경적 안보를 포함하는 지역 안보 강화를 위해 필수 불가결하다. 이러한 모든 새로운 약속은 지역 협력과 조직화를 필수적으로 필요로 하고 있다. 기후변화협약, 생물다양성협약, 「어젠다21」, 군소도서개도국을 위한 바베이도스 행동계획, 연안역 종합관리에 관한 노르드베이크 권고, 유엔공해어업협정, 육상활동으로부터 해양환경을 보호하기 위한 범지구적 실천계획, 평화와 개발을 위한 유엔사무총장 의제 등이 모두 그렇다.
- 지역해 프로그램을 재구성할 때는 국가와 지방의 거버넌스와 같은 원칙, 즉 포괄적이고 일관적이며 학제적이고 참여적이어야 한다는 원칙을 기반으로 해야 한다. 여러 해양의 고리가 서로 어긋나면 적절한 상호작용이 불가능해지고 국가와 지역 수준의 규칙과 규정이 양립할 수 없게 된다.

부문별 접근법에서 포괄적 접근법으로의 이행, 「어젠다21」의 제17장 (및 기타 내용), 기후변화협약, 생물다양성협약, 범지구적 실천계획 등의 실행 과정에서 발생하는 새로운 임무, 그리고 연안 및 해양 종합관리의 중요성 대두로 인해 "각종 협약의 권한이 뚜렷하게 확대"되고 있다. 현재 이 권한은 어업의 관리·감시·단속, 해운, 광물, 해양 석유, 연안역 관리, 관광, 항만 관리 등을 아우르는 지역해의 평화적 이용 전반에 미치고 있다.

그렇다고 유엔환경계획의 지역해 프로그램이 유엔식량농업기구, 유네스코 정부간해양학위원회, 유엔개발계획 등 다른 조직이 이미 지역에서 하는 활동을 중복해서 수행해야 한다는 뜻이 아니다. 지역개발은행, 유엔 지역위원회, 과학계, 산업계, 비정부기구 등 모든 조직이 협력할 수 있는 제도적 틀이 마련되어야 한다는 의미이다.

유엔환경계획은 육상활동으로부터 해양환경을 보호하기 위한 범지구적 실천계획을 실행하기 위해 이미 그러한 제도적 틀을 구축하기 시작했다.[11]

사실 그 제안에는 "특히 각종 지역 프로그램의 적절한 활동을 촉진함으로써 유엔환경계획의 지역해 프로그램을 재활성화"해야 한다는 점이 거듭 강조되고 있다.

제안 내용은 다음과 같다.

> 「범지구적 실천계획」을 성공적으로 실행하기 위해 유엔환경계획과 그 파트너 기구 간의 협업은 물론 관련 글로벌 및 지역 수준 프로그램, 구조, 협정과의 협업이 필수적이다. 이러한 협업을 통해, 범지구적 실천계획 추진에 있어 더욱 폭넓은 맥락을 고려할 수 있을 것이다. 맥락 중 일부를 열거하자면 인간 건강에 관한 관심(세계보건기구), 연안역 생산성(유엔식량농업기구), 생물다양성의 상실(생물다양성협약 외), 방사선 방호와 해양오염 감시(국제원자력기구), 개발의 지연과 빈곤(유엔개발계획), 민주주의 패턴의 변화(유엔인간거주센터/해비타트), 식량 안보 약화(유엔식량농업기구, 유엔세계식량계획), 지구 환경 변화(국제학술연합회의의 국제지권생물권계획), 자연 보전(세계자연기금, 국제자연보전연맹) 등이 있다.

제안 내용에는 또한 유엔환경계획이 의장을 맡는 범조직적 운영 그룹을 설치하여 정기적으로 회의를 개최하는 것도 포함되어 있다.

제안에 따르면 1997년 10건의 지역 워크숍이 개최될 계획이었다.

---

11) UNEP, 1993.

실제로는 예산을 비롯한 여러 제약으로 인해 워크숍 대부분이 아직 열리지 않았지만, 가능한 한 조속히 개최되어야 할 것이다. 무엇보다 유엔환경계획이 이를 목적으로 창설한 포럼인 '지역 해양의회'의 '제도적 정착'이 필요하다. 이 회의는 격년으로 진행되는 지역해협약 체결국 회의를 대신하여, 범지구적 실천계획에 국한되지 않고 지역 수준 '고리'의 전반적인 해양 및 연안 관련 사안을 다루는 권한을 지녀야 한다. 그리고 식량 안보(유엔식량농업기구), 빈곤 퇴치(유엔개발계획), 과학 협력(유네스코 정부간해양학위원회) 등 유엔환경계획 파트너 기구들의 강령을 포함하여 지속 가능한 개발이라는 폭넓은 범분야적 맥락을 고려하며 운영되어야 한다. 바르셀로나조약의 체결국은 이미 이와 같은 방향으로 움직이기 시작했다.

유엔환경계획과 바르셀로나조약 체결국이 마련한 토대를 바탕으로 이런 종류의 지역 '해양의회' 제도를 모든 지역해에 적용하면서, 다음과 같은 조항을 포함하여 지역해양협약을 개정할 것을 제안한다.

- 체결국은 격년으로 정례회의를 개최하고, 필요하다고 여겨지면 언제라도 조정국 또는 체결국의 요청에 따라 임시회의를 개최한다. 단, 그러한 요청에는 두 개 이상 체결국의 지지가 있어야 한다.
- 체결국 회의에는 지역경제통합조직, 유엔의 지역경제위원회, 지역개발은행, 비정부기구 등 적절한 권한을 가진 지역기구 및 국제기구도 출석하도록 한다.

이와 같은 '해양의회'에서 이루어지는 활동 범위는 지역마다 차이는 있겠으나 광범위할 것이다. 그렇다고 해도 모두가 공유하는 공통 요소는 있을 것이다.

연안 및 해양의 종합관리는 해양 쪽으로는 배타적경제수역, 육지 쪽으로는 분수계까지를 포함하는 생태계를 대상으로 하며, 따라서 필연적으로 내륙국에서 발원하는 하천의 관리도 포함한다. 따라서 내륙국도 지역해 프로그램에 포함해야 한다.

연안역 종합관리에는 통합 수자원 관리가 포함될 수밖에 없다. 연안역에서는 담수와 해수 시스템이 공존하면서 상호작용하고 있기 때문이다. 최근 유엔환경계획, 유엔개발계획, 세계은행, 지구환경기금(GEF) 내의 통합 수자원 관리조직 재편성은 이러한 방향으로 가는 진일보를 내디딘 셈이다.

이제부터 지역 협력 및 개발이 현재 발전 단계에 진입했을 때 지역 차원에서 보편적으로 필요한 세 가지 혁신에 초점을 맞추고자 한다.

첫 번째는 기술협력이다.

두 번째는 지역과 글로벌 수준의 '고리'를 연결하는 지속가능개발 지역위원회 조직이다.

세 번째는 지역 안보다.

1) 기술협력

유엔해양법협약 및 유엔환경개발회의 이후의 협약, 협정, 프로그램은 이런 새로운 제도 내에서 빈곤한 국가가 책임을 다하고 권리를 누리려면 기술협력과 기술 공유가 근본적으로 중요하다는 점을 인식하고 있다. 이런 인식은 점진적으로 발전하면서 힘을 얻고 있다. 새로운 협약의 조항을 살펴보면 해양법협약보다 선진국에 더 많은 의무를 부과하고 있다. 논리적인 귀결이다. 가령 강력한 함대를 보유한 강국이 여전히 규칙을 무시하고 함대가 없는 약소국을 소외시키면서 바다를 장악할 수 있다고 생각한다고 하더라도, 세계 인구의 3

분의 2나 4분의 3 정도 되는 사람들과 협력하지 않고는 글로벌 기후, 오존층 파괴, 글로벌 생물다양성 등의 문제를 해결할 수 없다는 것이 명약관화하기 때문이다. 지구 차원의 새로운 문제들이 대두되면서 개발도상국으로 협상 카드가 넘어간 셈이다. 개발도상국은 그것을 효과적으로 활용해야 한다.

이 시스템의 약점은 각각의 협약, 협정, 프로그램마다 기술협력과 기술 공유에 관해 각기 다른 자체적 조항을 가지고 국가, 지역, 글로벌 차원에서 자체적인 체제를 만들고자 한다는 점이다.

이렇게 하면 내용이 중복될 뿐 아니라 노력도 배로 들고, 특히 관련된 기술이 거의 같다는 점을 생각하면 막대한 낭비가 아닐 수 없다.

지방, 국가, 지역의 '고리' 내에서 새로이 형성되는 모든 약속의 실행에 대한 책임을 지닌 포괄적 체제가 등장한다면, 역내의 모든 협약, 협정, 프로그램의 필요를 충족하는 방향으로 단일한 기술협력 시스템을 구축하는 것이 논리에 맞다. 명백하게 비용 효율적일 것이고, 훨씬 적은 노력으로 훨씬 많은 것을 이룰 수 있다.

그런 시스템을 구축하는 데 있어서 간과하기 쉽지만, 반드시 기억해야 하는 두 번째 포인트는, '기술이전'의 모습이 과거와는 달라졌다는 점이다. 확실히 현대 기술의 성격이 달라졌기 때문이다. 오늘날의 기술은 과거의 기술과는 다르다.

종래의 기술은 '하드웨어' 형태로, 개별적인 상업 거래를 통해 '생산자'에서 '사용자'나 '소비자'에게로 '이전'할 수 있었다. 이에 반해 새로운 기술은 정보, 지식, 개발 등으로, 물리적 상품이 아니라 프로세스다. 생산자와 더불어 소비자가 함께 관여하면서 양쪽의 역할이 앨빈 토플러(Alvin Toffler)의 표현에 따르면 '프로슈머'로 전환되는, 국제 무역과 '기술이전'에 심대한 영향을 미치는 프로세스다. 오늘날 기술은 이제 구매의 대상이 아니라 학습의 대상이다. 각각의 기술이전은 교육, 유지보수, 업그레이드 등에 관한 장기 계약을 수반하는 일종의 합작 사업이 되었다. 오리오 지아리니(Orio Giarini)의 지적에 따르면 "상품 또는 기술의 이전이라는 개념은 따라서 점차 협력과 통합이라는 '프로슈머' 프로세스에 자리를 내어주어야 할 것이다."

나아가 현대 기술 산업에서는 연구개발(R&D)이 굉장히 중요하다. 연구개발은 기술 혁신의 근간이고, 기술 혁신은 경제 성장의 원동력이다. 노벨 경제학상 수상자인 로버트 M. 솔로(Robert M. Solow) 매사추세츠공과대학 교수를 비롯한 전문가들의 연구에 따르면 미국의 1인당 경제 성장의 85%가 생산성 향상이나 기술 혁신에서 나왔고, 더 많은 자원 투입에서 기인한 성장은 불과 15%였다.

그러나 우선 첨단 기술 연구개발에는 엄청난 비용이 들어가 기술 선진국이 저마다 수천억 달러를 투입하고 있는 형국이다. 비용만 많이 드는 게 아니라 특히 초기 단계에는 매우 큰 위험을 감수해야 하기도 한다. 실패 확률이 1대 7에서 20까지로 추정되고 혹자는 1대 40까지 보기도 한다. 셋째로는 기술 완성까지의 기간이 길어 투자 수익이 나기까지 수년이 걸리기도 한다. 마지막으로 연구개발의 결과는 개발비를 투자하고 개발을 수행한 기업에만 유용한 것이 아니라 다른 프로젝트에도 도움이 될 수 있다. 다시 말해 민간기업 입장에서 관심을 가지는 수준 이상으로 상당한 외부 효과가 있을 수 있다.

이 모든 요소가 기업의 연구개발 분야를 완전히 뒤바꾸는 흐름을 만들었고, 기업은 비용을 분담, 경감하고 '경쟁 전' 단계라고도 불리는 첨단 기술 개발 초기 단계에 발생할 수밖에 없는 위험을 분산하기 위해 연구개발 컨소시엄을 널리 활용하고 있다. 한편 연구개발에 대한 자금 조달에 있어서는 우선은 은행이, 그다음으로 정부가 지원을 확대하고 있다. 민간기업의 가장 충실한 수호자인 미국에서조차 연방 정부 지원이 연구개발비의 50% 이상을 차지한다.

그러나 대부분의 나라에서는 민관 합동 투자를 해도 세계적 수준에서 기술 개발 경쟁력을 확보하기는 역부족인 경우가 많다. 그런 이유에서 새로운 형태의 국제적 민관 협력이 부상하고 있으며, 유럽의 공동연구개발 프로젝트 EUREKA를 비롯하여 십여 개 시스템이 이미 마련되어 있다. 마거릿 샤프(Margaret Sharp)와 클레어 셔먼(Claire Shearman)이 지적한 바와 같이 "국제적 기업 간 기술협력 협정의 증가는 1980년대 상반기를 특징짓는 가장 중요하고 새로운 변화 중 하나이다."[12] 위험과 비용을 분산함으로써 기업들은 연구개발에 더 많은 금액을 투자하게 된다.

EUREKA는 매우 단순한 모델로서 유연성, 탈중앙성, 비용효율성의 특성을 갖추었다. 발족 후 불과 3년 만에 첨단 기술 연구개발에 50억 달러의 투자를 창출했다. EUREKA 체제 내에서 필립스, 지멘스, SGS 톰슨과 같은 대기업들이 연구개발 컨소시엄을 구성함으로써 3개 산업과 네덜란드, 서독, 프랑스, 이탈리아 정부를 통해 200억 프랑이 넘는 투자를 창출했다.

제도적 기틀은 다음 4가지 기본 요소로 구성된다.

① 각 참가국은 조정자를 임명하고 조정자는 첨단 기술 연구개발의 우선순위 분야에 프로젝트를 유치하는 것을 담당 업무로 한다.

② 각국의 조정자가 참여하는 회의를 개최하고 이를 통해 프로젝트를 1차 선정한다.

③ 참가국의 과학기술부장관 회의를 개최하고 이를 통해 최종 프로젝트를 선정한다.

④ 상기 2단계의 회의를 지원하는 소규모 조정 센터를 운영한다.

EUREKA 프로젝트로 선정된 프로젝트에 대해서는 제안을 한 민간기업과 각국 정부가 자금을 지원하고, 유럽연합이 파트너로 참가

---

12) 『유럽기술협력(*European Technological Collaboration*)』, 1987.

하는 경우 유럽연합도 자금을 제공한다.

이처럼 '민영화'가 아닌 새로운 형태로 이루어지는 국가적, 국제적 차원의 민관 협력은 필연적으로 사업적 관점에서 단기적 재무 성과와 이해관계에 집중하는 민간분야와 사회적, 환경적 측면에서 좀 더 폭넓고 장기적인 고려를 할 책임이 있는 국가 사이에 적절한 화합의 가능성을 시사하고 있다.

개발도상국 입장에서 기술 공동개발에는 다양한 장점이 있다. 우선, 개발 활동 그 자체에 기술교육이라는 요소가 내재하여 있다. 합동 연구개발에 참여하는 개발도상국 기술자들은 일하면서 배움을 얻을 수 있다. 둘째로, 공동으로 개발한 기술은 개발도상국에서 사용하기 위해 따로 수정할 필요 없이 바로 사용할 수 있도록 설계된다. 셋째로는 '지식재산권' 관련 문제가 없다. 공동으로 개발한 기술은 공동 소유이고 소유권 관리 방식에 대해서는 이미 많은 문헌이 존재한다. 기술 공동개발은 언젠가는 피할 수 없는 '지식재산권' 개념의 확대와 개화에 이바지할 것이다.

2) 환경과 개발

1987년에 국제해양연구소는 지중해 해양산업기술 연구개발센터(MEDITECH)[13]의 설립 제안서를 발표했다. 몰타 정부가 공인하고 유엔환경계획 및 유엔산업개발기구(UNIDO)가 지지한 제안서였다. 국제해양연구소는 타당성 조사를 의뢰받아 1988년 완료했으며[14], 이후 유엔산업개발기구가 전문가 회의를 조직하였다(빈, 1988년). 여러 지중해 국가가 센터 유치 의사를 밝혔으나 센터의 본부 또는 사무국의 최종 위치에 대해 합의가 이루어지지 않아 더 이상의 진전

13) 몰타 : 국제관계연구재단(1987년)

14) Saigal, 1988.

은 없었다.

이후 지중해 및 기타 지역 정부 간 다양한 형태의 기술협력을 위해 여러 개의 협정이 체결되었고 해당 제안을 앞서 나갔다. 특히 중요한 것은 유엔환경개발회의(리우데자네이루, 1992년)와 그 후 이어진 여러 협약, 회의, 실행 계획이 이 제안을 추월한 것이다. 이 모든 일련의 움직임은 빈국이 이들 새로운 국제적 약속 이행에 역할을 다하고 '지속 가능한 발전'을 성취하고자 한다면 절대적으로 '기술이전'을 받아야 한다고 강조하며 제안의 기저에 놓인 동기와 원칙을 강력히 지지했다. 하지만 어느 협약이나 조약도 국제해양연구소 제안서의 취지, 즉 국제적인 차원에서 공공과 민간 공동 투자를 유치해 시너지를 생성하는 한편 여러 협약 체제를 상호 도움이 되는 방식으로 활용해 또 다른 시너지를 생성하고자 한 목적을 달성하지 못했다. 지금이야말로 이 사업을 재검토해 새로운 세기의 필요를 충족하도록 재정비할 때일 것이다.

재활성화된 지역해 프로그램의 틀 안에서 공동기술개발을 위한 지역 체계를 세운다면 다음 사항을 실행하는 형태가 되어야 할 것이다.

- 유엔해양법협약(제9부 폐쇄해 또는 반도해역, 제13부 및 제14부 해양과학과 기술 관련 지역협력에 관한 부분, 특히 제276조 및 제277조의 해양과학 및 해양기술 촉진을 위한 지역 센터)
- 「어젠다21」(제17장 해양, 제34장 기술)
- 『생물다양성협약』(제4조)
- 『기후변화협약』(제5조)
- 『오존층 보호를 위한 비엔나 협약, 오존층 파괴 물질에 관한

몬트리올 의정서』[15)]

나아가 노르드베이크 통합연안역관리회의(1994년), 육상활동으로부터 해양환경을 보호하기 위한 범지구적 실천계획(워싱턴, 1995년), 경계왕래성어족에 대한 실행 협정의 권고사항 등 광범위한 문화적, 사회적, 환경적 지속 가능한 발전의 맥락에서 이루어지는 기술협력[16)]에 관한 사항도 모두 추가된다.

시범 프로젝트

지역마다 필요성, 기초 자원, 제도적 인프라 등이 매우 다양한 점을 고려하여 다음 두 가지 시범 프로젝트 수행을 제안한다. 하나는 개정된 바르셀로나조약에 근거해 지중해에서 지역해 프로그램의 틀을 따라 실행하는 것이고, 다른 하나는 인도양에서 실행하는 것이다. 두 프로젝트 모두 지역 차원에서 정부투자와 민간투자 간 시너지를 창출하고, 모든 협약, 협정, 프로그램의 필요에 부응한다는 원

---

15) 몬트리올 의정서의 기술이전 프로그램은, '다자기금(Multilateral Fund)'을 갖추고 성공사례로서 크게 평가받았다. 이에 대해 인도의 아닐 아가왈(Anil Agarwal) 환경삼림성장관은 다음과 같이 심각한 우려를 표명하고 있다. "다시 한 번 새로운 기술이 기존 기술을 대체할 것이라는 생각이 자라나고 있다. 이런 일은 대개 선진국들에서 일어날 것이고, 개도국가들은 여기에서 발생하는 전환 비용을 부담해야 할 것이다. 그 영향은 아직 완전히는 알려져 있지 않지만, 기술적 의존도라는 개념에서 매우 불쾌한 감정이 생긴다(후략)."(UNEP, *Our Planet*, Vol. 9, No. 2, 1997). 이 책에서 제안하는 기술의 공동개발 혹은 합작에 의한 연구개발은 이러한 우려를 완화하게 될 것이다.

16) 유엔해양법협약은 1982년 채택되었을 당시 '권한 있는 국제기관' 및 이들 기관에 의한 조약과 프로그램들을 직간접적으로 다루면서 모든 종류의 해양 이용을 포함했다. 그러나 유엔해양법협약은 1990년대의 발전을 담지 못했고, 해당 시기에 협약이 충분히 주목받지도 못했다. 이에 해양에 관한 통치형태는 다시 부문별로 분열하고 있다. 기본적으로 이 문제는 국가와 비국가 관계자들이 해양공간을 둘러싼 서로 밀접하게 연관된 각종 문제를 함께 논할 수 있는 장이 만들어지고, 유엔해양법협약을 1990년대의 발전처럼 새로운 변화를 반영하고 그에 맞게 조정할 수 있는, 진화를 거듭하는 살아 있는 유기체로 다룰 때에야 비로소 해결할 수 있을 것이다. 그러나 기술협력에 관한 새로운 법적 장치를 훨씬 자유롭게 해석함으로써 새로운 통합 프로세스를 어느 정도 기대하고 촉진할 수도 있다.

칙에 근거해 운영해야 하나 우선 사항은 지역에 따라 크게 다를 것이다. 지중해에서는 산업기술이 보다 강조되고 인도양 각국에서는 촌락 단위 기술에 더 큰 방점이 놓일 것이다. 이러한 차이는 자금 조달 방식에도 영향을 주어 민간참여는 인도양보다 지중해에서 두드러질 것이다.

① 지중해에서 실행될 시범 프로젝트는 지속 가능한 개발에 관한 지중해위원회가 기술협력에 관한 위임사항을 실행할 실용적이며 비용 효율이 높은 방법으로 보아야 한다.

② 네트워크 또는 운영체계의 구성원은 다음과 같다.

(a) 바르셀로나조약의 체결국 전원

(b) 지역 내 모든 과학기술 센터와 기관 그리고 역내 활동 중인 모든 국제 과학기술 기관

③ 네트워크는 다음과 같은 조직으로 운영한다.

(a) 각국 조정자와 지역 및 국제 과학기술 기관의 대표자

(b) 각국 조정자, 지역·국제기관으로 이루어진 회의체

(c) 과학기술각료회의

(d) 조정센터(Coordinating Center)

④ 각 체결국은 자국 조정자를 지정한다.

(a) 유럽 회원국은 EUROMAR의 조정자를 해당 역할로 지명할 수 있을 것이다.[17)]

(b) 유럽 외 회원국은 전문 조정자를 지명해 자국 내 가장 적절한 과학기술 기관에 배치해야 할 것이다.

---

17) IOI 연구보고서를 간행 당시 이탈리아의 EUROMAR 조정자(코디네이터)가 개발도상국의 EUROMAR 참가 허용 가능성을 논하기 위한 회의를 소집했지만, 당시 이 제안은 반대에 부딪혀 추진되지 못했다. 특히 프랑스 대표단이 유럽 산업의 세계적 경쟁력을 높이는 게 주된 목적이었기에 EUREKA와 EUROMAR은 유럽 국가들에 한정해야 한다고 주장하면서 반대했다. 오늘날에는 상황이 다소 달라졌다. 유럽연합이 지중해 남부 및 동부 연안 각국을 위한 기술원조를 중시하게 됨으로써 협력 가능성이 훨씬 높아졌다.

⑤ 각국 조정자의 업무는 정부와 민간부문 양쪽에서 프로젝트를 유치하는 일이 될 것이다. 프로젝트는 다음 요건을 만족해야 한다.

(a) 체결국이 합의한 기술 분야에 해당해야 한다. 수산양식과 유전자공학 기술, 엄선된 어구 제조, 폐기물 재활용, 하수처리 등 수처리기술, 해양온도차발전(OTEC)과 해저 미생물을 활용한 메탄 생산(메탄균은 최종적으로는 지상의 실험실 혹은 공장에서 배양 가능할 것) 등 해양 기반 재생에너지, 하이드레이트의 연구 등을 예로 들 수 있다. 해당 기술 목록은 지역별 필요에 따라 조정되어야 한다.

(b) 최소 1개 개발도상국을 포함, 2개국 이상에 파트너가 있어야 한다.

⑥ 각국 조정자와 지역 및 국제기관의 대표자는 제안된 프로젝트 중 1차 후보 선별을 위해 연 2회 회동해야 하며, 체결국의 과학기술 각료(또는 동등한 자격을 가진 자)는 프로젝트 최종 선정을 위해 연 1회 회동해야 한다. 이들 회의는 지속 가능한 개발에 관한 지중해위원회의 맥락에서 개최되고 동 위원회에 속하는 고위급 조직 중 하나가 될 것이며, 이로써 공동기술개발과 유엔환경개발회의의 다양한 조약, 프로그램, 실행계획이 지향하는 지속가능성과 환경보전 목표 간 적절한 연결성이 확보된다.

⑦ 선정된 프로젝트의 자금은 제안을 주창한 산업 측에서 절반, 정부 및 지역의 자금지원 기관 측에서 나머지 절반을 제공한다. 이러한 자금 조달 구조는 지역 차원에서 민간투자와 공공투자 간 바람직한 시너지를 창출하게 될 것이다. 개발도상국의 참여는 국제 자금제공기관의 자금 지원(반드시 전부는 아니지만 대부분)을 받아야 한다. 이처럼 자금 조달에 일조하면 선진국인 체결국은 자국 산업을 지원하는 한편으로 생물다양성

협약 및 기후변화협약의 의무사항인 기술협력도 수행할 수 있다. 조정센터는 하나의 핵심 모듈과 필요도나 자금조달 가능성에 따라 추가 또는 폐지할 수 있는 여러 기타 모듈로 구성되어야 한다.

(a) 핵심 모듈은 각국의 조정자와 지역기구, 국제기구 대표들 간 회의를 지원한다. 또 지중해실행계획을 위한 아테네조정센터와 협력하여 지속 가능한 개발에 관한 지중해위원회의 특별 고위급 조직이 최종 프로젝트를 선정하는 과정도 지원한다.

(b) 연수 프로그램 편성을 위한 추가적인 모델이 빨리 제시되어야 한다. 연수 프로그램은 해당 네트워크의 프로젝트에 포함된 과학기술을 다뤄야 하며 연수자를 가능한 한 직접적으로 프로젝트에 개입시켜야 한다. 또한 학제적 성격을 띠고 관리 및 프로젝트 입안하는 법을 다루는 한편, 그 안에서 기술협력이 진전을 이룰 보다 넓은 틀인 지역 협력 및 개발, 그리고 점점 대두되고 있는 해양 거버넌스에 대해서도 교육해야 한다. 연수 담당 모듈은 기존의 연수 프로그램 및 연수기관과 협력해야 한다.

(c) 합작사업 계약서를 작성하고 지적재산 공유 및 프로젝트에 관련된 기타 법률문제를 담당할 법무 모듈이 필요하다.

(d) 다른 지역해 프로그램과 마찬가지로 데이터 처리·정보수집 및 기술협력 체계와의 공조를 담당할 모듈이 필요하다.

이처럼 재활성화된 지역해 프로그램의 범위 내에서 공동 기술 개발 체계를 수립하는 것은 1997년 7월 23~27일 개최된 유엔총회의 특별 회기에서 채택된 「어젠다21의 이행 촉진을 위한 프로그램」의

취지에 완벽히 부합한다.[18)]

3) 지속 가능한 발전에 관한 지역위원회

지속 가능한 발전에 관한 지역위원회를 설립하는 것은 여러 면에서 바람직하다.

유엔 지속가능발전위원회는 「어젠다21」 이행을 위해 광범위한 업무와 책임을 맡지만, 실행 수단에 있어서는 상당한 제약을 받고 있다. 위원회 운영을 분권화하고 지역 차원 활동 비중을 높인다면 효율성을 개선할 수 있을 것이다. 유엔위원회와 적절한 연결고리를 가진 지역위원회가 존재할 경우, 지역 정책과 글로벌 정책 간 일관성과 지역 차원과 글로벌 차원의 지속 가능한 발전 정책 간 일관성도 확보할 수 있다.

「바르셀로나조약」의 체결국인 지중해 각국은 이러한 지역위원회 설립을 향해 이미 대담한 첫발을 내디뎠다.

지역위원회는 1994년 11월 열린 튀니스각료급회의(Tunis Ministerial Conference)의 권고를 따라 다음과 같은 임무를 띠고 1995년에 설립되었다.

「지중해 어젠다21」이 제기한 주요 경제적, 환경적, 사회적 문

18) 이 프로그램의 92항은 다음과 같이 설명한다. "각국 정부는 기술 관련 민간투자와 장기적 지속 가능한 개발 목적 달성을 촉진할 수 있는 법적 및 정치적 체제를 창출하여야 한다. 각국 정부와 국제개발기구는 계속해서 개발도상국이나 경제이행기에 있는 국가들 간의 정부와 민간의 파트너십을 구축하기 위해 주요한 역할을 계속 수행해야 한다. 이와 같은 파트너십은 민간부문의 이점인 자금과 기술에 대한 접근성, 효율적 관리능력, 기업가적 경험, 기술자의 전문지식 등을 정부의 정책환경 조성 능력에 연결시키는 데 꼭 필요하며, 이렇게 함으로써 기술 관련 민간 투자가 장기적 지속 가능한 개발 목적과 연결된다." 93항은 지역 등 다양한 차원에서의 기술이전을 위한 센터 창설을 제안하고 있다. 95항에서는 기술이전과 능력 육성을 위한 개도국 간 협력을 강화하는 적절한 대책의 중요성을 강조한다.

> 제를 식별, 평가, 사정하고, 이에 기반해 체결국 회의에 적절한 제안을 하며, 체결국의 결정에 따른 후속 활동이 유효한지를 평가하고, 지중해의 지속 가능한 발전에 관련된 활동을 펼치고 있는 각 기관 간 정보 교류를 촉진한다.
>
> 지중해 지역 내 협력을 증진하고 정부 간 의사결정 능력을 합리화해 환경 및 개발과 관련된 각종 사안의 통합을 도모한다.

이러한 위임사항이 실행되면 유엔 지속가능발전위원회의 활동은 눈에 띄게 활성화될 것이다.

이 '지역위원회'는 21세기를 향한 새로운 경향을 반영해 독특하게 구성되어 있다. 구성 위원은 36명으로 그중 21명이 바르셀로나조약 체결국의 대표이다. 나머지 15명은 환경과 지속 가능한 발전 분야에서 활동하고 있는 비정부기구, 지방정부 당국, 사회경제 관계자를 대표한다.

> 바르셀로나조약의 체결국은 각각 1명의 고위급 대표자(총 21명)를 파견하고 이들 대표자는 필요에 따라 대리와 고문을 동반할 수 있다. 체결국의 관련 부처(환경, 관광, 경제, 개발, 산업, 재무, 에너지 등의 관련 부처)가 범분야적으로 참여하도록 하기 위해서이다.
>
> 위임사항(Terms of Reference) 본문의 C.5절에 열거된 세 개의 범주, 즉 지방정부 당국, 사회경제 분야 관계자 그리고 비정부기구는 각 5명의 대표자가 대표하고(총 15명) 체결국 회의에서 그들의 대리자를 동수로 선출한다.
>
> 36명의 위원 전원이 대등한 지위로 위원회에 참가하는 것으

로 한다.[19)]

위에 인용된 세 개의 단락 중 첫 번째는 환경장관을 각국의 대표로 삼아온 유엔환경계획의 관례를 따르지 않는다는 점에서 특히 흥미롭다. 대표는 고위급이어야 하지만, 고위급 각료이기만 하면 되는 것이다. 이 단락은 체결국의 관련 부처가 범분야적으로 참여해야 함을 강조하고 있다.

두 번째 단락도 역시 특별한 흥미를 끄는데 이는 한편으로는 분명 대표후보자로 지명될 지방의 풀뿌리 유권자들과 필수 연결고리를 제공하면서도 대표자 선출은 지역 차원이 아니라 체결국 전체 회의에서 이루어진다고 규정했기 때문이다. 이로써 대표후보자는 지방의 유권자와 그 활동에 뿌리를 두고 있되 국제적으로도 인정받는 입지의 인물이 선정된다.[20)]

세 번째 단락은 아마도 가장 중요한 단락일 것이며 정부와 비정부기구를 동등한 주체로 취급하고 있다. 이는 국가와 '시민 사회'의 관계가 변화해가고 있음을 인정하는 동시에 현재 진행 중인 주권 개념의 변화도 반영한 결과이다.

'지속 가능한 개발에 관한 지중해위원회(MCSD)'는 1996년 12월 16~18일에 모로코의 라바트에서 활동을 개시했다. 30명의 위원은 17개 지중해 연안국가 정부와 EC의 대표, 3개 지방정부 대표, 경제 분야 관계자 3명, 그리고 5개 지역 비정부기구의 대표로 구성된다.

회의 당시 위원회는 과업 책임자를 임명하고 특정 기간 한정된 의제에 집중하는 주제별 작업그룹을 구성하기로 했다. 그중 두 개의

---

19) UNEP (OCA)/MED IG>8/CRP/9. paragraphs(a), 1-3.

20) 이와 같은 이점을 얻기 위한 비슷한 방법론이 『세계헌법의 제1초안』에서 개발되어 시카고대학이 1948년에 처음 발표했다. 지역 조직이 지명하고 국제 조직이 선출하는 방식은 '외부적 대의(exogenous representation)'라고 일컫는다. 『세계를 위한 헌법(*A Constitution for the World*)』, 샌타바버라 민주주의제도연구센터, 1965 참조.

그룹에 우선순위가 주어졌는데 연안역의 지속 가능한 관리에 관한 그룹과 수자원 수요 관리에 관한 그룹이다. 전자는 모로코와 지중해 도시 (MEDCITIES) 네트워크가, 후자는 모로코와 튀니지가 관리하게 될 것이다. 튀니지는 1994년의 각료급회의를 주최했는데 해당 회의를 통해 지중해위원회의 설립이 결정되었을 뿐 아니라 유엔환경개발회의의 실행 계획 「어젠다21」의 주요 주제를 지중해에 적용한 「지중해 어젠다21」이 채택되었다.

1년 후 모로코와 튀니지는 1차 전략적, 정책적 방향을 제안할 것이다. 다른 작업그룹은 시급함에 있어서 전혀 뒤지지 않는, 관광, 자유무역, 산업과 관련하여 지속 가능한 발전이 직면하는 도전 과제들을 다루게 될 것이다.

'지속 가능한 발전에 관한 지중해위원회'의 설립은 대담한 진일보이다. 그 구조와 기능은 모든 다른 지역해 프로그램의 체결국들이 그리고 가능하면 유엔환경계획이 이미 제안한 워크숍에서 먼저 신중히 검토해야 한다.

4) 지역 안보

올해 1998년은 '세계 해양의 해'이다. 이제 다음처럼 본격적으로 이야기해보자.

> 지속 가능한 발전에는 통합되어야 할 세 개의 구성요소가 있다. 바로 사회경제적 발전, 사회경제적 발전이 이루어지는 환경의 보전, 그리고 부재 시 사회경제적 발전도 환경보전도 불가능할 평화와 안보이다.
>
> 안전보장에는 통합되어야 할 세 개의 구성요소가 있다. 정치적·군사적, 즉 전통적 의미의 안보, 그리고 경제 안보, 나아가 환경 안보이다. 경제 안보와 환경 안보가 없다면 정치적·군사

적 안보도 달성할 수 없다.

위에 기술한 것은 보편적으로 인정받는 두 개의 명제이다. 분명 이들은 지금까지는 충분히 주목받지 못한 제도적 함의를 지니고 있다. 지역 및 국가 차원에서는 논의할 여지도 없다. 기본적으로 국가가 이 세 개의 안보 요소 모두를 책임지고 있으며 실행을 위한 제도적 인프라도 보유하고 있다.

전 세계 차원에서는 유엔사무총장이 「평화를 위한 의제」를 제시하면서 이들에 대한 주의가 환기되기 시작했다. 「평화를 위한 의제」는 예방외교, 평화유지, 평화창설 및 분쟁 후 평화 구축을 촉진하기 위한 지역 차원 협력의 중요성도 강조하고 있다. 이 과정에 참가 자격이 있는 지역 기구의 정의를 다음과 같이 제시한다.

> 유엔 창설 전후를 불문하고, 조약에 근거해 창설된 기구, 상호 안보와 방위를 위한 지역 기구, 전반적인 지역 개발을 위해 또는 특정한 경제 과제 혹은 기능에 대한 협력을 목적으로 설립된 기구, 그리고 특정한 정치적, 경제적, 사회적 현안에 대처하기 위해 설립된 그룹 등이다.

지역해 프로그램과 지역해 조약에 의해 창설되는 여러 기구도 당연히 포함된다.

나아가 「평화를 위한 의제」는 다음과 같이 서술하고 있다.

> 안전보장이사회는 유엔 헌장에 근거해 국제평화와 안보 유지를 책임져왔으며 앞으로도 그럴 것이다. 그러나 지역 활동이 분권화, 권한이양, 유엔 활동과의 협력 차원에서 이루어지면 안전보장이사회의 부담이 줄어들 뿐 아니라, 국제문제를 둘러싼 참여의식 증대, 공감대 형성, 그리고 민주화가 촉진된다.

하지만 「지역해 프로그램」은 아직 이러한 도전과 기회를 받아들이지 않았다. '해양의 해'를 맞았고 이미 「지역해 프로그램」을 재활성화하려는 작업도 시작되었으니 이러한 도전과 기회를 받아들일 완벽한 계기가 마련되었다.

여러 기반 요소가 이미 갖추어져 있다. 공동 감시 및 집행이 남태평양과 동카리브해에서 뿐 아니라 남태평양 지역에서도 이미 시행되고 있다. 지역해에서 경제 및 환경 안보를 추진할 수 있는 한 가지 방법이다. 제4장에서는 공동개발 수역 수립을 위해 인도네시아와 호주 간 체결된 티모르 갭 조약이 해양 자원관리와 안보를 통합하여 제도적 틀을 구축한 모습을 살펴보았는데 지역해 프로그램 재활성화 과정을 통해 여러 체계가 진화할 것이고 이들을 비슷하게 활용할 수 있다.

지중해 각국은 광범위하고 학제적이며 범분야적인 접근으로 '지중해위원회'를 구성한 바 있고 이는 지역해체제(Regional Seas System)의 집행조직인 사무국(Bureau) 구성에도 적용되어야 한다. 현재 사무국은 여전히 환경장관으로만 구성되어 있어 현재의 진행상황과 보조가 맞지 않는다. 사무국 회의에는 현안 의제별로 의사결정권이 있는 관련 부처의 '고위급 각료'가 참석해야 한다. 따라서 어업 문제에 관한 결정을 한다고 하면 사무국을 구성하고 결정을 내리는 주체는 각국의 농수산 각료여야 한다. 만약 과학기술에 관한 사안이 의제라면 각국의 과학기술 각료여야 하며, 지역 안보와 평화적 목적에 관련된 국방부 각료로 사무국이 구성되어야 한다. 이들 각료는 외무 각료를 동반해 함께 회의에 참석할 수도 있고 반대로 외무 각료를 중심으로 회합이 구성될 수도 있을 것이다. 군사적 대응이 필요한 무력 분쟁 발생 시에는 유엔사무총장 휘하의 적절한 지휘계통을 따르며 유엔의 평화유지 임무를 수행할 수도 있을 것이다. 이 경우 사무국은 실질적인 '지역안전보장이사회'로 기능하게 된다. 이는 아프리카단결기구(OAU) 가 아프리카에 적용하기 위해 제안한 개념이다. 이를 다른 지역해, 예를 들어 지중해에 적용하는 것은 3개 대륙의 평화유지에 있어 지중해 지역이 지닌 중요도를 생각할 때 더욱 이로운 방안이다. 무력 분쟁이 없을 때는 해군의 지역협력 임무를 공동 감시와 단속을 위시하여 수색 구난 및 재해 구조와 수로측량, 해도 작성, 기타 다양한 해양학적 연구 등 평화로운 인도주의 활동에까지 확대할 수 있다. 제도적인 견지에서는 이미 진행 중인 프로세스를 단순히 연장 혹은 응용하는 것일 뿐이다.

모든 「지역해 프로그램」이 이와 같은 방향으로, 또 같은 속도로 나아갈 수는 없을 것이다. 여러 정치적 권력 집단이 장애물로 작용할 수 있으며 극복에는 다소 시간이 걸리기 때문이다. 어찌 되었든 이 사안을 21세기를 위한 의제로 상정할 때가 되었다.

지역해는 가능한 한 비핵지대로 선언되어야 한다. 이는 환경 및 정치 군사 안보를 통합하고 유엔해양법협약(제88조)이 중시하는 새로운 원칙, 즉 공해를 평화 목적으로만 사용한다는 원칙을 해석, 발전, 실행하는 또 다른 방법이다. 배타적경제수역도 이에 포함된다.[21)]이미 「평화지대로서의 인도양에 관한 선언」, 「남극조약」, '중남미 비핵지대(LANFZ)'(이것은 카리브해에도 확대되어야 한다)를 확립한 「틀라텔로코조약」 및 「라로통가조약(남태평양 비핵지대 조약)」과 그 의정서를 통해 희망찬 첫발이 내디뎌진 상태이다. 발트해, 북극해, 지중해, 카리브해, 인도양과 아시아해역은 이 개념을 확대 적용하기에 적합한

21) 국제사법재판소 에벤슨 전 판사는 유엔해양법협약이 직접적으로 해양의 비핵화 또는 관련 군비제한 문제에 언급하고 있지 않다고 하면서도 "동 협약은 해양공간의 평화적 이용의 기초가 되어 있는 원칙을 더욱 체계화하고 있으며, 그렇게 함으로써 이 협약은 바다에서의 핵무기 문제를 더 직접적으로 다루기 위한 법적 기반이 될 수 있다"고 결론짓고 있다(Evenson, 1986).

후보가 될 수 있다.[22)]

마지막으로 '분쟁의 지역적 해결'도 지역 안보에 또 다른 중요한 공헌을 할 수 있다. 유엔해양법협약 제15부 및 부속서 V~Ⅷ에 기술된 평화적 분쟁 해결 체제를 지역 내 분쟁 해결 목적으로 활용할 수 있다. 부속서 Ⅶ 및 Ⅷ에 입각해 지역 중재재판소 혹은 특별중재재판소를 설립할 수도 있을 것이다.

이처럼 지역해는 21세기의 국제법과 국제기관의 발전에 있어 매우 흥미롭고 복합적인 역할을 할 잠재력이 있다. 생리학적으로 볼 때 지역해는 해양 관리의 이상적 기반인 '대규모 생태계'와 유사하며, 연안국 간 환경에 기반한 공동 이해관계의 근간이 된다. 그러나 이제 환경에 대한 우려는 이제 지속 가능한 발전에 대한 우려에 포함해서 생각해야 한다.

지역해는 국가 차원의 해양 정책 수립과 전 지구적 해양 정책 수립을 연결하는 필수 구성요소이며 유엔해양법협약을 비롯해 유엔환경개발회의와 그 이후의 모든 협정, 협약, 프로그램 등의 실행에 있어서 근본적인 중요도를 지닌다.

지역해 체제는 대륙 단위 기구 체제와 중첩되는 부분이 있다. 따라서 지중해 지역해체제는 유럽연합, '아프리카단결기구'[23)]와 유엔의 유럽·아프리카·서아시아 각 지역위원회 및 개발은행과 겹치는 부분이 있다. 지역해는 대륙 간 계획 수립과 정책 입안을 촉진하는 가교이다.

'지역해 프로그램'을 재활성화하는 것은 우선 과제 중 하나이다. 기술협력 체계, 지속 가능한 발전에 관한 지역위원회, 평화적 이용과 지역 안보 통합을 위한 제도적 합의 등을 확립하는 것이 재활성화 과정의 필수 요소가 될 것이다.

---

22) Lopez-Reyes (1997) 참조.

23) 모든 새로운 조약체제에 참가자격을 갖는 '경제통합조직'.

5) 전 세계의 바다

이제 해양의 고리 중에서도 가장 커다란 고리인 전 세계적 차원, 즉 유엔 차원을 이야기해보려 한다. 이 고리는 힘을 안쪽의 고리를 짓누르기 위해 힘을 행사하는 것이 아니다. 힘을 행사함으로써 안쪽 고리가 자체적으로 강점을 끌어낼 수 있도록 강화해준다.

여기서도 이미 진전된 사항은 있으며 그 지점에서 시작할 수 있다. 기본 구성요소는 이미 마련되어 있다. 필요한 것은 이들을 하나의 구조물로 묶어낼 설계의 비전이고 물론 정치적 결의도 필요하다. 전 세계적 해양 체제를 위해 제도적 틀을 확립하는 것은 21세기를 위한 유엔 재구축의 표본이자 일부가 될 수 있다. 이 주제는 마지막 장에서 다시 다룰 것이다.

앞 절에서 논의한 사항을 모두 정리하려면 네 개의 전개 사항을 고려해야 한다.

① 국가와 비국가 주체가 모여 서로 밀접하게 얽혀 있는 각종 해양공간 문제를 전체적으로 토의할 수 있는 포럼 창설('해양의회'(Ocean Assembly))

② 모든 유엔 전문기구 및 프로그램(유엔해양법협약 전체에 걸쳐서 '권한 있는 국제기구'라 지칭된 모든 유엔 전문기구와 프로그램)의 해양 정책 통합

③ 신탁통치이사회(Trusteeship Council)를 재구축해 공동유산 개념의 진화과정을 살피는 새로운 임무 부여

④ 국제해저기구(ISBA)의 재활성화

5. 정책 통합: 해양의회

유엔해양법협약이 채택되고 서명을 위한 공개 절차 단계에 접어들면서 1982년 제3차 유엔해양법회의가 종료될 당시 해양공간을 둘러싸고 밀접하게 얽혀 있는 각종 문제를 전체적으로 검토할 수 있는 조직이 이제는 유엔 내에 존재하지 않는다는 사실은 명백했다. 이후 15년이 지난 지금 그러한 조직의 필요성은 그 어느 때보다 더욱 확실해졌다.

이 문제는 유엔해양법협약 자체에 공백이 존재하기 때문에 발생한다. 이런 점을 포함한 여러 면에서 유엔해양법협약은 미완의 사업이며 완성품보다는 과정에 가깝다. 여타 협약은 그 내용을 재검토하고 종국에는 개정하기 위해 체결국 간 정기 회의를 규정하고 있지만, 유엔해양법협약은 체결국 회의의 임무를 엄격하게 제한하고 있다. 즉, 해양법재판소 재판관의 정기 선출, 동 기구의 지출 승인 및 그 규정의 개정으로만 한정하고 있다. 또 모든 체결국에 의해 구성되는 유일한 다른 회의인 국제해저기구총회의 임무는 명확히 해저 관련 사안에만 국한되어 있다.

이론적으로 볼 때 이는 세 가지 방법으로 해결할 수 있다.

① 처음에는 아마 비공식적으로 그리고 이후에는 협약 개정을 통해 체결국 회의의 임무 범위를 확대해 협약 이행상황을 검토하고 통합적 해양 정책을 설정하도록 할 수 있다.

② 가까운 미래에는 해저 채광에 들여야 하는 시간이 그렇게 많지 않다는 점과 "해양공간에 관한 각종 문제는 서로 밀접하게 얽혀 있어 전체적으로 검토해야 한다"라는 점을 고려해 국제해저기구총회의 임무 범위를 확대할 수 있다.

③ 유엔총회에 서로 밀접하게 얽혀 있는 각종 해양공간 관련 문제를 정기적으로 검토하고 통합적 해양 정책을 수립할 책임을

부여할 수도 있다.

이 중 첫 두 개의 선택지는 이미 존재하되 충분히 활용되지 못할 수 있는 조직을 적합한 업무에 활용한다는 이점이 있다. 그러나 어느 쪽 기관도 회원국 구성이 전 세계를 아우르지 못한다는 단점도 있다. '서로 밀접하게 얽혀 있는 각종 해양공간 관련 문제'가 유엔환경개발회의 체제 이후 체결되었고 회원 구성도 다른 여러 조약 체제 내에서도 일어나고 있음도 눈여겨봐야 한다. 또한 둘 중 어느 선택지도 생물다양성협약 이나 기후변화협약과 유엔해양법협약과의 중복 부분 등 다양한 조약 체제 간의 해양 관련 상호작용에 대처하기에는 적합하지 않다.

유엔사무총장 「보고서」[24]에서 강조된 것처럼 다양한 조약 체제의 상호작용에서 발생하는 문제를 포함해 서로 밀접하게 얽혀 있는 해양공간 관련 문제를 모두 다룰 수 있는 조직은 회원국이 전 세계에 걸쳐져 있는 유엔총회밖에 없다. 그러나 유엔총회의 단점은 이들 문제에 적어도 2년에 한 번 몇 주 동안 내내 파고들 만큼의 시간을 할애할 수가 없다는 것이다.

이 문제를 해결하려면 유엔총회가 전체위원회(Committee of the Whole)를 설립해 통합적인 해양 정책 수립에 필요한 시간을 할애하도록 해야 할 것이다. 업그레이드된 '지역해 프로그램'의 대표, 유엔 체제 내에서 해양 관련 임무를 지닌 전문기구, 그리고 비정부 부문이 격년으로 개최되는 전체위원회의 회의, 일종의 '유엔 해양의회(Ocean Assembly of the United Nations)'에 참석해야 한다. 통합정책은 유엔 해사해양법과(DOALOS)가 지속가능발전위원회(CSD)와 협력해 수립해야 한다.

24) Doc. A/51/645.

6. 정책 통합: 전문기구 및 프로그램

국가 차원의 고리에서 거의 모든 정부 부처가 어떤 형태로든 해양 문제와 관련되어 있고, 중복되거나 때로는 대립하는 정책을 조화시키고 통합해야 하는 것과 마찬가지로, 유엔의 거의 모든 전문기구 및 프로그램은 어떤 형태로든 해양 문제와 관련이 있다. 국제해사기구(IMO), 유네스코 정부간해양학위원회(IOC), 국제해저기구(ISBA)[25]는 오직 해양 관련 사안에만 집중하는 기구이다(국제해사기구는 해운, 유네스코 정부간해양학위원회는 해양과학, 국제해저기구는 해저 채광 담당). 또 유네스코, 유엔식량농업기구, 유엔환경계획은 그 임무 영역이 더 넓고 해양 관련 부문을 포함하고 있다(유네스코는 해양의 과학·문화·교육, 유엔식량농업기구는 어업과 양식, 유엔환경계획은 지역해와 해양환경을 다룸). 그 외 세계기상기구(WMO)는 해양과 대기의 상호 작용과 그 영향에 관해서, 국제원자력기구(IAEA)는 해양 핵 오염 측면에서, 유엔산업개발기구는 해양 산업기술 부문에서, 국제노동기구(ILO)는 해양 노동자의 보호와 관련하여, 세계보건기구(WHO)는 해양관련 보건 문제에 대해서 등 각종 기구가 다양한 형태로 해양과 연관되어 있다.

이들 조직과 프로그램을 비용 대비 효율 개선, 중복제거, 정책 조화 측면에서 간소화하는 일은 오랫동안 유엔 의제에 올라있었고, 유엔 행정조정위원회(ACC)에 맡겨진 과제였다. 유엔사무총장은 유엔 환경개발회의가 개최된 이후 각 기구 및 프로그램에서 취급하는 해양 관련 정책과 활동을 전문적으로 다룰 해양 및 연안역에 관한 ACC 분과위원회를 설치하고 유네스코 정부간해양학위원회 내에 사무국을 두었다. 그러나 현재까지 진척 내용은 실망스럽다. 사무국

25) ISBA는 전문기구는 아니지만, 협약에 의해 창설되었고 유엔 및 국제해양법재판소에서 옵저버 자격을 갖는 독립된 정부 간 기구이다.

수준에서 정책 통합이 이루어질 수 있을지는 사실 의문스럽다. 통합적 해양 정책의 틀을 짜는 것은 오직 유엔총회 수준에서만 가능하며 해양 및 연안역에 관한 ACC 하부위원회는 이러한 정책에 기반해 활동을 펼쳐야 한다.

국내와 국제 간 제도 설정을 비교한다면 '해양의회'는 국가 정책을 결정하는 의회에 상응한다고 볼 수 있다. 전문기구와 프로그램은 정부 부처처럼 정책을 집행한다. ACC 분과위원회는 해양 및 연안역 관리의 학제적이며 범분야적인 필요에 대응하는 각료 간 위원회 혹은 회의처럼 기능할 것이다. 업그레이드된 지역해 프로그램과 '해양의회'의 의사결정 과정은 연방국에서 중앙과 주 또는 도 정부 사이처럼 효과적으로 연결되어 있어야 한다.

7. 새로운 신탁통치이사회

몰타 외무장관은 유엔총회 연설에서 탈식민화 업무를 사실상 종료한 '신탁통치이사회'에 새로운 임무를 부여하자고 제안했다. 이 새로운 임무는 인류공동유산 원칙의 수호자로 기능하는 것이다. 이는 국제 해저나 해양에만 한정되는 것이 아니라 대기, 우주공간, 남극 등을 포함하는 '글로벌 커먼즈(Global Commons),' 즉 전 세계적 공유지에 적용되는 임무이다. 장관은 국제해양연구소, 국제연구재단, 몰타 외무부의 공동 주최로 1994년 10월 몰타에서 개최된 워크숍 '유엔: 제2세대'에서 연설을 통해 제안의 세부 사항을 설명하였다. 해당 제안은 글로벌거버넌스위원회가 발표한 보고서 『우리 지구촌(Our Global Neighbourhood)』에도 채택되었다.

> 한편, 미래 세대를 포함한 전 인류의 이익을 도모하기 위해 글로벌 커먼즈를 대상으로 행사할 신탁통치권의 필요성이 새롭게 대두되었다. 글로벌 커먼즈는 대기, 우주공간, 국가의 관할

구역을 초월한 해역, 그리고 관련 환경 및 인류의 생존에 공헌하는 생명 유지 체계를 포함한다. 새로운 전 세계적 신탁통치 체제에는 미래 세대를 위해 각 세대가 맡아야 할 책임도 포함된다.[26]

같은 해에 필자는 저서 『유엔과 해양 거버넌스』에서 이 제안을 상세히 설명하고자 했다. 필자는 신탁통치이사회를 종전대로 53개국으로 구성하되 공정한 지역 대표성을 고려해 유엔총회에서 선출하자고 제안했다. 현재의 구조는 식민통치 청산 과정을 감시할 목적으로 정해졌으며, 새로운 임무에는 분명 적절치 않다.

새로운 '신탁통치이사회'는 다음과 같은 기능을 수행할 수 있다.

- 유엔 회원국, 전문기구 및 프로그램, 국제해저기구 및 관련 비정부 조직이 제출하는 보고서 검토
- 청원서 수리 후 관련 기구나 기관과 협의하여 검토
- 위반이 의심되는 장소를 정기적으로 실사하고 이사회 임무에 부응하는 조치 실행

'신탁통치이사회'는 '인류공동유산'의 원칙을 신성한 약속으로 여기고 수호할 것이다. 해양공간, 우주공간, 대기, 남극 등에서 해당 원칙의 준수 여부를 국제법에 기초해 감시하고 위반사항은 유엔총회에 보고할 것이다. 또, 포괄적 안보와 지속 가능한 발전 및 인간 생명의 존엄성에 영향을 미치는 공통의 우려 사항에 대해 원칙 적용을 확대할지를 심사하고 관련 당국과 조직에 권고사항을 제시할 것이다. '신탁통치이사회'는 유엔의 양심이자 미래 세대의 수호자로서 기능할 것이다.

1994년부터 1997년에 이르기까지 몰타 외무장관의 제안은 저명한 전문가로 구성된 글로벌거버넌스위원회의 지지에도 불구하고 그

---

26) 글로벌거버넌스위원회(1995년).

가치만큼의 주목을 받지 못했다. 전반적인 반대 이유는 제안이 현실적이지 않다는 것인데, 도저히 합의에 도달하지 못할 유엔 헌장의 개정이 필요하기 때문이다.

유엔의 '지속가능발전위원회'와 이 새로운 '신탁통치이사회'의 관계가 명료하지 않아 각각의 책임이 중첩될 수도 있다.

마지막 또 하나 중요한 이유는 '인류공동유산' 원칙을 심해저 광물이라는 현재의 제한적 영역을 넘어 보다 넓은 영역으로 확대 적용한다는 생각은 현상 유지를 지지하는 이들에게 여전히 두려움과 공포의 대상이기 때문이다.

이 상황은 코피 아난 유엔사무총장이 1997년 7월 14일 제51회 유엔총회에서 해당 제안의 내용을 포함한 「유엔의 쇄신: 개혁을 위한 프로그램」이라는 사무총장 보고서(문서 A/51/950)를 발표하며 모든 이들의 놀라움 속에 급반전을 이룬다. 아난 사무총장은 '신탁통치의 신개념'이란 제목으로 다음과 같이 서술했다.

> 84. 유엔은 회원국에 대한 봉사를 주된 목적으로 설립되었으나 전 세계 남녀노소의 지대한 열망을 표명하는 기관이기도 하다. 사실 유엔 헌장은 그 모두에서 '우리 유엔의 인민'이 평화롭고 공정한 세계 질서를 달성하고자 한다는 결의를 표명하고 있다. 유엔과 시민사회조직과의 관계는 유엔의 모든 주요 의제에서 현저하게 발전하고 있다. 글로벌 커먼즈는 이처럼 다양한 부문과 기관이 뒤섞이는 모습이 가장 두드러지게 진전된 정책 영역이다.
>
> 85. 회원국은 신탁통치이사회 유지를 결정한 것으로 판단된다. 따라서 본 사무총장은 동 이사회를 지구 환경 및 해양, 대기권, 우주공간 등의 공유역을 온전히 보전하기 위해 공동의 신탁통치권을 행사할 수 있는 장으로서 재구축할 것을 제안한

> 다. 동시에 동 이사회는 공공, 민간, 자원봉사 부문의 적극적 공헌을 필요한 전 지구적 사안을 다루는 데 있어서 유엔과 시민 사회를 연결하는 역할을 해야 한다.

이로써 몰타 제안은 3년이 채 되지 않아 손쉽게 무시당할 수 있는 유토피아의 영역에서 정치의 영역으로 옮겨갔으며, 계속 정치의 영역에 머무를 듯하다. 첫 문단에서 사무총장은 "글로벌 커몬즈는 이처럼 다양한 부문과 기관이 뒤섞이는 모습이 가장 두드러지게 진전된 정책 영역이다"라고 지당한 지적을 했다. 사무총장이 이야기하는 글로벌 커몬즈는 이 맥락에서는 해양을 의미할 수밖에 없을 것이다. 이러한 상황 전개는 한창 수립 중인 해양 및 연안역의 관리 체제에서만 발생하고 있으며, 이러한 체제가 다음 세기 새로운 국제질서의 표본 혹은 그 일부가 될 것임을 인정하는 것이기 때문이다.

아난 사무총장은 '인류의 공동유산(Common Heritage of Mankind)'이라는 논란의 여지가 있는 표현을 신중하게 피해서 더 일반적인 표현, 즉 '공유역(common areas)'이나 '세계의 관심역(areas of global concern)' 같이 논란이 덜하고 정의가 명확하지 않은 용어를 사용해 안전을 꾀했다. 하지만 그것은 단순한 표현의 차이가 아닐까?

이 새로운 '신탁통치이사회'가 현인들이 모인 일종의 '원로원'으로 진화하며 역시 진화하는 공동유산의 개념과 그 적용을 지켜보고 검토하고 유엔총회와 특히 해양을 다루는 '전체위원회'에 새롭게 대두되어 여러 모습으로 변모해가는 다양한 사안에 관한 자문을 제공하는 모습을 상상하는 것은 그다지 어렵지 않다. 전체위원회, 즉 '해양의회'와 '신탁통치이사회'의 관계는 상당히 명확하다. 두 조직은 겹치는 부분이 없으니 각각의 노력이 중첩되어 한쪽이 낭비되는 상황은 없을 것이다. 유엔총회와 전체위원회는 유엔 회원국 전체를 회원으로 보유한 유일한 조직이므로 포괄적이고 통합적인 해양 정책을 수립할 수 있는 유일한 조직이 될 것이다. 다른 한편으로 전체위원회, 혹은 '해양의회'의 임무는 유엔해양법협약과 유엔환경개발회의의 여러 협약, 협정 및 프로그램 중 해양과 연안역 관리와 연관된 부분, 그리고 전문기구 및 국제조직의 해양 관련 정책 및 활동에서 비롯된 사안을 심의하는 것으로 한정해야 한다. 이 정도로도 충분히 광범위한 임무이다.

한편 회원의 범위가 한정되어 있으나 임무의 범위는 해양에 국한되지 않는 '신탁통치이사회'는 유엔환경개발회의 절차가 규정하는 보다 넓은 맥락에서 해양 정책상 공동유산이라는 개념으로 비롯된 사안을 살피게 될 것이다.

'신탁통치이사회'와 '유엔 지속가능발전위원회'의 관계를 정의하는 것은 조금 더 까다로운데, 이는 이전 장에서 살펴보았듯 공동유산과 지속 가능한 발전이라는 개념이 서로 불가분의 관계에 있기 때문이다. 따라서 양자의 관계는 내용이 아니라 절차 차원에서 정의해야 할 것이다. '지속가능발전위원회'는 집행기관으로서 「어젠다21」과 다른 유엔환경개발회의의 협약, 협정, 프로그램의 실행 등 매우 광범위하고 실질적인 안건을 책임지고 있다. 지금까지 이 위원회는 해양 문제에 충분히 집중하지 못했다. 공동유산 원칙의 발전에 관심을 쏟을 시간이 없다.

'신탁통치이사회'는 심의·자문 기관으로 기능할 것이다. 자문 기능은 '해양의회'와 마찬가지로 '지속가능발전위원회'에도 유용할 수 있다.

8. 국제해저기구

글로벌 '고리'의 제도적 틀의 마지막이자 가장 새로운 구성요소는 '국제해저기구'이다. 이 기구는 유엔해양법협약 제11부에 입각하고 있지만, 1994년 7월 유엔총회에서 채택한 '이행협정'에 의해 수정(또는 부정)되었다.

국제해저기구는 1994년 11월 16일 자메이카에서 설립되고 발족했으며, 관리국에서는 지금까지 2회기로 구성된 본회의를 네 차례(1995, 1996, 1997, 1998년) 개최했다.[27)]

해당 기구는 매우 큰 어려움에 직면해 있다. 일부는 '이행협정' 내 규정 자체의 결함 때문이며,[28)] 해저 채광의 미래에 영향을 주는 그간의 변화 때문이기도 하다. 이런 변화는 유엔해양법협약의 해석과 개발 또는 조문에 따른 개정을 통해 어떻게든 피할 수는 없었을 것이다.

망간단괴 채광은 향후 20년간은 시작될 것 같지도 않으니 국제해저기구 같은 것은 신경 쓸 필요도 없다고 생각하는 사람도 있을 것이다. 그냥 폐지하는 게 낫겠다고 보는 시각도 있다. 필자는 그 의견에 동의할 수 없다. 필자 생각에 국제해저기구야말로 '인류공동유산'이라는 근본적으로 중요한 원칙을 체현하고 있는 유일한 기구이다. 이 기구가 실패로 끝나 소멸한다면 '인류공동유산' 구현은 도로 아미타불이 되고 만다. 공동유산 원칙의 실질적 적용이 실패하면 새로운 신탁통치이사회도 힘을 얻지 못할 것이다. 기구가 성공리에 존속하게 되면 그것이 바로 대대적인 '공동유산' 관리를 위한 예비 실험이 될 것이다.

유엔환경개발회의를 계기로 '지속 가능한 개발'과 '통합적인 연안

27) 1994~95년에 열린 제1회 회의는 출범회기를 포함하여 3회기로 나뉘었다.

28) 1982년 유엔해양법협약 제11부의 이행에 관한 협정, 1994년8월17일, A/RES/48/263.

역·해양 관리'의 중요성에 주목하게 되었다. 사회경제적 개발, 환경 보전, 세대 내와 세대 간 형평, 평화 등의 요소를 포함한 지속 가능한 개발은 같은 구성요소를 품고 있는 '인류공동유산'이라는 개념을 근거로 해야 한다. 통합 연안역·해양 관리를 강조함으로써 '공동유산' 개념을 누구의 것도 아닌 심해저에서 끌어내어 전 세계로 시야를 확장할 수 있는 것이다.

국제해저기구가 중요한 이유는 또 있다. 이 기구가 없어지면 해양 공간과 해양 자원의 평화적 이용을 다루는 현존 '국제 감독기구'에 공백이 생긴다. 국제해저기구는 해양의 광물자원을 취급하는 유일한 국제기구로 이 임무를 수행해야만 한다. 그러나 이를 효과적으로 수행하기 위해서는 지난 20년간의 경험과 향후 20년에 대한 기대를 바탕으로 개념을 다시 세워야 한다.

이행협정은 네덜란드가 비준한 30일 후인 1996년 7월에 발효했다. 임시회원국, 즉 유엔해양법협약을 비준하거나 여기에 서명조차 하지 않은 국가는 1998년 11월 16일까지 계속 참여할 수 있지만, 그 이후에는 '임시회원국'이라는 것은 없어진다.[29] 이들 국가의 탈퇴는 신탁통치이사회의 회원국 구성에 관한 복잡한 문제를 재연시킬지도 모른다. 나아가 유엔의 자금지원은 '이행협정이 발효하는 해의 이듬해 말' 즉 1997년 12월 31일부로 중단되었다.[30] 이때 이후로 기구 운영비는 회원국이 부담해야 했다. 회원국 입장에서는 자국에서 지출하는 돈이 국제 사회에 확실히 도움이 되는 방식으로 사용되기를 바란다. 회원국들은 부담금을 전액 지급하지 않을 것이다. 실제로 1998년 춘계 회기에서 이미 심각한 자금 부족이 언급되었다. 이 문제가 해결되지 않으면 재정위원회는 관리조직들의 회의를 '비용 대비 효과가 낮은' 모임이라고 보고 이를 중단하는 조처를 내릴 수

29) 이행협정 부속서, 제1절, 12항(a).

30) 앞과 같음, 14항.

도 있다.[31] 따라서 개념의 재구축이 시급하다.

하지만 여기에서 주목해야 할 최근 동향 두 가지가 있다. 첫 번째는 다양한 경제적, 기술적, 환경적, 정치적 이유로 망간단괴 채광이 당분간 시작될 것 같지 않다는 점이다. 두 번째는 새로운 발견이 이어져 심해에 대한 이해관계에 변화가 일어나고 있다는 사실이다. 이 두 가지 동향으로 유엔해양법협약 제11부의 상당 부분과 이행협정은 시대에 뒤처지게 되고 말았다. 이제는 1970년대에 구상된 바로 그 '제11부'로 돌아가는 것은 불가능하다. 이에 개념 재구축의 방향성으로 다음과 같은 몇 가지 제안을 하고자 한다.

1) 영역성

제134조는 "본 부의 규정은 심해저에 적용한다"라고 규정한다. 심해저는 제6부에서 규정했듯 대륙붕 외측 한계선을 기준으로 정해진다. 각국은 협약 발효(1994년 11월 16일)로부터 10년 이내에 자국 대륙붕의 외측 한계를 설정하고 그 자료를 대륙붕한계위원회(CLCS)에 제출해야 한다(부속서Ⅱ 제4조). 여기에 해당 위원회와 연안국가 간 합의가 이루어질 때까지는 시간이 추가로 걸려 심해저 경계선은 21세기가 되고 많은 시간이 흘러도 설정되지 않을 것이 자명하다. 게다가 유엔해양법협약과 남극조약에서 각각 적용하는 심해저 지역 간 경계선도 확정되어 있지 않다. 이와 같은 상황에서 영유의 원칙에 지나치게 의존하는 것은 비현실적일 수 있다.

영유원칙에 대한 의존은 또한 예를 들면 제150조(h) 실시를 매우 힘들게 만든다. 해당 조는 제151조에서 규정한 심해저 활동의 영향으로 인한 광물 가격 하락이나 해당 광물 수출량 감소가 개발도상국의 경제나 수출수익에 악영향을 미치지 않도록 개도국을 보호한

31) 앞과 같음, 2항.

다는 목적으로 심해저 활동이 수행되어야 한다고 규정한다.[32)]

육상 생산에 의존하는 개발도상국 경제에 대한 악영향에는 여러 원인이 있을 수 있다. 예를 들면 국가 관할 지역 내에서 같은 광물이 생산되고 있거나, 합성품, 재활용, 소형화 등 신기술 도입으로 산업 프로세스의 자원집약도가 줄어들면서 수요나 가격체계의 주기나 구조가 바뀌는 경우가 있다. 국제해저기구 및 국제해양법재판소를 위한 준비위원회의 제1회 특별위원회[33)]에서 긴 시간에 걸친 토론에서도 입증되었듯, "제151조에서 규정한 심해저 활동의 영향으로 인한 감소 및 하락"을 식별하고, 구분하고, 정량화하는 것은 불가능까지는 아니더라도 극도로 어려운 일이다.

영유원칙에 대한 과도한 의존은 생물자원 관리에 관한 규정의 유효성도 손상해왔다. 배타적경제수역과 이에 인접하는 공해 사이의 경계는 어업의 합리적 관리를 저해하는 장애물인 것으로 드러났다. 경계왕래성어족과 고도회유성어족이 공해에서 과잉 포획되는 경우 이들은 배타적경제수역 내에서 보존할 수 없다. 1995년 체결된 「경계왕래성어족과 고도회유성어족의 보존관리협정에 관한 1982년 12월 10일의 해양법 관련 유엔협약 규정의 실시를 위한 협정」(유엔공해어업협정)에서는 공해에서의 보존 및 관리 방식과 국가 관할해역에서

---

32) 이행협정은 '보상'의 개념을 없애고 '경제원조'라는 개념으로 대체했다. 하지만 원조의 대상은 심해저 활동의 영향으로 인한 광물 가격 하락의 결과로 (중략) 해당 광물 수출량 감소가 심각해진 개도국들로 한정된다(제7절 1).

33) 예를 들어 '국제해저기구'에 대한 권고의 근거를 구성하는 「특별위원회 심의의 잠정적 결론 1(의장이 제안한 개정안 잠정적 결론 8)」의 이하 부분 참조. "국제해저기구는 해저에서의 생산활동이 관련 금속의 가격과 수출량에 미치는 효과를 파악하고 그것을 다른 요인에 기인하는 영향과 분리하기 위한 방법론을 고안하지 않으면 안 된다. 그와 같은 방법론을 고안하는 데 있어서 기구가 고려해야 할 요인은 세계 금속시장 동향, 소비 패턴의 변화, 국가 관할해역으로부터의 생산, 대체물질, 재이용, 기술개발, 그리고 경제 개황과 정부의 정책, 육상의 생산에 기반을 둔 개발도상국의 국가관할역 내 매장량 고갈 등의 기타 요인이다." In Renate Platzöder, ed. 『국제해양법 문서(*The Law of the Sea Documents*)』(1983~90년), Vol. XI. Dobbs Ferry, NY: Oceana Press (1990).

의 방식이 '일관적'이어야 한다고 규정했다.[34)]

대륙붕을 둘러싼 연안국의 권리 및 의무와 그 인접 해역에 관한 국제해저기구의 권리 및 의무 사이에도 마찬가지로 일관성이 필요하다. 이런 일관성은 유엔해양법협약의 제6부(대륙붕)과 제11부(심해저) 사이에서는 찾아볼 수 없다. 이행협정에서도 규정되어 있지 않다. 예를 들면 특정 생물자원에 관해서는 애매한 부분이 있다. 제6부 제77조에서는 "본 부에서 규정하는 천연자원은 해저 및 그 하부의 광물과 기타 비생물자원, 그리고 정착성어족에 속하는 생물, 즉 채취에 적합한 단계에서 해저 또는 그 하부에서 움직이지 않고 있거나 해저 또는 그 하부와 물리적으로 접촉하지 않는 한 움직일 수 없는 생물로 구성된다"라고 규정한다.

그러나 제11부 제133조에서는 이와 같은 생물자원에 관한 기술은 없고 그 대신 '자원'을 "자연 상태에서 심해저의 해저 또는 그 하부에 있는 모든 고체, 액체, 또는 기체 형태의 광물자원(다금속성 단괴 포함)"이라고 정의하고 있다. 이런 정의는 1970년대에는 심해저 생물자원에 관해 알려진 게 거의 없었다는 사실을 생각하면 이해가 된다.

'국제해저기구'가 갖는 심해저 관련 임무로 인해 상황이 더욱 복잡해졌다. 유엔해양법 제143조는 '국제해저기구'에 심해저에서의 과학적 해양 조사를 조정하고 직접 실시할 권리를 부여한다. 심해저에서의 과학적 해양 조사는 '비생물자원'에만 한정되지 않고 해저의 동물상과 식물상, 그리고 유용한 바이오 자원도 당연히 포함한다.

제145조는 '국제해저기구'에 "심해저의 천연자원 보호 및 보존과 해양환경 내 식물상 및 동물상의 피해를 방지하기 위한 적절한 규

---

34) 제7조2, "전체 어종의 보존과 관리를 확실히 하기 위해 공해에서의 보존 및 관리와 국가 관할 해역에서의 보존 및 관리에는 일관성이 있어야 한다. 이를 위해 연안 각국과 공해에서 어업을 하는 국가들은 경계왕래성어종과 고도회유성어종에 관해 일관성 있는 방법을 달성하도록 협력할 의무가 있다."

칙, 규정, 절차를 채택할" 의무를 부여한다. 이는 명백하게 '관리 책임'이다. 이 의무는 이행협정에서 다루고 있지 않아 여전히 유효하다. 이러한 상황은 국제해저기구의 관할권을 심해저의 생물자원으로까지 확대하고 생물자원도 '인류공동유산'에 포함하여 대륙붕 관리제도와 심해저 관리제도 간 일관성을 갖게 할 수 있는 강력한 근거가 된다.

제11부의 제142조는 "연안국의 관할권 경계에 걸쳐서 존재하는 심해저 자원 광상 관련 활동은 해당 광상에 걸친 모든 연안국의 권리 및 정당한 이익에 대한 타당한 고려를 바탕으로 시행한다"라고 규정하고 있다. 이 조항은 이럴 때 국제해저기구와 관련 연안국 간의 협의, 통고, 협력을 요구하고 있다. '국제해저기구'는 이러한 자원개발에 착수하기 전에 관련 연안국의 사전 동의를 구해야 한다.

제142조의 이행은 심해저와 연안국의 대륙붕 간 경계가 확립되어 있다는 것을 전제로 하고 있지만, 앞서 설명했듯 21세기에 들어서도 한동안은 경계가 확정될 것 같지 않다.

제6부의 제83조 해안을 두고 마주 보거나 나란히 인접하는 국가 간 대륙붕의 경계 확정을 언급하면서, 경계에 대한 합의에 달하지 못하는 경우 "관련국들은 양해 및 협력 정신을 바탕으로 실질적 성질을 갖는 잠정적 합의를 이루도록, 그리고 그와 같은 과도기 동안 최종 합의 도달을 어렵게 하거나 방해하지 않도록 각고의 노력을 펼쳐야 한다. 잠정적 합의는 최종 경계 확정에 영향을 미치지 않는다"라고 규정한다.

바꾸어 말하면 각국에 경계에 대한 권리 주장을 동결하고 자원의 탐사와 개발을 추진하기 위한 '공동관리구역' 혹은 '공동개발구역'을 설정하기를 권장한다. 제4장에서 다뤘듯이 이러한 관행은 지난 20년 동안 매우 흔해졌다.

공동관리구역이라는 개념은 바다를 두고 마주 보고 있거나 나란히 인접하는 국가들에만 한정될 필요는 없다. 이 개념은 연안국과 '국제해저기구' 사이 관계에도 똑같이 적용될 수 있다. '대륙붕한계위원회'를 통해 부담스럽고 경비와 시간이 많이 드는 경계획정 절차 대신에 대체 절차를 구상할 수도 있을 것이다. 즉, 300마일 한계를 넘는 대륙붕 부분에 있어서는 자원이 발견되는 경우 권리 주장은 '동결'되고 연안국과 국제해저기구 간 공동관리구역을 설정할 수도 있다. 양자를 모두 이롭게 하는 방식이다. 또 '국제해저기구'가 연안국, 특히 그중에서도 개도국과 그들의 의향에 따라 배타적경제수역 내 해저자원의 탐사 및 개발을 위한 합작사업을 시행하는 것도 생각해볼 만하다.

이러한 방법들은 '국제해저기구'의 관할권을 탈영역화하고 기능화하여 해양의 비생물자원을 취급하는 유엔기관으로서의 기구의 역할을 정착시킬 수 있다.

2) 과도한 망간단괴 중시

여기에서 지적하고 있는 점들은 모두 정도에는 차이가 있지만 서로 연결되어 있고 겹치는 부분도 있다. 따라서 이 절에서 다루는 문제는 앞서 언급한 문제 중 적어도 하나와 직접적으로 관련 있으며, 다음 절에서 논할 문제와도 관계가 있다.

주지하다시피 제3차 유엔해양법회의에서는 심해자원으로서 망간단괴에만 주목했다. 공식적인 명분은 당장 상업적 개발 가능성이 있는 자원은 망간단괴뿐이고, 다른 심해자원은 미래 개발 대상으로 장기적인 과학적 연구와 탐사가 필요하다는 것이었다. 빈곤 국가들은 이러한 전개 사항을 전혀 몰랐다. 선진공업국들이 이러한 상황을 비밀에 부친 것이다. 1970년대 후반에 들어서야 코발트크러스트와 다금속 황화물에 관한 정보가 회의에서 논의되기 시작했다. 그때는 이미 이러한 지식을 수용하기에는 너무 늦은 상태였다. 확실히 유엔 해양법협약은 '인류의 공동유산'인 자원을 "심해저의 해저 또는 그 하부에 자연 상태로 있는 모든 고체·액체·기체 형태의 광물자원(다금속성 단괴 포함)"이라고 정의한다. 그리고 제151조9에서는 '국제해저기구'에 "제161조8의 규정에 따라 채택한 규칙에 따라 적절한 조건과 방법을 사용하여 다금속성 단괴에서 나오는 광물 이외 심해저 광물의 생산량을 제한할 수 있는" 권한을 부여한다.[35] 또한 제162조2(o)(ii)에서는 "다금속성 단괴 이외 자원의 탐사 및 개발을 위한 규칙과 절차는 기구에 회원국이 해당 자원에 관한 그러한 규칙 및 절차를 도입할 것을 요청한 날로부터 3년 이내에 채택해야 한다"고 규정한다. 이때 "모든 규칙과 절차는 총회가 승인할 때까지 또는 총회가 표명하는 견해에 비추어 이사회가 개정할 때까지 잠정적으로 효력을 갖는다"고도 설명한다.[36]

이와 같은 제한에는 두 가지 이유가 있다. 우선 제11부를 담당하는 제1위원회 내 선진국과 개도국 간 대립이 심각했다. 개도국들은 줄곧 국제해저기구가 종합적인 권한을 행사할 것과 '심해저 활동'을 포괄적이고 광범위하게 해석할 것을 주장했다. 한편, 선진국 집단은 기구의 권한을 제한하고자 했다. '심해저 활동'은 '단괴 채광 활동'으로만 국한하여 해석했다. 다른 자원과 관련 활동을 포함하면 기구의 권한이 확대되었을 것이기에 선진국들은 이런 확대를 막고자 했다.

이와 동시에 개도국들은 '인류공동유산'의 탐사와 개발을 규제하고 관리하기 위한 종합적인 체계를 원했다. 한편, 선진국들은 철저하

---

35) 이런 망간단괴에서 추출되는 광물 이외의 심해저 광물의 생산량을 제한하는 권한은 후에 「이행협정」 제6절 7에서 백지 철회되었다.

36) 「이행협정」에서는 이 규정의 적용 범위가 제2절(사업체), 제5절(기술의 이전), 제6절(생산정책), 제7절(경제원조), 제8절(계약의 재정적 조건)에 한정된 것처럼 보인다. 이 속에는 망간단괴 이외의 자원은 포함되지 않을 것이다. 그러나 다른 자원에는 "적용되지 않는다"라고 명시하지는 않았다.

게 치밀한 행정적, 재정적 규칙을 주장했다. 사실상 이 하나의 자원에만 적용될 정도로 구체적인 규칙이었다. 다른 자원에는 별도의 일련의 세칙이 필요하다는 것이다. 특히 미국 등이 이러한 세부 규칙에 집착한 것은 대다수를 차지하는 개도국들에 의사 결정권이 넘어가게 될 기구에 대한 불신 때문이었다. 기구의 재량에 그 무엇도 맡겨서는 안 되고, 구체적인 사항은 모두 사전에 결정해서 못을 박아 복잡한 개정 절차를 거치지 않고서는 변경할 수 없도록 해놓아야 했다. 이러한 세부 사항에 대한 집착 때문에 제11부의 논의 범위에서 다른 자원이 배제되고 말았다.

과학과 탐사는 예상보다 훨씬 빨리 진보하였다. 협약이 채택된 시점에는 이미 망간단괴를 향한 지나친 관심은 시대에 맞지 않게 되었다. 21세기에는 완전히 자멸적인 선택이 될 것이다. 망간단괴 채광 관리에만 한정된 국제해저기구는 완전히 무의미하게 되고, 모든 중요한 해저 활동은 기구 밖에서 선진공업국들에 의해 이루어지게 될 것이다. 어떤 나라도 시대에 뒤처진 관료적 기구에 투자하려고 하지 않을 것이다. 가능한 한 빨리 하나 이상의 국가 대표가 제162조2(o)(ii)에 따라서 다른 해저자원에 관한 규칙의 검토를 요청해야 한다.

1998년 춘계 회기 중에 개발도상국 대표단 일부가 망간단괴 이외의 자원에 관한 질문을 개시하고, 이들 자원에 대한 보고서 준비를 사무총장에게 요청했다. 국제해양연구소는 자메이카 정부와 협력하여 각국 대표단을 대상으로 같은 해 8월 메탄 하이드레이트와 유전자원을 중심으로 한 망간단괴 이외의 심해자원에 관한 세미나를 개최했다.

3) 의사결정 체계

의사결정은 국제해저기구의 '모든 회원국으로 구성되는 최고기관(제160조)'인 기구총회에 관한 한 큰 문제는 아니었다. 다른 유엔 기구와 같이 국가 주권평등의 원칙 하에 각국에 한 표씩의 의결권이 있다. 이행협정도 이 원칙은 문제 삼지 않았다. 그러나 '국제해저기구'의 강력한 집행기관인 이사회의 구성 및 의결 절차에서 서로 얽힌 문제가 발생하면서 상황이 심각하게 힘들어졌다. 이 문제를 두고 9년에 걸쳐 교섭한 결과는 조약의 제161조[37]에 규정되었는데, 실무상 효율을 추구하기보다는 정치적 타협을 반영한 내용이 되었다. 그렇기는 하지만 해당 절차는 논리적이고 이행 가능한 것이다.

---

37) '이사회'는 총회에서 아래 순서로 선출되는 36개 구성국으로 구성된다.

첫째, (a) 단괴에서 생산된 금속의 세계 전체 소비량의 2% 이상을 차지하는 체약국 또는 세계 전체 수입량의 2% 이상을 수입한 체약국 중에서 4개 이사국. 다만 어떠한 경우에도 1개 이사국은 동유럽지역(의 사회주의국가)에서 선출한다.

둘째, (b) 단괴 채광에 가장 큰 액수를 투자한 8개 체약국 중에서 4개 이사국. 다만 1개 이사국은 동유럽지역에서 선출한다.

셋째, (c) 심해저에서 채취하는 금속의 주요한 생산국 혹은 수출국인 체약국 중에서 4개 이사국. 다만 이 중 적어도 2개 이사국은 자국에 의한 당해 광물의 수출이 경제에 중요한 영향을 미치는 개발도상국에서 선출한다.

넷째, (d) 개발도상국인 체약국 중에서 특별한 이익을 대표하는 6개 이사국. 인구가 많은 국가, 내륙국 또는 지리적 불리국, 당해 광물의 주요 수입국, 당해 광물의 잠재적 생산국 및 후발 개발도상국 등이 포함된다.

다섯째, (e) 이사회 전체 의석의 형평한 지리적 배분을 확보한다는 원칙에 따라 선출되는 18개 이사국.

이사국은 4년의 임기로 선출된다. 다만, 제1회의 선출에서는 이사국의 반수가 2년 임기로 선출된다. 임기가 겹치지 않도록 하기 위해서이다.

각 이사국은 1표씩 행사한다.

의사결정은 층위 시스템(tier system)에 입각한다. 절차 문제에 대한 결정에는 출석하고 또 투표하는 이사국의 과반수에 의한 의결이 필요하다. 비교적 쟁점이 적은 실질문제에 대한 결정은 3분의 2 이상의 의결로, 비교적 쟁점이 많은 실질문제에 대한 결정은 4분의 3 이상의 의결로 행한다. 가장 쟁점이 많은 실질문제, 즉 육상 생산을 기반으로 한 개발도상국에 대한 경제적 영향으로부터의 보호, 금전적 이익 그 밖의 경제적 이익의 배분, 그리고 규정 개정의 채택에 대한 결정은 합의방식에 의한다. 번잡하고 복잡한 절차이지만 실행은 가능하다. 그 효율성은 검토의 여지가 있지만. (a) (b)에 기술되어 있는 '이익집단'은 가령 망간단괴 이외의 자원의 개발로 어떻게 변할 것인지는 또 별개의 문제이다.

이행협정은 제162조의 내용을 대부분 남겨두기는 했지만, 선거와 의사결정 프로세스를 근본적으로 변경하고 이해하기 힘들 정도로 복잡하게 만들었다. 국제해저기구의 총회는 1995년과 1996년 2부로 나뉜 회기를 두 차례 개최했다. 이 프로세스를 완료하기 위해서는 이 2년 동안 6주간의 회기와 거기에 더해 수일간의 회기 간 협정이 필요했다. 총회의 하루 활동에는 유엔 경비 1만 달러가 소요된다. 게다가 각국 정부가 대표단을 파견하는 비용으로, 반半 작업회기에 보내지는 1국 대표당 1만 달러가 추가된다.

이행협정(제3절 9)에서는 (a)에서 (c)까지 열거된 각 이익집단을 하나의 투표 단위로 취급할 것을 규정하고 있다. 이들 이익집단을 대표해서 각각 4개국씩 이사회 구성국으로 선출된다면, 각각 4개국으로 구성된 3개의 투표 단위가 생기는 셈이다. 네 번째 투표 단위는 (d)에 의거해서 선출되는 6개국과 (e)에 의거해서 선출되는 모든 개도국을 포함한 국가들로 구성된다. 이렇게 되면 개도국으로 구성된 매우 큰 투표 단위가 생긴다. 현재 (e) 집단에는 13개의 개도국이 포함되어 있어 개도국 투표 단위의 구성국은 19개국에 달한다. 하지만 투표 단위에 구성국이 많다고 해서 의사결정에 결코 유리하게 작용하지 않는다. 오히려 그 반대다. 이행협정 부속서 제3절 5에서는 "이사회에서 실질적인 문제에 관한 결정은 협약이 이사회 내 합의로 결정을 내릴 수 있다고 규정하는 경우를 제외하고는 출석하고 투표하는 이사국의 3분의 2 이상의 다수에 의한 의결로 한다. 다만, 제3절 9에서 정하는 모든 투표 단위에서 해당 단위를 구성하는 이사국의 과반수에 의한 반대가 없는 것을 조건으로 한다"라고 규정되어 있다. 즉, 사실상 (a), (b), (c)의 구분을 대표하는 어느 2개 선진국이 반대하면 이사회의 모든 결정을 거부할 수 있게 된다. 한편, 개도국이 같은 힘을 행사하는 데는 10개국의 반대가 필요하다.

이사회의 구성국을 선출하기 전에 총회는 (a)에서 (d)까지 구분의 조건을 만족하는 국가 일람표를 작성해야 한다. (a)에서 (d)까지에 속하는 이익집단에서 각각 선정된 대표국이 이사회에 출석한다. 각 이익집단은 그 집단에서 채워야 하는 의석수만큼의 후보국을 지명할 수 있다. 후보국이 될 수 있는 국가의 수가 각 집단에 주어진 의석수를 상회하는 때는 일반칙으로서 윤번제를 취하게 된다. 윤번제를 적용하는 방식은 각 집단에 위임되어 있다.

이렇게 투표 단위 구성국은 총회에 의해서가 아니라 각 투표 단위에 해당하는 지명국 집단에 의해 선출된다. 총회는 각 그룹에서 선출한 대표를 인가할 뿐이다.

36개국으로 이루어진 이사회 구성 절차는 3차원의 조각 퍼즐이 되어버렸다. 매우 어려운 조정과 결정이 세 가지 차원에서 필요했다. 그중 한 차원에서는 각 이익집단이 4개국, 때에 따라서는 6개국의 이사국 목록을 작성하고, 윤번제에 어쩔 수 없이 동의하게 되었다. 즉, 일부 이사국은 1~2년 임기로 선출되고, 그 후에는 그룹 내 다른 국가에 인계해야 하는 셈이었다. 당초 윤번제는 모든 후보국을 수용하기 위해 전체 프로세스가 10년이 걸릴 예정이었다. 하지만 이후 2000년에는 1개국만이 4년 재임을 보장받는다는 하나의 예외를 두고 4년으로 단축되었다. 상당히 특이한 절차이다.

전체 프로세스는 미국(유엔해양법협약의 체결국은 아니지만, 국제해저기구의 임시회원국)의 비타협적인 태도로 약 1년간 제자리걸음을 했다. 미국은 인도와 중국이 그 자격을 갖고 있음에도 불구하고 최대투자국 투표 단위에 넣는 것을 막으려 했다. 이 양국을 최대투자국 투표 단위인 (b)에 넣는다는 것은 해당 단위의 다른 구성국인 프랑스나 독일 등과 동등한 거부권을 인도와 중국도 행사할 수 있게 된다는 의미였다. 인도는 자국에는 해당 단위에 들어갈 권리가 있다고 강력하게 주장했다. 결국 모범적인 협력 정신을 바탕으로 인도가 2년간만 (b)에 들어가고, 그 후에는 네덜란드에 그 자리를 내주는 대신, 2000년에 인도가 다시 4년 임기로 선출된다는 조건과 함께였다.

다음으로 지역 간 문제가 있었다. 즉, 36개 전체 의석을 전통적인 구분에 따른 지역별 그룹(아프리카, 아시아, 중남미, 동유럽, 서유럽 및 기타)으로 어떻게 배분할까 하는 문제였다. 오랜 교섭 끝에 아프리카 10개 의석, 아시아 9개 의석, 중남미 7개 의석, 동유럽 3개 의석, 서유럽 및 기타 지역 8개 의석으로 합의가 이루어졌다. 하지만 이를 합치면 37개국이 되고 만다. 이런 정치적인 계산 문제에 대해 생각해낸 고육책은 '부동의석(floating seat)'이었다. 책임분담 정신을 바탕으로 각 지역 그룹이 최초 4년 중 한 해는 의석 한 개를 포기하게 한 것이다. 다만 동유럽은 애초부터 의석을 3개밖에 받지 못했기 때문에 이 방식에서 제외된다. 중남미 및 카리브해 지역 집단이 첫 해에 의석 1개를 포기하겠다고 자원했고, 두 번째 해에는 서유럽이, 세 번째 해에는 아프리카, 네 번째 해에는 아시아가 의석을 하나씩 포기하기로 했다.

이상이 지역 간 교섭에 관한 이야기였다.

각 지역 집단 내에서는 윤번제 실행 방식에 대한 합의가 필요했고, 이 합의에는 오랜 시간에 걸친 역내 교섭이 필요했다. 최종적으로는 역내 협의와 이해그룹의 협의 결과가 통합되고 조정되어야 했다.

총회의 3회째 2주간의 작업회기 최종일 전날에 도달한 결론은 국제교섭의 역사 관점에서도 독특한 안이었다. 총회 의장을 역임한 인도네시아 자랄(Djalal) 대사의 인내심과 퍼즐 맞추기 기술 덕분에 도출된 결론이었다. 이 결론에는 가령 다음과 같은 규정이 있다.

> 인도네시아가 C 그룹에서 2년을 맡다가 포기한 의석을 폴란드가 차지할 때 아시아 국가 그룹에 배분된 9개 의석을 유지하기 위해서, C그룹에서 생긴 공석을 인도네시아가 확보할 수

없는 경우에는 E 그룹에서 폴란드가 포기한 의석을 차지함으로써 4년 임기를 완수하는 것으로 한다.[38]

이사국 선출이라는 혹독한 시련을 마침내 극복하자 승리에 취한 희열이 일었다. 이사국 선출이라는 고통스러운 여정을 무시하면, 사람들은 회원국 간 균형이 잘 잡힌 좋은 이사회라는 안이한 결론에 이를지도 모른다. 하지만 더 간단한 방법으로 같은 결과에 이를 수는 없었을까? 각국 대표단과 의장에게 그런 시련을 안길 필요가 있었을까? 이런 고난이 반복되어야 할까? 1998년 상황을 보고 국제해저기구의 장래와 그 기능을 생각하면 효과적인 이사회를 위해서는 그 구성과 의사결정에 관한 규정을 재검토해서 개정하는 것이 바람직해 보인다. 특히 기구의 활동 범위가 망간단괴 이외에 '인류공동유산' 자원으로도 확대된다면 A에서 D 투표 단위로 대표되는 '이해그룹'들이 과거 수십 년간 생각했던 것만큼 의미 있는 건 아니라는 사실을 기억해야 할 것이다.

엄청난 여러 변화와 거기에서 얻은 교훈을 생각하면 현재로서는 기구의 목적 그 자체가 다소 모호해 보일 수 있다. 단괴 채광은 언제 시작할 수 있을지, 시작할 수는 있는지 아무도 모른다. 그리고 언제 시작될지 모르는 단괴 채광을 기다리는 기간 동안 기구가 무엇을 해야 하는지도 아무도 모른다.

기구를 조정하고 그 개념을 재구축해서 국제 사회에 도움이 되게 하기 위해서는 다음 세 단계를 밟아야 할 것이다.

우선 의미 있는 향후 5개년 계획을 세워야 한다. 현 체계 속에서, 그리고 각국의 현재 활동에 따라서 인재육성, 기술협력, 장기에 걸친 환경적 영향과 생물다양성 확대에 관한 연구에 초점을 맞춘 계획이어야 한다.

---

38) Document ISBA/A/L.8, 21 March 1996.

'선행투자자'를 대상으로 한 연수 프로그램도 재개하고 발전시켜야 한다. 그리고 이러한 프로그램은 유엔 내외 조직의 연수 활동과 통합되어야 한다.[39] 유엔 해사해양법과(DOALOS)는 유엔개발계획(UNDP) 및 국제해양연구소와 협력하여 '해양·연안역관리 연수 프로그램(Train-Sea-Coast)'이라는 고급 교육기법을 응용한 일련의 프로그램을 개발하고 있다. '국제해저기구'도 이 사업에 동참하여 해저광물의 탐사와 관리를 위한 교육과정을 개발할 수 있을 것이다.

일부 국가는 기술 테스트 및 향상, 기술이 환경에 미치는 영향에 관한 연구 등을 수행하고 있다. '국제해저기구'는 솔선해서 이러한 활동에 관여해야 한다. 기술 개발 관련 협력 벤처 사업과 이와 관련된 4~5년 환경 영향 조사가 '국제해저기구'와의 협력 하에, 그리고 연수 프로그램과 연계되어 이루어진다면, 추후 몇 년에 걸친 '기구'의 작업계획 근간을 마련하고[40], 전면적이고 장기적인 변화에 필요한 기반을 닦을 수 있을 것이다.

둘째, '기구'의 내부 관리 작업이 정리되면 '기구'의 미래에 관한 전반적 토론을 위한 시간을 충분히 할애해야 한다. 이를 통해 기후변화협약과 생물다양성협약 등 심해저 조사가 중요한 구실을 할 수 있는 최근의 전개와 발맞추어 '기구'의 새로운 전망을 세울 수 있을 것이다. 또, 각국 대표단은 특별공청회에서 과학자와 비정부 부문의 의견을 청취할 기회도 얻어야 한다. 특히 해저 채광이 환경에 미치는 영향이나 '국제해저기구'의 해저 채광 제도와 생물다양성협약에

---

39) 독일연방공화국은 의무가 있는 것은 아니지만 확실히 유용한 프로그램을 제공해 왔다. 국제해양연구소(IOI)는 중국과 인도와 협력하고 일본재단의 자금제공을 받아 심해활동의 관리자와 프로젝트 기획담당자를 위한 프로그램을 수행하고 있다. 5주간의 집중 프로그램이 인도와 중국에서 1년 교대로 시행된다. 1997년에는 자메이카의 킹스턴에 있는 서인도대학에서 이 프로그램이 개최되어 참가자는 '국제해저기구'와 직접 접점을 갖게 되었다. 이 프로그램은 탄자니아의 조셉 와리오바(Hon. Joseph Warioba)가 IOI 인도와 IOI 중국 양 지부장과의 협력 하에 이끌고 있다.

40) 그와 같은 프로그램은 독일연방공화국이 1987년에 제안했다.

의해 구축된 제도와의 교집합에 밝은 비정부기구는 이런 논의에 의미 있는 공헌을 할 수 있을 것이다.

셋째, 망간단괴 이외 자원의 탐사와 생산을 위한 규칙을 규정한 제162조2(o)(ii)를 하나 이상의 국가 대표단이 주도하는 것이다. 단, 이행협정 하에서 이러한 요청이 가능한지를 먼저 확인해야 한다. 혹시 이 문의에 대한 답이 부정적이라고 해도, '국제해저기구'가 '인류공동유산'인 심해저와 그 자원의 진정한 활용의 배제를 인정할 생각이 아니라면 이행협정 부속서 15항 개정이 급선무이다.

9. 결론

현 상황 분석을 바탕으로 다음과 같이 제언한다.

1) 단기 권고사항(5년)

(1) '이행협정' 부속서 제1절 5항 (g), (h), (i)의 전향적 해석과 발전을 도모하면서 심해저의 과학적 탐사, 장기적 환경 평가를 포함한 공동기술개발, 인재 육성(연수) 등을 위한 협력 계획을 작성하고 도입하여 실시한다.

(2) 이를 위해 다음 사항을 수행한다.

① '준비위원회'가 채택한 연수 프로그램을 지속하고 발전시킨다.

② '준비위원회'가 채택한 사업체를 위한 최초 광구의 공동탐사계획을 재개한다.

③ 독일연방공화국 대표단이 제안한 기술 개발 및 장기 환경 평가를 위한 프로젝트를 검토한다.

(3) 제162조2(o)(ii)에 입각하여 망간단괴 이외의 자원탐사와 개발을 위한 규칙 수립을 결정한다.

(4) 요청이 있을 시 연안 개도국과 함께 그들의 대륙붕 광물자원 탐사를 위한 합작 사업을 시행한다.

(5) '국제해저기구'의 장래에 관한 종합 토론에 충분히 시간을 할애한다.

2) 장기적 권고사항(2004년~조약 발효 및 기구 설립으로부터 10년 후)

제11부 및 「이행협정」을 검토하고 개정한다. '국제해저기구'의 장기적 재편을 위한 모델을 이 책 부속서에 제시한다.

'국제해저기구'는 유엔 시스템의 일부는 아니지만(이 점 역시 추후 재고되어야 함), 유엔 시스템과 밀접한 관계를 유지해야 한다. 생물다양성협약이나 기후변화협약 등 다른 조약 체제와의 상호 관계는 협력 합의사항에 적절하게 포함되어야 한다. 유전자원을 포함한 심해의 동물상과 식물상은 '국제해저기구'와 생물다양성협약 조직 간 협력의 공통기반이다. 또 메탄 하이드레이트와 이것이 기후변화에 미치는 영향은 기후변화협약 조직과 협력하기 위한 공통기반이다.

내용이 많았던 이 장에서는 촌락에서 지구 전체에 이르기까지 부상하고 있는 해양 거버넌스의 구조를 살펴보았다. 이 책의 서두에서 소개한 대로 초점을 완전히 풀었다가 새롭게 다시 맞춰봄으로써 새로운 차원을 지각하고 해양의 고리가 중심인 세계를 인지하는 데 도움이 되기를 바란다.

제6장

제언과 결론

이 장에서는 지금까지 제시한 권고사항을 정리하고자 한다. 또한, 해양 거버넌스 체제의 진화가 나머지 체제에 어떤 영향을 미치고 '문제복합체'는 어떻게 다룰 수 있을지 살펴보는 것으로 이 장을 마무리하고자 한다.

2000년에 걸쳐 자연 요인과 인적 요인이 한 지점으로 수렴해 다음과 같이 특징지을 수 있는 지금의 이 시대를 만들었다.

- 변혁의 시대
- 불확실성의 시대
- 정보의 시대

변혁은 자연환경뿐만 아니라 우리의 사회, 경제, 정치 환경에도 영향을 미친다. 기후변화는 지구의 물리적 지도를 바꾸고 있다. 국민국가의 시대와 500년간 지속된 유럽 패권 시대의 종언으로 사회정치적 지도도 변화 중이다.

정보는 우리의 지식, 과학, 기술을 진보시킨다. 하지만 아는 것이 많아질수록 우리가 얼마나 아는 것이 없는지를 통감하게 된다.

이에 변혁과 정보는 불확실성을 가져온다. 존재의 궁극적 신비성을 향한 경외심으로 불확실성을 인정하는 일은 필요하지만, 양질의 정보, 위험관리, 예방 원칙의 도움으로 어느 정도 막을 수도 있다.

별로 아는 것 없이 바다를 바라보는 것만으로도 다가오는 새천년의 기후변화와 새로운 물리적 지도를 결정지을 바다와 대기의 상호작용을 느낄 수 있다. 유엔사무총장이 말했듯 '글로벌 커먼즈(global commons)는 다양한 부문과 기관이 뒤섞이는 모습이 가장 두드러지게 진전된 정책 영역'임을 실감한다. 해양정책과 현재 부상 중인 해양 거버넌스 체제는 사회정치 지도의 재편을 주도하는 분야이다. 자연과학적 의미에서 바다는 기온과 기후를 완충하고 균일하게 조절해준다. 사회정치적인 의미해서 보면 바다에서 태어난 '인류공동유산' 원칙이 21세기에 같은 기능을 수행하게 될 것이다.

이 책의 장 편성 순서에 따라 다음과 같이 제언을 정리했다.

1. 자연과학적 관점에서 본 바다

해양 관련 과학 및 기술의 진보와 세계해양관측시스템(GOOS) 등의 글로벌 서비스를 통한 해양 프로세스 탐사 및 관측에 큰 노력과 자금이 투입되어야 한다. 특히 보험업계를 중심으로 한 민간부문 전반에서 재정 지원을 하도록 장려해야 하고, 궁극적으로 해양개발세의 형태로 제도화해야 한다.

2. 문화적 관점에서 본 바다

'세계 해양의 해' 지정으로 다양한 문화적, 과학적, 교육적 활동과 기념행사가 치러지면서 다양한 문명과 세계적인 관점에서 본 해양이 주목받았다. 하지만 이러한 활동과 행사들은 아직도 많은 사람에게는 쉽게 접할 수 없고 산발적인 것으로 느껴진다.

이러한 정보를 수집하고 검토해서 '해양과 21세기'라는 내용의 장편영화로 제작할 것을 유네스코에 요청해야 한다. 이 영화는 3D 효과를 가미한 와이드 스크린, 다중 스크린 등 최첨단 영상기술을 사용해 제작해서 온 세계의 극장과 텔레비전에서, 그리고 특히 전 세계 학교에서 상영함으로써 우리 자신과 미래 세대의 삶에서 해양이 차지하는 중요성에 대한 대중의 인식을 높여야 한다.

3. 경제적 관점에서 본 바다

현재 진행 중인 변혁이 우리 경제 체제에 미치는 영향은 매우 심대할 것이다.

지구의 위대한 조절 장치인 바다에서 탄생하는 새로운 체제와 '인류공동유산' 원칙은 유럽 중심주의 종언과 정보혁명 시대의 요청에 부응해야 할 것이다. 새로운 체제에서는 다음과 같은 개념이 어떻게든 구현되어야 한다.

1) 전체론적 접근법

경제학에는 사회, 정치, 환경, 문화, 윤리 등의 요소가 있다. 그 대상은 인류 전체이며, 목표는 모든 인류의 복지여야 한다.

2) 지방분권과 공동체 기반 공동관리

고도의 기술의 영향과 현대적 관리의 원칙 및 방법론은 간디주의가 설파하는 공동체주의와 지방분권화한 사회경제를 강조한다는 점에서 비서양적 사상 및 이상과 맞닿아야 한다. 세부 예시는 다음과 같다.

- 소비자 차원에서 절제력 강화, 에너지 효율 개선, 생산 및 유통 시스템의 구조적 개선 등을 통해 자원을 절약한다.
- '자발적 간소화'와 자기 절제를 통한 소비 수준을 절감한다.
- 물질적 소비를 비물질적 소비로 치환하고 이를 수용한다. 즉, 상품 소비를 줄이고 서비스 소비를 늘리거나, 시장 지향 경제활동에 쓰는 시간을 줄이고 비경제활동이나 친환경적인 자족적 소규모 생산에 더 많은 시간을 할애한다.
- 도시 재설계에 의한 도시 내 수송수요를 삭감한다.
- 지방 및 지역 경제를 효과적으로 통합하여 물자 및 물품의 장거리 수송을 줄인다.

3) 형평

경제학의 목표는 최대 다수의 최대행복이 아닌(이런 경우 인구 51%

가 나머지 49%를 착취하는 것도 쉬워짐) 모든 이가 누리는 복지이다. 기본 전제는 모든 개인이 존엄성을 지니며, 모두의 삶과 복지가 존중받아야 한다는 것이다. 이를 경제 정책의 영역으로 가져왔을 때 최우선 사항은 모든 사람의 가장 기본적인 요구(물, 식량, 주거, 건강, 교육)를 충족시키는 것이 된다.

4) 지식재산

지식재산권은 정보화시대와 지속 가능한 개발의 경제학이라는 맥락에서 검토하고 재편해야 할 것이다.

5) 불확실성

사회경제정책에 관한 의사를 결정할 때는 체제에 내재한 불확실성을 항상 고려해야 한다. 불확실성은 완전히 없앨 수는 없지만, 현대의 보험 경제학자들이 개발한 예방 원칙과 위험관리라는 새로운 개념을 적용해서 줄일 수 있다. 또한 첨단 과학기술 방법론에서 얻은 시각과 오랜 지혜와 경험에서 얻은 교훈을 조합하여 공동체 기반 공동관리 체제에 적용하면 불확실성은 더욱 줄여나갈 수 있다.

6) 일

일은 자기계발과 자기실현의 표현이자 인간의 기본 권리이다. 탈공업화사회 이론과 동양문화의 이상은 '일(work)'을 보수를 받는 '고용(paid employment)'과 구별하고 '봉사'의 중요성을 강조한다. 의미하는 바는 다음과 같다.

- 인간의 기본적 필요, 즉 주거, 식량, 건강 및 교육을 확보할 수 있는 최소한의 보수를 받을 수 있는 고용을 보장한다.
- 수입과 저축을 늘리기 위해 비상근직으로 고용된 시간 이외의 시간을 이용해 자영업과 '자유기업'을 운영한다.

- 일생 중 특정 기간 공동체를 위해 무보수 봉사에 임한다. 이를 통해 공동체의 재산은 증진되고 개인은 젊은 시절 공동체에서 받은 혜택을 다시 공동체에 환원한다.
- 이와 같은 체제를 지역 공동체 차원에서 공동운영을 기초로 실현한다.

7) 부

부와 복지는 자연적, 물리적, 생물적 현상(phenomena)과 인위적 현상(문화적 도구, 재화와 서비스), 그리고 화폐화된(자본) 현상의 조합이다. 이러한 전체론적인 관점은 우리의 사회적, 경제적, 환경적 측면을 반영한다. 부는 플로가 아닌 스톡으로 존재한다. 부는 경제, 사회, 문화, 윤리, 환경 지표를 포함한 인간개발지수로 측정해야 한다.

- 특히 시장에서 거래되지 않거나 혹은 거래될 수 없는 재화와 서비스를 위한 지표가 필요하다.
- 무보수 활동, 즉 보수가 지급되지 않는 활동이나 보수가 금전 외의 형태로 지급되는 활동을 반드시 포함한다.
- 차감가치, 즉 인간으로 인한 공해와 해양 자원의 난개발 비용을 고려해야 한다.
- 복잡한 체제에 내재하는 불확실성을 고려한다.
- 취약성 지표와 확률의 틀에 기반한 지표를 체계적으로 개발해야 한다.

8) 가치

재화의 가치는 '교환가치(시장가치)'에 있는 게 아니라 '이용가치'에 있다. 특정 제품의 유상·무상의 서비스, 예를 들어 훈련, 유지보수, 수리, 재건, 재활용, 그리고 폐기 서비스를 통해 사용기간이 늘어나면 그 제품의 가치가 높아진다.

9) 소유

바다와 해양, 그리고 그 자원은 인류의 공동유산이다.

- '자원'이란 생물자원, 비생물자원, 유전자원을 의미한다.

- 국가의 관할권이 미치는 수역, 공해, 혹은 '국제해저기구'가 담당하는 해저 중 어느 곳에 존재하건 미래 세대와 빈곤 근절을 위해 특히 빈국과 빈자의 필요를 고려하여 지속 가능한 상태로 관리되어야 한다. 평화와 안보는 지속 가능한 개발의 기초이며, 자원은 평화적 목적으로만 사용되어야 한다.

따라서 '인류공동유산'의 원칙은 바다만이 아니라 지구 전체의 지속 가능한 개발의 토대가 된다. 인류 절대다수의 문화에 따라 그의 적용은 바다의 부로 시작해 전반적인 부로 확대되어야 하며, 인간은 개인적으로든 집단적으로든 부를 소유해서는 안 된다. 인간은 그저 부의 수탁자로서 시민 사회와 지방, 국가, 지역, 전 지구 차원의 국가통치제도 간 협력을 바탕으로 이를 관리해야 한다.

10) 국내 및 국제 세입

세수는 필요한 서비스의 수준에 따라 지방자치단체, 국가, 지역, 그리고 전 세계 차원의 거버넌스 간 공유할 수 있다.

해양을 시작으로 지구 공유재산의 모든 상업적 활동에 대해 점차 개발세를 부과할 수도 있다.

무기와 마약 등의 상거래를 금지하는 윤리적 요구와 발맞춰 차감가치를 생성하는 활동에 세금을 부과한다.

11) 적응형 비선형 네트워크

경제의 전체적 방향 설정은 산재하는 많은 단위(개인) 간의 상호작용으로 결정된다. 한 단위의 행동은 다른 무수한 단위의 상태와 행동에 좌우된다. 그래서 필연적으로 복수의 균형점을 갖는 체제가 형성되며, 이에 특정 고유한 미래 상태를 예측하는 것은 불가능하다.

- 이들 단위는 상하 구조로 배열되지 않으며 모두가 자유롭게 자신의 길을 따라 목적에 도달한다. 목적은 하나지만 길은 제각각이다.

이 길을 따라가다 보면 다음과 같은 특징을 가진 경제에 도달하게 된다.

- 유연하고 적응력이 있으며 창조적인 경제
- 착취가 없고 자산과 수입이 형평에 맞게 분배되는 경제
- 자연환경과 조화를 이루는 경제
- 자기 절제를 통해 불필요한 소비가 제어되고 문화가 확고한 경제

12) 비폭력

비폭력은 소유, 생산, 소비, 노동, 할당, 분배와 경제 체제 개혁에 적용되듯 지속 가능한 개발을 지향하는 사회·경제적 체제의 기반이 된다.

- 모든 분쟁은 평화적으로 해결되어야 하며, 통치의 각 단계에서 그 필요에 따라 적절한 메커니즘이 설정되어야 한다.

4. 법적 관점에서 본 바다

21세기를 향한 돌파구의 핵심은 차츰 진화하고 있는 법질서에 달렸다. 유엔해양법협약은 유엔환경개발회의에서 만들어진 조약, 협정, 프로그램과 호응하면서 근본적인 변혁의 프로세스를 개시했다.

이들 새로운 조약과 협정은 하나의 역동적인 시스템을 창조하는

단일 프로세스로 봐야 한다. 중첩되는 부분은 21세기의 보다 나은 세계를 구축하는 과정에서 서로를 보강하는 공동 행동의 공통기반으로 활용해야 한다.

시스템의 활력을 유지하고 급변하는 세계에 순응하기 위해 유엔 해양법협약 회원국 회의의 권한은 확대되어야 한다. 정례회의를 2회에 한 번(6년에 한 번)은 제11부와 이행협정 등을 포함하는 동 협약의 '검토회의'로 해야 한다.

국가 주권의 개념은 정보화시대와 지속 가능한 개발의 요구사항과 조화시킬 필요가 있다.

평화와 협력을 촉진하기 위해서는 바다를 두고 마주 보거나 나란히 있는 국가 간이건 국가와 공해 간이건 그 해양의 경계를 더욱 기능적인 공동개발 혹은 공동관리를 위한 해역으로 삼고 자원관리와 안보관리를 통합해야 한다.

지역해는 결국 생물자원, 비생물자원, 수송과 통신, 과학기술 협력, 연안 관리, 환경보전, 지역 안보 등에 걸친 포괄적 권한을 갖는 다기능 공동관리해역으로 그 개념을 변경해야 한다.

5. 제도적 관점에서 본 바다

조약과 법령에는 그 시행을 위한 제도가 필요하다. 새로운 법질서를 실현하는 데 가장 필요한 제도는 이미 존재하며 새로 창설할 필요가 없다. 하지만 새로운 법률과 규칙에서 생기는 새로운 임무를 해당 제도에 따라 수행할 수 있도록 해야 한다. 아래 이어지는 제언은 기존 그리고 새로운 제도적 틀, 유엔환경개발회의에서 제공한 지침과 유엔환경개발회의 후의 조약, 협정, 프로그램을 바탕으로 한 것이다. 우선 간디가 말하는 해양의 고리를 중심으로 한 세계의 비전에 비추어 마을 차원에서 시작하여 국가, 지역, 그리고 바다의 행성인 지구 전체로 고리를 넓혀가기로 한다.

1) 마을

- 연안 마을의 평의회는 항만 당국, 선주, 어업 협회, 해양 산업, 관광국, 연구기관, 비정부기구, 소비자 협동조합의 대표로 구성되는 '해양자원평의회'를 선출한다.
- '해양자원평의회'는 해양 자원의 지속 가능한 개발, 해양 및 연안 환경 보호, 해양 관련 연구 및 교육에 관한 모든 사안을 심의하고 이를 바탕으로 지방 의회를 위한 입법안을 마련한다.
- '해양자원평의회'는 지속 가능한 자원 개발과 해양환경 보호를 위한 단기(1년) 및 중기(5년) 계획을 수립하고 지방 의회를 통해 주 또는 도 정부에 제출한다.
- '해양자원평의회'는 유엔해양법협약, 「어젠다21」의 제17장, 생물다양성협약 및 기후변화협약의 해양 관련 부분, 유엔공해어업협정, 「육상활동으로부터 해양환경을 보호하기 위한 범지구적 실천계획」, 지역해 프로그램, 기타 해양 관련 협정과 프로그램 등을 지방 수준에서 실행할 책임을 진다.
- '해양자원평의회'는 필요에 따라 회의를 개최한다.
- 지방 의회는 '해양자원평의회'를 통해 공유 생태계에 영향을 주는 사안에 대해 해당 지방 내에서, 그리고 인접 지방의 지방 의회 및 인접 국가의 의회와 함께 협력한다. 이러한 목적을 위해 적절한 주나 도, 국가, 국제 차원의 회의가 개최되어야 한다.

2) 국가

- 국가 차원의 고리에서 해양 거버넌스에는 정부, 연구기관, 이익집단의 폭넓은 참여와 이들을 연결하는 효과적인 의사결정 시스템이 포함되어야 한다.
- 정치적인 차원에서는 각료회의를 설치하고 가급적 총리가 이를 이끈다.
- 각료회의는 산업계와 과학계 인사, 지자체 해양자원위원회, 비정부기구 대표로 구성된 비정부 자문 위원회와 의회 해양 위원의 조언을 받도록 한다.
- 이러한 자문 조직의 활동은 해사 관련 가장 폭넓은 관리 범위를 지닌 장관이 조정한다.
- 관료 체제 차원에서는 해양에 관여하는 모든 부처의 고위급 공무원으로 구성된 범부처위원회를 둔다. 전직 총리가 의장을 맡을 수 있다. 이 위원회에서 각료회의를 위한 준비 작업을 책임진다.

3) 지역

- 「지역해 프로그램」의 업데이트와 재구성은 이러한 유용한 프로그램 자체의 존속이나 해양법협약의 실행만이 아니라, 유엔환경개발회의 이후 마련된 모든 협약과 행동계획의 실행, 그리고 경제적, 환경적 안보를 포함하는 지역 안보 강화를 위해 필수 불가결하다. 해양법협약과 유엔환경개발회의에서 비롯된 모든 결과물은 지역 협력과 지역 조직이 절대적으로 필요하다.
- 「지역해 프로그램」의 재활성화를 위해 제안하는 네 가지 단계

는 다음과 같다.

(1) 지역 '해양의회' 설립

「육상활동으로부터 해양환경을 보호하기 위한 범지구적 실천계획」을 실행하기 위해 유엔환경계획이 만든 지역회의체와 그들의 임무를 역내 해양·연안역 종합관리의 모든 요소를 다룰 수 있도록 확대해야 한다. 이 회의체는 격년으로 열리는 지역해양협약 체결국 회의를 대체하고, 지역경제통합조직, 유엔 지역경제위원회, 지역개발은행, 비정부기구 등 권한 있는 지역 기구와 국제기구도 참여하도록 한다.

(2) 유엔환경개발회의 이후의 협약, 협정, 프로그램의 요구사항에 부응하는 지역 기술협력 시스템 확립

지역해조약의 확대된 권한에는 기술협력을 위한 지역 시스템의 확립을 포함한다. 유엔해양법협약은 제276조와 제277조에서 기술 개발과 기술이전을 위해 지역 센터(현재 동향에 비추어 보면 '지역 시스템')의 설치를 요구한다.

① 이런 시스템은 가장 진보된 기술 개발 개념을 바탕으로 구축해야 하며, 이를 통해 지역 차원에서 정부투자와 민간투자 간 시너지를 창출한다.

② 이들 시스템은 유엔해양법협약은 물론 유엔환경개발회의 후에 만들어진 조약과 프로그램의 요구사항에 부응하는 방식으로 구상하고 구축한다.

③ 우선으로 개발하고 이전(공동으로 개발)해야 할 기술 명단은 관련 조약과 행동계획에서 수집할 수 있다. 여기에는 수산양식과 유전자공학 기술, 엄선된 어구 제조, 폐기물 재활용, 하수처리 등 수처리기술, 해양온도차발전(OTEC), 메탄 하이드레이트 등 바다에서 얻을 수 있는 재생에너지의 연구개발

이 포함된다. 기술 명단은 필요에 따라 조정한다.

(3) 지속 가능한 발전에 관한 지역위원회 설치

유엔 지속가능발전위원회의 효과를 높이고 위원회를 지역, 국가, 지방자치단체의 각 고리에 연결하기 위해 지역해 프로그램 안에 지속 가능한 발전에 관한 지역위원회를 설치한다.

바르셀로나조약 체결국에 의한 선구적인 전례에 따라 이들 위원회의 구성은 학제적이어야 하고 정부 부문과 비정부 부문이 대등한 지위로 참여한다.

정부 부문은 의사결정이 필요한 주제를 담당하는 각료로 구성하고, 비정부 부문은 지방 정부 당국, 사회경제 전문가, 비정부기구로 구성한다.

시스템 전체가 제대로 기능하기 위해서는 국가 및 지역의 법률, 규칙, 관리 계획이 일관성이 있어야 한다. 이를 위해서는 국가 차원과 지역 차원에서 의사결정이 적절하게 연계되어 있어야 한다. 이런 연계는 지역 차원과 전 세계 차원(유엔 지속가능발전위원회, 유엔총회) 사이에도 필요하다.

(4) 인류안보를 위한 지역 시스템 확립

지속 가능한 발전에는 통합되어야 할 세 개의 구성요소가 있다. 바로 사회경제적 발전, 사회경제적 발전이 이루어지는 환경의 보전, 그리고 부재 시 사회경제적 발전도 환경보전도 불가능할 평화와 안보이다.

안보에는 통합되어야 하는 세 개의 구성요소가 있다. 정치적·군사적, 즉 전통적 의미의 안보, 경제 안보, 그리고 환경 안보이다. 경제 안보와 환경 안보가 없다면 정치적, 군사적 안보도 달성할 수 없다.

위 설명은 보편적으로 인정받는 명제 두 개다. 분명 이들은 지금까지는 충분히 주목받지 못한 제도적 함의를 지니고 있다.

- '지속 가능한 개발에 관한 지중해위원회(MCSD)'를 구성하는 바르셀로나조약 체결국이 개척한 학제적 접근법은 사무국 또는 집행위원회 구성에도 적용되어야 한다. 이들의 회합에는 현안 과제의 의사결정 책임자인 장관이 출석해야 한다. 가령 지역 안보에 영향을 미치는 의제라면 각국의 국방장관 또는 외무장관이 출석해야 한다.
- 지역 시스템은 군사적 대응이 필요한 무력 분쟁 발생 시에는 유엔사무총장 휘하의 적절한 지휘계통을 따르며 유엔의 평화유지 임무를 수행할 수도 있다. 무력 분쟁이 없을 때는 해군의 지역 협력 임무를 공동 감시와 단속을 위시하여 수색 구난 및 재해구조와 수로측량, 해도 작성, 기타 다양한 해양학적 연구 등 평화로운 인도주의 활동으로까지 확대할 수 있다. 제도적인 견지에서는 이미 진행 중인 프로세스를 단순히 연장하거나 응용하는 것이다.

4) 전 세계의 바다

유엔이라는 전 세계 차원의 고리에서는 마을에서 국가, 국가에서 지역, 지역에서 전 세계에 이르는 전체적 구조를 조화시키고, 통합하고, 포괄적이며 일관성 있는 범분야적 참가형 구조로 만드는 데 다음 네 단계가 필요하다.

(1) 해양의회

유엔총회는 '전체위원회(Committee of the Whole)'를 설립해 통합적인 해양 정책 수립에 필요한 시간을 할애하도록 해야 한다. 업그레이드된 지역해 프로그램의 대표, 유엔 체제 내에서 해양 관련 임무를 지닌 전문기구, 그리고 비정부 부문이 격년으로 개최되는 일종의 '유엔해양의회'에 참석한다. 통합정책은 유엔 해사

해양법과(DOALOS)가 지속가능발전위원회와 협력하여 수립한다.

(2) 전문 국제기구: 정책 통합

국내조직과 국제조직을 비교해보면 '해양의회'는 정책을 결정하는 한 국가의 의회에 상응한다. 전문기구와 프로그램은 정부부처처럼 정책을 집행한다. 유엔 행정조정위원회(ACC)의 분과위원회는 해양 및 연안역 관리의 학제적이며 범분야적인 필요에 대응하는 각료 간 위원회 혹은 회의처럼 기능할 것이다. 업그레이드된 지역해프로그램과 '해양의회'의 의사결정 과정은 연방국에서 중앙과 주 또는 도 정부 사이처럼 효과적으로 연결되어야 한다.

(3) 재구축된 신탁통치이사회

몰타 공화국의 제안을 바탕으로, 그리고 더 나아가 제55회 유엔총회에서 발표된 유엔사무총장 보고서(문서 A/51/950)에 따라 탈식민지화의 임무를 완료한 신탁통치이사회에는 '인류공동유산'과 '인류 공통의 현안'의 후견인으로서의 새로운 임무를 부여해야 한다.

- 동 이사회는 종전대로 53개국으로 구성하고, 이사국은 공정한 지역 대표성을 고려해 유엔총회에서 선출한다.
- 새로운 '신탁통치이사회'는 다음과 같은 기능을 수행할 수 있다.
- 유엔 회원국, 전문기구, 프로그램, 국제해저기구, 관련 비정부조직이 제출하는 보고서 검토
- 청원서 수리 후 관련 기구나 기관과 협의하여 검토
- 위반이 의심되는 장소를 정기적으로 실사하고 이사회 임무에 부응하는 조치 실행

신탁통치이사회는 인류공동유산의 원칙을 신성한 약속으로 여기고 수호할 것이다. 그리고 해양공간, 우주, 대기, 남극 등에서 해당 원칙의 준수 여부를 국제법에 기초해 감시하고 위반사항은 유엔총회에 보고한다. 또, 포괄적 안보와 지속 가능한 발전 및 인간 생명의 존엄성에 영향을 미치는 공통의 우려 사항에 대해 원칙 적용을 확대할지를 심사하고 관련 당국과 조직에 권고사항을 제시한다. '신탁통치이사회'는 유엔의 양심이자 미래 세대의 수호자로 기능할 것이다.

(4) 국제해저기구

'국제해저기구'가 국제 사회에 도움이 되기 위해서는 다음과 같은 단기적 조치가 필요하다.

① 이행협정 부속서 제1절 5항 (g), (h), (i)의 전향적 해석과 발전을 도모하면서 심해저의 과학적 탐사, 장기적 환경 평가를 포함한 공동기술개발, 인재 육성(연수) 등을 위한 협력 계획을 작성하고 도입하여 실시한다.

② 제162조2 (o)(ii)에 입각하여 망간단괴 이외의 자원탐사와 개발을 위한 규칙 수립을 결정한다.

③ 요청이 있을 시 연안 개도국과 함께 그들의 대륙붕 광물자원 탐사를 위한 합작 사업을 시행한다.

④ 국제해저기구의 장래에 관한 종합 토론에 충분히 시간을 할애한다.

장기적 현안은 2003년 열린 체결국회의에서 설립된 '검토회의'에서 살펴본다. 논의 내용은 다음과 같다.

- 국제해저기구 이사회의 구성과 표결
- 심해저와 그 하부의 유전자원(genetic resources) 등 생물자원의 현황
- 심해저와 연안국 간, 심해저와 남극조약 체제 간 경계, 그리고

그와 같은 경계를 공동개발해역으로 대체하는 선택지

6. 맺음말

우리가 지금까지 살펴본 시스템은 심해저에서 발단해서 부상하고 있다. 이렇게 인류공동유산의 원칙이 처음에는 해양에, 그리고 연안역에, 그 다음에는 전 세계에 적용되었다. 해양의 고리가 중심인 세상을 반영하듯 점점 확산하는 것이다.

해양 거버넌스는 과거 30년 동안 시스템 변혁을 겪어왔고, 그 변혁은 아직도 진화 중이다. 이런 과정은 후에도 계속될 것이며 완성되는 일이 없을 것이다.

시스템의 한 부분에 영향을 미치는 변화는 시스템 전체에 영향을 미친다. 해양 거버넌스와 육상 거버넌스도 한 시스템의 부분이기 때문에 해양 거버넌스의 진보는 변증법적 과정을 통해 시스템 전체에 반드시 영향을 미친다. 이 과정에 있어서 육상 거버넌스는 해양 거버넌스 변화의 속도를 늦추는 경향이 있지만, 해양 거버넌스는 놀라운 속도로 발전하고 있으며, 앞으로는 지방, 국가, 지역, 세계 차원에서 변화를 가속하는 경향을 띠게 될 것이다. 여기서 말하는 '차원'은 육상 관점의 표현이고, '고리'는 바다 시점의 표현이다.

모든 '고리'와 '차원'은 어떤 의미에서는 서로가 거울에 비친 모습이다. 정부가 '부문적' 접근법에서 '범분야적' 접근법으로 그리고 학제적 접근법으로 옮겨가면 유엔도 같은 방향으로 움직일 것이다. 정부가 보충성의 원칙에 따라 지방분권에 임하면 유엔도 그렇게 할 것이다. 정부와 '시민 사회' 간 새로운 관계가 발전되면 이는 유엔의 '고리'에도 반영될 것이다. 혹은 그 반대일 수도 있다. 어느 시점에서는 하나의 '고리'가 앞서거나 뒤처지는 일은 있어도 장기적으로 보면 큰 차이는 없어지게 될 것이다.

현시점에서는 지방 차원의 움직임이 가속하는 한편으로, 국가 차원에서는 움직임이 경직되어 있다. 국가가 '인식하는 이익'은 많은 경우 과거 시대를 비춘다. 유엔이라는 '고리'는 확실히 움직이고 있지만, 국가의 경직성의 영향으로 둔화했다.

향후 10년에 있어서 가장 큰 움직임은 지역의 '고리'에서 볼 수 있을 것이다. 지역은 경직성이 작고 지금으로서는 새로운 개념과 접근법을 도입할 필요가 가장 크고 그럴 준비도 가장 잘 되어 있다. 필자는 이 지점에서 새로운 비약이 가능하며 그 파급효과는 다른 모든 '고리'에 미칠 것이라고 본다.

이 책에서 논한 새로운 시스템들은 해양의 요구사항뿐만 아니라 지구 전체의 필요에 부응한다. 문화적, 언어적, 종교적 공동체의 자율성을 확대하고 초국가적인 지역적 유대를 형성함으로써 육지와 바다 모두에서 현재 직면한 국가 주권의 위기를 극복하는 움직임을 만들어낼 수 있을 것이다. 지속 가능한 개발은 인류의 안보와 복잡한 상호작용 속에서 해양 거버넌스와 지구 거버넌스를 위한 새로운 구조를 낳게 될 것이다. 지역 차원에서의 지속 가능한 개발과 보안의 통합은 지금은 존재하지 않는 반세기 전 정치지도를 아직도 기반으로 삼는 유엔 안전보장이사회의 구조나 기능에도 결국 영향을 미칠 것이다. 시대에 뒤처진 것은 안전보장이사회의 구성만이 아니라, 근저에 있는 안전보장의 개념 그 자체이다. 경제적 안보와 환경적 안보로 이루어지는 새로운 안보 개념이 21세기의 안전보장이사회의 구조와 기능에 반드시 반영되어야 한다. 그리고 가장 중요한 부문인 해양 거버넌스를 둘러싸고 진행될 일들이 안전보장이사회에 영향을 미치게 될 것이다.

유엔해양법협약이 발효될 때처럼 해양에서 발생하는 분쟁의 평화적 해결 의무를 각국이 받아들인다면, 유엔 체제 속에서 부상하고 있는 지구적 거버넌스 틀에서도 가능할 것이다.

마지막으로 중요한 것은 경제적·생태적 위기와 유럽 중심주의의 종식이라는 수렴적 영향으로 촉발되었고, 인류와 해양 간 관계에서 가장 진보적으로 발달한, '생태학적 세계관'의 출현에는 본질상 보편성이 있다는 것이다. 경쟁시장과 계급투쟁, 공유지의 비극, '구조선의 윤리' 관점 등으로 형성되는 다윈식 패러다임은 유럽 중심주의와 함께 몰락할 것이다.

생태학은 100년도 더 전에 유럽과 아시아를 잇는 시베리아 스텝 지대(steppes)에서 탄생했다. 바로 여기에서 크로폿킨(Kropotkin)이 야생동물 사이에서 볼 수 있는 협력과 상호 협조가 진화의 요인이라는 사실을 발견했다. 이를 통해서 그가 인류를 향해, 그리고 자발적인 협력과 협조에 기반한 새로운 사회질서를 향해 낙관적 견해를 품게 되었는지, 혹은 자신의 사회이론과 가치관을 자연에 투영해 자신이 보고 싶은 것만 봤는지는 중요하지 않다. 원인과 결과는 하나의 피드백 연결고리이다.

자연 그리고 생물다양성을 구성하는 모든 생물종의 가치에 대한 새로운 존중을 함의하는 이 떠오르는 생태학적 세계관은 우리가 이러한 세계관과 가치관을 반영하는 사회·경제·정치 질서를 구축해 나가도록 이끌 것이다. 또는 이것 외에는 전 인류를 구하는 방법이 없다는 사실을 깨닫고 이 세계관을 선택하게 될지도 모른다. 어떻든 서로를 존중하는 마음은 모든 생물로 향하게 될 것이다. 생명을 존중하는 마음은 모든 대상을 망라한다. 자연과 인간 사이에 평화와 조화가 있을 때 지구상 모든 사람 간에 평화와 조화가 공고해질 것이다.

[부속서]

21세기를 위한 국제해저기구

21세기를 위한 국제해저기구[1)]

제1절 총칙

제133조 용어의 사용

이 부에서,

(a) "자원"이라 함은 복합금속단괴 복합금속단괴 및 황화물, 코발트크러스트, 수화물(하이드레이트)과 탄화수소를 비롯하여, 심해저의 해저나 해저 아래에 있는 자연상태의 모든 고체성, 액체성 또는 기체성 광물자원을 말한다.

(b) 정착성 어족에 속하는 생물, 즉, 채포에 적합한 단계에 있어서 해저 혹은 그 아래에 정지하고 있거나 끊임없이 해저 또는 하층토에 접촉하고 있지 않으면 움직일 수 없는 생물.

(c) 심해저의 호열성 세균을 포함하는 유전자원.

제134조 이 부의 적용범위

1. 이 부는 심해저와 그 자원을 포함하는 해양 광물자원의 관리 및 개발에 대해 적용한다.
2. 이 조의 규정은 제6부에 따른 대륙붕의 외측 한계 설정 또는 해안을 마주하거나 해안이 인접한 국가 간의 경계획정에 관한 협정의 효력에 영향을 미치지 아니한다.

제135조 상부수역과 상공의 법적지위

이 부 또는 이 부에 따라 부여되거나 행사되는 어떠한 권리도 심해저 상부수역과 상공의 법적지위에 영향을 미치지 아니한다.

제2절 심해저를 규율하는 원칙

제136조 인류의 공동유산

심해저와 그 자원은 인류의 공동유산이다.

---

1) 이 부속서는 「국제해저기구」의 장기적 재구축을 위한 모델 안이다(본문 233쪽 참조).

제137조 인류의 공동유산의 전유 금지

1. 어떠한 국가도 심해저나 그 자원의 어떠한 부분에 대하여 주권이나 주권적 권리를 주장하거나 행사할 수 없으며, 어떠한 국가·자연인·법인도 이를 자신의 것으로 독점할 수 없다. 이와 같은 주권, 주권적 권리의 주장·행사 또는 독점은 인정되지 아니한다.
2. 심해저 자원에 대한 모든 권리는 인류 전체에게 부여된 것이며, 해저기구는 인류 전체를 위하여 활동한다. 이러한 자원은 양도의 대상이 될 수 없다.
3. 국가, 자연인 또는 법인은 이 부에 의하지 아니하고는 심해저로부터 채취된 자원에 대하여 권리를 주장, 취득 또는 행사할 수 없다. 이 부에 의하지 아니한 권리의 주장, 취득 및 행사는 인정되지 아니한다.

제138조 인류의 이익

1. 심해저활동은 이 부에 특별히 규정된 바와 같이 연안국이나 내륙국 등 국가의 지리적 위치에 관계없이 인류전체의 이익을 위하여 수행하며, 개발도상국의 이익과 필요 및 국제연합총회 결의 제1514호와 그 밖의 국제연합총회의 관련결의에 따라 국제연합에 의하여 승인된 완전독립 또는 그 밖의 자치적 지위를 획득하지 못한 주민의 이익과 필요를 특별히 고려한다.
2. 해저기구는 심해저 채광활동으로부터 나오는 재정적 이익과 그 밖의 이익이 적절한 제도를 통하여 차별 없이 공평하게 배분되도록 한다.

제139조 심해저의 평화적 이용

심해저는 연안국이거나 내륙국이거나 관계없이 모든 국가가 차별 없이, 이 부의 다른 규정을 침해하지 아니하고, 오로지 평화적 목적을 위하여 이용하도록 개방된다.

제140조 해양환경보호

심해저활동에 따라 초래될 수 있는 해로운 영향으로부터 해양환경과 생물다양성을 효과적으로 보호하기 위하여 이 협약과 기후변화협약, 생물다양성협약 및 지역해 조약과 같은 다른 조약에 따라 심해저활동에 관하여 필요한 조치를 취한다. 이를 위하여 해저기구는 특히 다음의 목적을 위한 적절한 규칙, 규정 및 절차를 채택한다.

(a) 해안을 포함한 해양환경에 대한 오염과 그 밖의 위험 및 해양환경의 생태학적 균형에 대한 영향의 방지·경감 및 통제(시추·준설·굴착 및 폐기물투기, 이러한 활동에 관련된 시설, 관선과 그 밖의 장비의 건설·운용·유지와 같은 활동에 의한 해로운 영향으로부터 해양을 보호할 필요성에 특별히 유의함)

(b) 미래 세대를 위한 심해저 천연자원의 보호와 보존, 동식물군에 대한 피해 방지 및 해양환경과 생물다양성의 보존

제141조 해양과학조사

1. 심해저에서의 해양과학조사는 제13부에 따라 오로지 평화적 목적과 인류전체의 이익을 위하여 수행된다.
2. 해저기구는 심해저와 그 자원에 관한 해양과학조사를 수행할 수 있고, 이를 가능하게 하기 위한 적절한 제도를 구축할 수 있다. 해저기구는 또한, 이 목적을 위해 유네스코 정부간해양학위원회(IOC) 또는 이 협약 제276조 및 277조에 따라 설치된 해양과학기술 발전을 위한 지역센터와 같은 권한 있는 국제기구와 계약을 체결하고, 협력할 수 있다.
3. 해저기구는 심해저에서 해양과학조사의 수행을 증진하고 장려하고 조정하며, 그러한 조사와 분석의 결과를 특히 개발도상국에 대해 전파한다.
4. 당사국은 심해저에서 해양과학조사를 수행할 수 있다. 당사국은 아래 방법에 따라 심해저에서의 해양과학조사를 위한 국제협력을 증진한다.

(a) 국제계획 참여 및 여러 국가와 해저기구 직원에 의하여 수행되는 해양과학조사를 위한 협력의 장려

(b) 다음의 목적을 위하여 해저기구 또는 그 밖의 적절한 국제기구를 통하여 개발도상국과 기술후 진국의 이익을 위한 계획이 개발되도록 보장

(i) 이러한 국가의 조사능력 강화

(ii) 조사기술과 응용분야에 있어서 이러한 국가와 해저기구 직원의 훈련

(iii) 심해저조사분야에 있어서 이러한 국가의 자격있는 인원의 고용 촉진

(c) 해저기구나 그 밖의 국제경로를 통하여 이용 가능한 조사·분석결과를 효과적으로 보급

제142조 기술이전

1. 해저기구는 이 협약에 따라 다음을 위한 조치를 취한다.
   (a) 심해의 조사 및 개발 활동에 관한 과학적 지식 및 환경적으로 지속가능한 기술 획득
   (b) 모든 당사국이 이익을 얻도록 개발도상국에 대한 그러한 기술과 과학지식의 이전의 증진 및 장려

제143조 심해저에 관한 국가의 일반적 행위

심해저에 관한 국가의 일반적 행위는 이 부의 규정, 국제연합헌장에 구현된 원칙 및 그 밖의 국제법 규칙에 따라 평화와 안전의 유지 및 국제협력과 상호이해의 증진을 위하여 수행되어야 한다.

제144조 협약준수의무 및 손해배상책임

1. 당사국은 당사국이나 국영기업에 의하여 수행되거나, 당사국의 국적을 가지거나 당사국 또는 그 국민에 의하여 실효적으로 지배되는 자연인 또는 법인에 의하여 수행되는 심해저활동이 이 부에 따라 수행되도록 보장할 의무를 진다. 국제기구가 수행하는 심해저활동에 있어서는 그 국제기구가 동일한 의무를 진다.
2. 국제법의 규칙을 침해하지 아니하고, 당사국이나 국제기구는 이 부에 따른 의무를 이행하지 아니함으로써 발생한 손해에 대한 책임을 지며, 이와 함께 활동하는 당사국이나 국제기구는 연대책임 및 개별책임을 진다. 다만, 당사국이 실효적인 준수를 보장하기 위하여 필요하고 적절한 모든 조치를 취한 경우에는, 그 당사국이 보증한 자가 이 부의 규정을 준수하지 아니하여 발생한 손해에 대하여는 책임을 지지 아니한다.
3. 국제기구의 회원국인 당사국은 그 국제기구와 관련하여 이 조의 이행을 보장하기 위한 적절한 조치를 취한다.

제145조 연안국의 권리와 적법한 이익

1. 국가관할권 한계에 걸쳐 존재하는 심해저 자원의 광상에 대한 심해저활동은 이러한 광상이 그 관할권에 걸쳐 존재하는 모든 연안국의 권리와 정당한 이익을 적절히 고려하여 수행된다.
2. 이러한 권리와 이익의 침해를 방지하기 위하여 관련국 사이에 사전통고

제도를 포함한 협의를 유지한다. 심해저활동이 국가관할권 내에 있는 자원의 개발을 초래할 경우에는 관련 연안국의 사전동의를 필요로 한다.

3. 연안국의 영해기선으로부터 측정해서 300에서 400해리 간 구역에 존재하는 그와 같은 자원광상에 관해서는 원칙적으로 공동개발지대 또는 공동관리지대의 설립이 장려된다.
4. 이 부 및 이 부에 따라 부여되거나 행사되는 어떠한 권리도 심해저활동으로부터 초래되거나 야기되는 오염이나 오염발생의 위험, 그 밖의 위험한 사태로부터 자국의 연안이나 관련 이익에 대한 중대하고도 급박한 위험을 방지, 경감 및 제거하기 위하여 제12부의 관련규정에 따라 필요한 조치를 취할 연안국의 권리에 영향을 미치지 아니한다.

146조 해저기구와 연안국 간 합작사업

연안국의 요청으로 해저기구는 당해 연안국과 그 배타적경제수역 내의 광물자원의 탐사 및 개발을 위해 계약을 체결하거나 합작사업을 할 수 있다.

제147조 인명보호

심해저활동과 관련하여 인명을 효과적으로 보호하기 위하여 필요한 조치를 취한다. 이를 위하여 해저기구는 관련 조약에 구현된 기존 국제법을 보충할 적절한 규칙, 규정 및 절차를 채택한다.

제148조 심해저와 해양환경에서의 활동조정

1. 심해저활동은 해양환경에서의 다른 활동을 합리적으로 고려하여 수행된다.
2. 심해저활동에 사용되는 시설은 다음의 조건을 충족하여야 한다.
   (a) 이러한 시설은 이 부의 규정과 해저기구의 규칙, 규정 및 절차에 따라서만 건조·설치·제거되며, 이러한 시설의 건조·설치·제거는 적절하게 통지되고, 또한 그 존재에 관한 항구적 경고수단이 유지되어야 한다.
   (b) 이러한 시설은 국제항행에 필수적인 것으로 인정된 항로대의 사용을 방해할 수 있는 해역이나 어로활동이 집중되는 해역에는 설치할 수 없다.
   (c) 이러한 시설 주위에는 항행과 설비의 안전을 보장하기 위하여 적절한 표지를 갖춘 안전수역을 설정한다. 이러한 안전수역의 형태와 위

치는 특정 해역으로 향하는 합법적인 해운이나 국제항로대를 통한 항행을 방해하는 띠를 형성하는 방식으로 설정될 수 없다.

(d) 이러한 시설은 오로지 평화적 목적을 위하여 사용된다.

(e) 이러한 시설은 섬의 지위를 가지지 아니한다. 이러한 시설은 자체의 영해를 가지지 아니하며, 그 존재가 영해·배타적경제수역 또는 대륙붕의 경계획정에 영향을 미치지 아니한다.

3. 해양환경에서의 다른 활동은 심해저활동을 합리적으로 고려하여 수행된다.

제149조 개발도상국의 심해저활동 참여

개발도상국의 특수한 이익과 필요, 특히 개발도상국 중 내륙국이나 지리적 불리국, 소도서 개발도상국이 등 불리한 위치로 인한 장애를 극복하기 위한 특별한 필요를 적절히 고려하여, 이 부에서 특별히 정한 바에 따라 개발도상국이 심해저활동에 효과적으로 참여하도록 촉진한다.

제150조 고고학적·역사적 유물

심해저에서 발견된 고고학적·역사적 성격을 가진 모든 물건은 인류전체의 이익을 위하여 보존하거나 처분하며, 특히, 기원국, 문화적 기원국 또는 역사적·고고학적 기원국의 우선적 권리를 특별히 고려한다.

제3절 심해저자원 개발

제151조 심해저활동 관련 정책

1. 심해 해저에서의 광업활동의 생산정책은 제137조부터 제140조에 규정된 인류의 공동유산의 원칙에 근거한다.
2. 생산정책은 지속 가능한 개발을 지향하고, 환경영향평가, 환경 친화적 기술의 이용 및 생물다양성의 보존을 포함한다.
3. 생산정책은 국제교역법 및 세계무역기구가 채택한 관련 규정 및 규칙에 부합되도록 한다.
4. 생산정책은 해양공간에서 경쟁이 아닌 협력을 촉진하고, 환경적으로 지속 가능한 기술개발의 국제화를 최대화하는 것으로 한다. 해저기구는 지구환경퍼실리티(GEF)와 기후변화협약(제4조) 및 생물다양성협약(제25조)에 따라 행동하는 선진공업국의 지원을 모색한다.

5. 인류의 공동 유산 원칙에 내재하는 형평원칙에 기초하여, 지속 가능한 개발의 달성에 불가결한 빈곤 퇴치에 공헌하도록 노력하는 데 있어, 해저기구는 개발도상국의 산업 다변화 및 상품 수출에 대한 의존도 경감을 지원하기 위해 국제 자금 원조기구 및 선진공업국의 지원을 모색한다.
개발도상국의 수출상품 가격은 심해저 또는 타국의 관할권 내 해역에서의 활동, 또는 합성제품의 개발, 리사이클링, 소형화에 의해 기인하는 상품 수요의 구조적 변화 또는 해저광업이 그 일부를 구성하는 산업혁명의 새로운 단계의 기타 양상에 의해 하락하거나 붕괴할 수 있다.

제152조 해저기구의 권한행사와 임무수행

1. 해저기구는 탐사 및 개발과 관련된 심해저활동을 위한 기회의 승인을 포함한 그 권한 및 기능의 수행에 있어서 차별을 피한다.
2. 그럼에도 불구하고 이 부에 특별히 규정된 개발도상국에 대한 특별한 고려(개발도상국 중 내륙국과 지리적불리국, 소도서 개발도상국에 대한 특별고려 포함)는 허용된다.

제153조 연구·개발, 자원탐사·개발제도

1. 심해저에서의 활동과 해저 관련 활동은 인류 전체를 위하여 또한, 이 조의 규정, 이 부의 그 밖의 관련 규정, 관련 부속서와 해저기구의 규칙·규정 및 절차에 따라 해저기구와 협력하여 수행된다.
2. 과학적 협력, 연구·개발, 자원의 탐사 및 개발은 이 부 제4절에 따라 해저기구의 사업 실행을 담당하는 사업체 시스템을 통해 수행된다.

제154조 정기적 재검토를 위한 회의

1. 이 협약 제11부는 협약 전체의 재검토 과정의 일환으로서 체약국에 의해 재검토되고 개정된다.
2. 체약국 회의의 임무는 그에 맞춰 확대된다.
3. 재검토회의가 채택하는 개정사항은 기존의 계약 및 협정에 따라 취득된 권리에 영향을 미치지 아니한다.

제4절 해저기구

제1관 총칙

제155조 해저기구의 설립

1. 이 부에 따라 임무를 수행하는 국제해저기구를 설립한다.
2. 모든 당사국은 당연히 해저기구의 회원국이 된다.
3. 최종의정서에 서명하고 제305조 제1항 (c), (d), (e) 또는 (f)에 언급되지 아니한 제3차 유엔해양법회의 옵서버는 해저기구의 규칙, 규정 및 절차에 따라 옵서버로 해저기구에 참여할 권리를 가진다.
4. 해저기구의 소재지는 자메이카에 둔다.
5. 해저기구는 그 임무를 수행하는 데 필요하다고 인정되는 지역사무소를 설치할 수 있다.

제156조 해저기구의 성격과 기본원칙

1. 해저기구는 체약국이 심해의 과학적 조사를 강화하고, 심해기술의 연구·개발에 관한 국제협력을 증진하고, 심해저 자원을 개발하고, 심해의 환경과 생물다양성을 보호할 목적으로 이 부의 규정에 따라 심해저에서의 활동을 조직 및 규제하기 위한 기구이다.
2. 해저기구의 권한과 기능은 이 협약에 의하여 명시적으로 부여된다. 해저기구는 심해저에서의 활동과 체약국과의 협력에 관한 그러한 권한과 기능의 행사를 위해 내포되고 필요한 대로 이 협약에 부합하는 부수적 권한을 가진다.
3. 해저기구는 공동유산 원칙, 지속 가능한 개발 원칙 및 모든 회원국의 주권평등원칙에 기초를 둔다.
4. 해저기구의 모든 회원국은 회원자격으로부터 발생하는 권리와 이익을 모든 회원국에게 보장하기 위하여 이 부에 따라 스스로 진 의무를 성실히 이행한다.

제157조 해저기구의 기관

1. 해저기구의 주요기관으로서 총회, 이사회 및 사무국을 둔다.
2. 해저기구는 제170조 제1항에 규정된 임무를 수행하기 위한 기관으로서 심해저공사를 설치한다.

3. 필요하다고 인정하는 보조기관을 이 부의 규정에 따라 설치할 수 있다.
4. 해저기구와 심해저공사의 주요기관은 그에 부여된 권한을 행사하고 임무를 수행할 책임을 진다. 이러한 권한을 행사하거나 임무를 수행함에 있어서 각 기관은 다른 기관에게 부여된 특정한 권한의 행사와 임무의 수행을 손상하거나 방해하는 행동을 취하지 아니한다.

제2관 총회

제158조 구성·절차 및 표결
1. 총회는 해저기구의 모든 회원국으로 구성된다. 각 회원국은 총회에 1인의 대표를 파견하며, 대표는 교체대표와 고문을 대동할 수 있다.
2. 총회는 연례 정기회기 및 총회의 결정에 의하여 소집되거나 이사회의 요청, 또는 해저기구의 회원국 과반수의 요청에 따라 사무총장에 의하여 소집되는 특별회기에 회합한다.
3. 회기는 총회에서 달리 결정되지 아니하는 한, 해저기구의 소재지에서 개최된다.
4. 총회는 의사규칙을 채택한다. 총회는 각 정기회기 초에 의장과 그 밖의 필요한 임원을 선출한다. 이들은 다음 정기회의에서 새로운 의장과 그 밖의 임원이 선출될 때까지 재임한다.
5. 총회의 의사정족수는 회원국의 과반수로 한다.
6. 총회에서 각 회원국은 한 표의 표결권을 가진다.
7. 총회의 특별회기를 소집하는 결정을 포함한 절차문제에 관한 결정은 출석하여 투표한 회원국 과반수에 의하여 내려진다.
8. 실질문제에 관한 결정은 출석하여 투표하는 회원국의 2/3 이상의 다수에 의하여 이루어지며 이러한 다수에는 그 회기에 참가한 회원국의 과반수가 포함되어야 한다. 어떠한 문제가 실질적 사안인지 또는 아닌지가 쟁점이 된 경우, 총회에서 실질문제에 관한 표결에 요구되는 다수결에 의하여 달리 결정되지 아니하는 한 실질문제로 취급된다.
9. 실질문제가 처음 표결에 회부되는 경우, 의장은 5일을 넘지 아니하는 기간 동안 그 문제에 관한 표결을 연기할 수 있으며, 총회 회원국 중 최소한 1/5 이상의 요구가 있을 때에는 이를 연기한다. 이 규칙은 어느 문제에 관하여 1회만 적용하되, 회기종료일 이후까지 그 문제를 연기할 목적으로 적용할 수 없다.

10. 해저기구의 회원국 중 1/4 이상이 어떠한 사항에 관하여 총회에 제출된 제안이 이 협약에 합치하는 지에 관한 권고적 의견을 의장에게 서면으로 요청한 경우, 총회는 국제해양법재판소 해저분쟁재판부에 그에 대한 권고적 의견을 요청하고 재판부에 의한 권고적 의견을 접수할 때까지 그 제안에 대한 표결을 연기한다. 권고적 의견을 요청한 회기의 마지막 주까지 권고적 의견을 접수하지 못한 경우, 총회는 연기된 제안에 관하여 표결을 하기 위한 회합시기를 결정한다.

제159조 권한과 임무

1. 총회는 모든 회원국으로 구성되는 해저기구의 유일한 기관으로서, 이 협약에 특별히 규정된 바에 따라 다른 주요기관이 이에 대하여 책임을 지는 해저기구의 최고기관으로 본다. 총회는 해저기구의 권한에 속하는 모든 문제나 사항에 관하여 이 협약의 관련 규정에 따라 일반적인 정책을 수립할 권한을 가진다.
2. 또한 총회의 권한과 임무는 다음 사항을 포함한다.
   (a) 제160조의 규정에 따라 이사회 회원국 선출
   (b) 이사회가 제청한 후보자 중에서 사무총장 선출
   (c) 이사회의 추천을 받아 각각의 심해저공사 관리위원회 임원의 절반을 선출하기 위해 동일한 관리위원회 임원이 몇 개의 심해저공사 위원회의 구성원이 될 수 있다.
   (d) 총회가 이 부의 규정에 따른 임무의 수행에 필요하다고 인정하는 보조기관의 설치. 이러한 보조기관의 구성에 있어서 공평한 지리적 배분원칙을 적절하게 고려한다.
   (e) 이사회가 제출하는 재무 규칙, 규정 및 절차의 채택
   (f) 해저기구가 다른 재원으로부터 행정경비에 충당하기에 충분한 수입을 얻을 때까지 국제연합의 정규예산 분담금 비율에 기초하여 합의된 분담금 비율에 따라 해저기구의 행정예산을 위한 회원국의 분담금 배정
   (g) 해저기구의 차입 권한의 한도 결정
   (h) 심해저활동으로부터 나오는 재정적 이익과 그 밖의 경제적 이익을 이 협약과 해저기구의 규칙, 규정 및 절차에 따라 공평하게 배분하기 위한 결정
   (i) 이사회가 제출한 해저기구 연례예산안의 심의와 승인

(j) 이사회와 심해저공사가 제출한 정기보고서, 이사회와 해저기구의 다른 기관이 요구에 따라 제출한 특별보고서의 심사
(k) 심해저활동 및 심해의 해저에 관한 관련활동에 관한 국제적 협력을 증진하고 이에 관한 국제법의 점진적 발전과 법전화를 장려하기 위한 연구의 추진과 권고의 채택
(l) 심해저에서의 활동에 관한 일반적 성격의 문제와 특히 개발도상국, 그중에서도 특별히 육지기반 생산국, 내륙·지리적불이익국 및 소도서국과 후진개발도상국에 발생하는 관련 활동을 검토하고 그에 대한 권고를 성안
(m) 제185조에 따라 회원국으로서의 권리와 특권 행사를 정지시키는 조치
(n) 해저기구의 권한에 속하는 모든 문제나 사항에 대한 토의 및 해저기구의 특정한 기관에 명시적으로 위임되지 아니한 문제나 사항을 해저기구 기관사이의 권한과 임무의 배분에 따라 해저기구의 어느 기관이 다룰 것인가에 관한 결정

제3관 이사회

제160조 구성·절차 및 표결
1. 이사회는 의석의 형평한 지리적 배분 보장원칙에 따라 총회에서 선출된 해저기구의 36개 회원국으로 구성된다.
2. 이사국을 선출함에 있어서 총회는 다음을 보장한다
(a) 내륙국과 지리적 불리국, 소도서개발도상국 및 후진개발도상국이 총회에서 대표되는 정도에 합리적으로 비례하여 대표된다.
(b) 각 지역 그룹(아프리카, 아시아, 동유럽, 라틴아메리카 및 카리브, 서유럽 및 기타)은, 각 그룹에 할당되는 수의 2배의 후보국 리스트를 준비한다. 총회는 이들 리스트에서 전체적으로 36개국을 선출한다.
3. 선거는 총회 정기회기에서 행하여지고 이사회의 각 이사국은 4년 임기로 선출된다. 다만, 모든 이사국이 동시에 교체되지 않도록 임기에 격차를 둔다.
4. 이사국은 재선될 수 있으나 바람직한 의석 순환의 필요성을 적절히 고려한다.
5. 이사회는 해저기구의 소재지에서 임무를 수행하고, 해저기구의 업무상

필요한 횟수만큼 회합하나 최소한 연 3회 이상 회합한다.

6. 이사회의 의사정족수는 이사국의 과반수로 한다.
7. 각 이사국은 한 표의 투표권을 가진다.
8. (a) 실질문제에 관한 결정은 출석하여 투표하는 이사국 과반수에 의하여 내려진다.
   (b) 실질문제에 관한 결정은 출석하여 투표하는 이사국 2/3 이상의 다수결로 내리며, 이에는 이사국의 과반수가 포함되어야 한다.
   (c) 원칙적으로, 결정은 컨센서스 방식으로 이루어지며, 표결은 컨센서스에 도달하기 위한 모든 수단을 강구한 후에 마지막 방안으로서 행해진다.
   (d) (c)의 규정을 적용함에 있어서 "컨센서스"라 함은 공식적인 반대가 없는 것을 말한다. 제안이 이사회에 제출된후 14일 이내에 이사회의 의장은 제안의 채택에 공식적인 반대가 있는지 여부를 결정한다. 이사회의 의장이 이러한 반대가 있다고 결정한 경우, 이사회의 의장은 이러한 결정후 3일 이내에 이견을 조정하고 컨센서스에 의하여 채택될 수 있는 제안을 작성하기 위하여 9개국 이하의 이사국으로 구성되고 자신을 의장으로 하는 조정위원회를 설치하고 소집한다. 위원회는 신속히 작업하여 설치후 14일 이내에 이사회에 보고한다. 위원회가 컨센서스로 채택될 수 있는 제안을 권고하지 못할 경우, 위원회는 보고서에 그 제안이 반대되는 이유를 밝힌다.
9. 이사회는 이사국이 아닌 해저기구의 회원국이 요청하였을 경우나 특히 그 회원국에 영향을 미치는 문제가 심의 중에 있을 경우에는 그 회원국이 이사회의 회의에 참석할 대표를 파견할 수 있도록 하는 절 차를 수립한다. 그러한 대표는 심의에 참여할 수 있으나 투표할 수 없다.

제161조 권한과 임무

1. 이사회는 해저기구의 집행기관이다. 이사회는 이 협약 및 총회가 수립한 일반적인 정책에 따라 해저기구의 권한에 속하는 모든 문제나 사항에 관하여 해저기구가 수행하여야 할 개별정책을 수립할 권한을 가진다.
2. 또한 이사회는 다음을 행한다.
   (a) 해저기구의 권한에 속하는 모든 문제와 사항에 관하여 이 부의 규정의 이행을 감독하고 조정하며, 불이행의 사례가 있을 경우 총회의 주의를 환기시킨다.

(b) 사무총장을 선출하기 위하여 후보자 명부를 총회에 제출한다.
(c) 심해저공사의 합작위원회 위원을 선출하기 위하여 후보자를 총회에 추천한다.
(d) 적절한 경우 경제성과 효율성을 적정하게 고려하여 이 부에 따른 임무 수행에 필요한 보조기관 을 설치한다.
(e) 이사회의 의장 선출방식을 포함한 이사회 의사규칙을 채택한다.
(f) 총회의 승인을 받을 것을 조건으로 하여, 해저기구를 대표하여 해저기구의 권한 내에서 국제연합이나 다른 국제기구와 협정을 체결한다.
(g) 심해저공사의 보고서를 심의하고 권고와 함께 이를 총회에 송부한다.
(h) 연례보고서 및 총회가 요구하는 특별보고서를 총회에 제출한다.
(i) 제170조에 따라 심해저공사에 지침 및 지시를 공표한다.
(j) 사업계획을 승인한다. 이사회는 이사회 회기 중에 60일 안에 각 사업계획을 처리한다.
(k) 해양관련 상품의 소득 감소로 영향을 받는 육지기반 생산 개발도상국에 대한 지원에 관해 총회에 권고한다.
(l)(i) 심해저자원의 이용으로부터 기인하는 재정적 및 기타의 혜택과 제82조에 따라 총회에 행해진 지불금 및 분담금의 공평한 배분에 관한 규칙, 규정 및 절차를 총회에 권고한다.
(ii) 다금속단괴 이외의 자원의 탐사 및 개발에 관한 규칙, 규정 및 절차를 총회에 제안한다. 그와 같은 규칙, 규정 및 절차는 어떠한 회원국이 당해 자원에 관해 이를 채택할 것을 해저기구에 요청한 날부터 3년 이내에 채택되어야 한다. 모든 규칙, 규정 및 절차는 총회에서 승인될 때까지 또는 총회에서 표명된 견해를 고려하여 이사회에서 개정될 때까지, 잠정적으로 효력을 갖는다.
(p)[2] 해저기구 연간예산안을 총회에 제출하여 승인을 받는다.
(q) 제185조에 따라 회원국으로서의 권리와 특권 행사의 정지에 관하여 총회에 권고한다.
(r) 협약 불이행이 있는 경우, 해저기구를 대표하여 해저분쟁재판부에

2) 역자주: 본 항 및 이후의 항목은 알파벳순으로 하면 (m)…이어야 하지만 원문대로 (p)…으로 한다.

소송을 제기한다.

(s) (r)에 따라 제기된 소송에 있어서 해저분쟁재판부의 결정을 총회에 통보하고 취하여야 할 조치에 관하여 적절하다고 판단하는 권고를 한다.

(t) 심해저활동으로부터 발생하는 해양환경 및 그 생물자원에 대한 중대한 피해를 방지하기 위하여 조업정지명령이나 조업조정명령을 포함한 비상명령을 내린다.

(u) 해양환경과 그 생물다양성에 대한 중대한 피해위험이 있다는 구체적인 증거가 있는 경우, 개발을 위한 광구를 승인하지 아니한다.

(v) 이 부의 규정, 해저기구의 규칙, 규정 및 절차와 평화적 목적만을 위한 심해저 유보지역의 준수 여부를 결정하기 위하여 심해저활동을 검사할 검사관을 지시하고 감독하기 위한 적절한 제도를 수립한다.

(w) 해저기구의 권한에 속하는 모든 문제나 사항에 대한 정책에 관하여 총회에 권고한다.

第162조 이사회의 기관

1. 이사회에 다음 기관을 설치한다.
   (a) 과학·기술위원회
   (b) 법률·경제계획위원회
   (c) 재정위원회
2. 각 위원회는 당사국이 지명한 후보자 중에서 이사회가 선출한 15인의 위원으로 구성한다. 다만, 필요한 경우에 이사회는 경제성과 효율성을 적정하게 고려하여 위원회의 규모를 확대할 것을 결정할 수 있다.
3. 당사국은 위원회가 임무를 효과적으로 수행하도록 보장하기 위하여 관련 분야에서 자격이 있고 최고수준의 능력과 성실성을 갖춘 후보자를 지명한다.
4. 위원회의 위원을 선출함에 있어서 공평한 지리적배분을 적절히 고려한다.
5. 어느 당사국도 같은 위원회에서 2인 이상의 후보자를 지명할 수 없다. 누구도 2개 이상의 위원회에서 근무하도록 선출될 수 없다.
6. 위원회의 위원은 5년 임기로 재직한다. 위원은 1회에 한하여 재선될 수 있다.

7. 임기만료 전 위원회의 위원의 사망, 무자격 또는 해직의 경우, 이사회는 잔여임기 동안 재직할 위원을 동일한 지리적 지역으로부터 선출한다.
8. 위원회의 위원은 심해저에서의 탐사와 개발과 관련된 모든 활동에 관하여 어떠한 재정상의 이해관계도 가질 수 없다. 위원은 자신이 근무하는 위원회에 대한 책임에 따를 것을 조건으로 직무종료 후에도 산업상의 비밀이나 해저기구에 이전된 재산권 자료 또는 해저기구 임무수행 중 알게 된 그 밖의 비밀정보를 누설하지 아니한다.
9. 각 위원회는 이사회가 채택하는 지침과 지시에 따라 임무를 수행한다.
10. 각 위원회는 위원회의 임무를 효율적으로 수행하기 위하여 필요한 규칙과 규정을 작성하고 승인을 얻기 위하여 이를 이사회에 제출한다.
11. 위원회의 의사결정절차는 해저기구의 규칙, 규정 및 절차에 따라 정한다. 필요한 경우 이사회에 대한 권고에 위원회내의 서로 다른 의견을 요약하여 첨부한다.
12. 각 위원회는 통상적으로 해저기구의 소재지에서 활동하며 임무를 효율적으로 수행하기 위하여 필요한 횟수만큼 회합한다.
13. 각위원회는 그 임무를 수행함에 있어서 적절한 경우, 다른 위원회, 국제연합과 그 전문기구의 권한 있는 기관 또는 이러한 협의의 주제에 관하여 권한 있는 어떠한 국제기구와도 협의할 수 있다.

제163조 과학·기술위원회

1. 총회 및 이사회와 적절한 경우 기타 기관에 대해 이 부의 시행에 관한 시의적절한 자문을 제공하기 위하여 과학적·기술적 자문 제공 위원회를 설치한다. 위원회는 다학제 체제로서, 관련 전문분야의 능력을 갖춘 정부대표로 구성된다. 위원회는 그 작업의 모든 면에 대해, 정기적으로 이사회에, 그리고 이사회를 통해 총회에 보고한다.
2. 위원회는 이사회의 권한 하에, 또한 이사회가 설정하는 지침에 따라, 그리고 이사회의 요청 시 다음 사항을 처리한다.
   (a) 심해저에서의 활동에 의해 영향을 받는 생물다양성의 상태에 대한 과학적·기술적인 평가
   (b) 이 협약의 규정에 따라 취해진 조치 형태의 효과에 대한 과학적·기술적 평가의 준비
   (c) 심해저자원의 지속 가능한 이용과 생물다양성의 보존에 관한 혁신적이고 효율적인 최첨단의 기술 및 노하우의 발굴과 당해 기술의

개발 및 또는 이전의 방법에 대한 자문

(d) 심해저자원의 지속 가능한 이용과 생물다양성의 보존에 관한 연구·개발에 대한 과학적 계획 및 국제적 협력에 대한 자문 제공

(e) 이사회 또는 총회 및 그 보조기관이 제기하는 과학적, 기술적 및 방법론적 질의에 대한 대응

第164조 법률·경제기획위원회

1. 법률·경제기획위원회의 위원은 해양광업 및 관련한 전문분야에 관한 경제적 및 법적 문제의 전문가여야 한다.

2. 법률·경제기획위원회는 다음 사항을 행한다.

(a) 이사회의 심의를 위해 규칙 및 절차를 기초한다.

(b) 이사회의 요청에 따라, 심해저활동과 관련하여 이 협약에 따라 내려진 결정을 이행하기 위한 조치를 제안한다.

(c) 수입국과 수출국 양쪽의 이익 특히 그 중에서도 개발도상국의 이익에 유의하여 심해저 광물의 공급, 수요, 가격 동향 및 이에 영향을 미치는 요인을 검토한다.

(d) 심해저활동을 위한 사업계획을 심사하고 이사회에 적절한 권고를 한다.

(e) 이사회의 요청에 의하여, 적절한 경우, 심해저활동을 수행하는 주체와 협의, 협력하여 심해저활동을 감독하고 이사회에 보고한다.

(f) 이 부에 따라, 해저기구를 대표하여 해저분쟁재판부에 소송을 제기할 것을 이사회에 권고한다.

(g) (e)에 따라 제기된 소송에서 해저분쟁재판부가 내린 결정에 근거하여 취하여야 할 조치에 대하여 이사회에 권고한다.

(h) 해양환경에 대한 중대한 피해의 위험이 있다는 구체적인 증거가 있는 경우, 과학·기술위원회와 협의하여, 개발지역을 승인하지 아니할 것을 이사회에 권고한다.

(i) 이 부의 규정, 해저기구의 규칙, 규정 및 절차와 배타적 평화적 목적을 위한 심해저의 유보가 준수되고 있는지 여부를 결정하기 위하여 심해저활동을 검사하는 검사관의 지휘와 감독에 관하여 이사회에 권고한다.

3. 위원회의 위원은 감독과 검사 임무를 수행함에 있어서 당사국이나 다른 관련자의 요청이 있을 때에는 당사국이나 다른 관련자의 대표를 대동한다.

제165조 재정위원회

1. 재정위원회의 위원은 형평한 지리적 배분의 필요성에 타당한 고려를 하여 선출한다. 위원은 해저기구의 예산의 최대공여국 5개국을 포함한다.
2. 위원회는 다음 사항에 관한 권고를 한다.
   (a) 기구의 기관의 재정 규칙 및 절차의 초안과 기구의 재정적 관리 및 내부 재정 행정
   (b) 협약 제159조2 (e)에 따라 정하는 해저기구의 행정예산에 대한 회원국 분담금액의 평가
   (c) 조약 제173조에 따라 해저기구 사무총장이 제안하는 연간 예산안 및 사무국의 업무 프로그램의 수행과 관련된 재정적 측면을 포함한 모든 재정문제
   (d) 행정적 예산
   (e) 이 부 규정의 시행으로 발생하는 체약국의 재정적 의무와 기구의 재원에서 지출을 수반하는 제안 및 권고의 행정적 및 예산상 영향
   (f) 심해저에서의 활동으로부터 기인하는 재정적 이익의 공평한 배분 및 관련 결정에 관한 규칙, 규정 및 절차
3. 재정위원회에서의 절차적 문제에 관한 결정은 출석하고 투표하는 회원국의 과반수에 의해 행해진다. 실질 문제에 관한 결정은 컨센서스로 행해진다.
4. 2항에 열거된 문제에 관한 총회 및 이사회의 결정에는 재정위원회의 권고가 고려되어야 한다.

제4관 사무국

제166조 사무국

1. 해저기구의 사무국은 사무총장 및 해저기구가 필요로 하는 직원으로 구성된다.
2. 사무총장은 이사회가 제안한 후보자 중에서 총회에 의하여 4년 임기로 선출되며 재선될 수 있다.
3. 사무총장은 해저기구의 수석 행정직원이며, 그러한 자격으로 총회, 이사회 및 보조기관의 모든 회합에 참석하고 이들 기관에 의하여 위임된 다른 행정상의 임무를 수행한다.

4. 사무총장은 해저기구의 활동에 관한 연례보고서를 총회에 제출한다.

제167조 해저기구 직원

1. 해저기구의 직원은 해저기구의 행정상 임무를 수행하기 위하여 요구되는 과학적·기술적 자격과 그 밖의 자격을 갖춘 인원으로 구성된다.
2. 직원을 채용·고용하고 그 근무조건을 정함에 있어서 최고 수준의 효율성, 능력 및 성실성을 확보할 필요성을 최우선으로 고려한다. 이러한 고려를 할 것을 조건으로, 가능한 한 광범위한 지리적 기초위에서 직원을 채용하는 것이 중요하다는 점을 적절히 고려한다.
3. 직원은 사무총장이 임명한다. 직원의 임명, 보수 및 해고 조건은 해저기구의 규칙, 규정 및 절차에 따른다.

제168조 사무국의 국제적 성격

1. 사무총장과 직원은 그 직무를 수행함에 있어서 어떠한 정부나 해저기구 밖의 어떠한 출처로부터도 지시를 구하거나 받지 아니한다. 이들은 오직 해저기구에 대하여서만 책임을 지는 국제공무원으로서의 지위에 영향을 미치는 어떠한 행위도 삼간다. 각 당사국은 사무총장과 직원의 책임이 전적으로 국제적인 성격을 가진다는 것을 존중하며, 그들의 책임 수행에 영향을 미치려고 하지 아니할 것을 약속한다. 직원에 의한 책임 불이행은 해저기구의 규칙, 규정 및 절차에 규정된 적절한 행정재판소에 회부된다.
2. 사무총장과 직원은 심해저 탐사, 개발과 관련된 모든 활동에 있어서 어떠한 재정적 이해도 가질 수 없다. 그들은 해저기구에 대한 책임에 따를 것을 조건으로 직무가 종료한 이후에도 산업비밀이나 해저기구에 이전된 재산권 자료나 해저기구에 근무함으로써 알게 된 그 밖의 비밀정보를 누설하지 아니한다.
3. 제2항에 규정한 해저기구 직원에 의한 의무위반은, 그러한 위반에 의하여 피해를 입은 당사국의 요청이 있거나, 또는 당사국이 보증하고 그러한 위반에 의하여 피해를 입은 자연인이나 법인의 요청이 있으면 해저기구는 관련 직원을 해저기구의 규칙, 규정 및 절차에 지정된 재판소에 회부한다. 피해를 입은 당사국은 그 소송에 참가할 권리를 가진다. 재판소가 권고하는 경우 사무총장은 관련 직원을 해고한다.
4. 해저기구의 규칙, 규정 및 절차는 이 조를 이행하는 데 필요한 규정을

포함한다.

제169조 국제기구·비정부간기구와의 협의·협력

1. 사무총장은 해저기구의 권한내 사항에 관하여 국제연합 경제사회이사회가 인정한 국제기구, 비정부 간기구와의 협의 및 협력을 위하여 이사회의 승인을 받아 적절한 약정을 체결한다.
2. 제1항의 규정에 따라 사무총장과 약정을 체결한 기구는 해저기구의 기관의 의사규칙에 따라 그러한 기관의 회합에 옵서버로 참석할 대표를 지정할 수 있다. 적절한 경우 그러한 기구의 의견을 얻기 위한 절차를 확립한다.
3. 사무총장은 제1항에 언급된 비정부간기구가 특별한 권한을 가지는 사항으로서 해저기구의 활동과 관련된 사항에 관하여 제출한 서면 보고서를 당사국에 배포할 수 있다.

제5관 심해저공사

제170조 심해저공사

1. 심해저공사는 해저기구의 사업시행 기관이다.
2. 각 심해저공사는 해저기구의 국제법인격의 테두리 안에서 각 사업체를 설립하는 합작사업 협정에 따른 법적 능력을 가진다. 심해저공사는 이 협약, 해저기구의 규칙, 규정 및 절차, 또한 총회가 확립한 일반정책에 따라 행동하여야 하며 이사회의 지시와 통제에 따른다.
3. 심해저공사에 참가를 희망하는 체약국은, 심해저공사 서명 당사자가 되는 주체를 지정한다. 서명 당사자가 될 수 있는 자는, 이 협약의 규정에 따라, 국영기업 또는 자연인 혹은 법인으로 당해 지정 시에 체약국의 국적을 갖거나 체약국 혹은 그 국민에 의해 유효하게 지배되고 있는 자, 또는 상기자의 그룹으로 한다.
4. 서명당사자를 지정한 체약국 또는 체약국 그룹은, 연구·개발 및 (또는) 탐사 및 (또는) 생산이 포함된 사업을 수행하기 위해 기구와의 합작사업으로서 사업체를 설립할 권리를 갖는다.
5. 각 사업체는 적어도 1개국의 개발도상국이 합작사업 파트너로 포함되도록 해야 한다.
6. 각 사업체의 자금은, 기구와 서명 당사자가 각 합작사업 협정에 정하는

비율에 따라 부담한다.

(a) 원칙적으로 당해 비율은 50-50에 근접하여야 한다.

(b) 사업체의 자금 조달을 위하여, 기구는 초기에 환경적으로 지속 가능한 기술의 개발 및 이전과 생물다양성의 보존을 지원하기 위한 국제적 기금 및 양자간 원조기관의 국제법상 의무에 따라 이들 기관에 지원을 구하도록 한다.

(c) 수익은 기구와 서명 당사자 간 출자 비율에 따라 배분된다.

6.[3] 각 사업체는 자체 합작사업 사업단이 운영한다.

(a) 사업체의 합작사업 사업단은 16인으로 구성된다.

(b) 구성원의 8인은 서명 당사자가 지명하고, 다른 8인은 기구의 이사회가, 공평한 지리적 대표성 원칙 및 개발도상국의 이익에 대한 타당한 고려를 반영하여 지명한다.

(c) 이사회가 지명하는 8인의 구성원은, 1개 이상의 합작사업 사업단의 구성원이 될 수 있다.

(d) 사업단의 각 구성원은 1개의 투표권을 갖는다. 각 서명 당사자는 그 출자액에 상응한 투표권을 갖는다. 이사회가 지명하는 각 구성원은 기구 출자액의 8분의 1에 상당하는 투표권을 갖는다.

7. 심해저에서의 활동은 업무계획에 따라, 또한 이사회의 승인을 받아 시행된다.

8. 기구는 이 부 및 관련 부속서의 규정, 기구의 규칙, 규정 및 절차와 7항에 따라 승인된 업무계획의 준수를 보장하기 위해 사업체에 대해 필요한 통제를 시행한다. 체약국은 그러한 준수를 확보하기 위해 필요한 모든 조치를 취함으로써 기구를 지원한다.

9. 기구는 어떠한 때라도 그 규정의 준수와 기구에 위임된, 또는 합작사업 협정상의 관리 및 규제 기능의 행사를 확보하기 위해, 이 부에 규정된 어떠한 조치를 취할 권리를 갖는다. 기구는 규칙, 규정 및 절차와 배타적인 평화적 목적의 유보에 대한 준수를 확인하기 위해 심해저의 모든 시설을 감사할 권리를 갖는다.

10. 탐사 및 (또는) 개발을 위한 사업체를 설립하는 목적의 합작사업 협정은 유효기간의 보증을 정한다. 따라서 당해 협정은 관계 서명 당사자의

---

3) 역자주: 본 항 및 이후의 항목은 아라비아숫자 순으로 하면 7…이어야 하지만 원문대로 6… 으로 한다.

승인 없이는 개정하거나, 효력을 중단하거나, 종료시킬 수 없다.

제171조 발명 및 기술정보

1. 기구는, 자체에 의해 또는 자신을 위해서, 그리고 기구와의 합작사업에서 시행되는 작업에 관해, 발명 및 기술정보와 관련된 권리를 취득하는 것으로 한다. 다만, 이들 권리는 기구 및 서명 당사자의 공동의 이익에 필요한 것에 한한다. 합작사업 협정 하에서 이루어지는 작업의 경우, 취득하는 그러한 권리는 독점적이지 않은 것으로 한다.
2. 1항의 규정의 적용상, 기구는 그 원칙 및 목적과 일반적으로 인정되는 산업상의 관행을 고려하여, 자신을 위해 조사, 연구 또는 개발의 주요 요소를 포함하는 작업에 관한 다음의 권리를 확보하는 것으로 한다.
   (a) 당해 작업으로부터 발생하는 모든 발명 및 기술정보를 자기에게 무상으로 공개할 수 있는 권리
   (b) 당해 발명 및 기술정보를 공개하거나, 체약국, 서명 당사자 및 어떠한 체약국의 관할 내에 있는 기타의 자에 대해 공개시키고, 또한 스스로 그것을 사용하고 그들이 그것을 무상으로 사용하는 것을 인정하거나 인정하게 할 권리
3. 기구는, 또한, 자신을 대신해서 행해지는 작업의 실행에 있어서 직접 이용된 발명 및 기술정보로서 2항의 규정이 적용되지 않는 것을 공정하고 타당한 조건으로 사용 및 사용토록 할 권리를 자기를 위해 확보하는 것으로 한다. 다만, 그와 같은 실행은, 기구에 의한 공동재정 협정에 따라 실제로 납입된 제품의 재생산 또는 개수에 필요한 한도에 있어서, 또한, 당해 작업을 수행한 자가 그러한 권리를 부여할 자격을 갖는 한도에서 행해지는 것으로 한다.
4. 기구의 이익을 해하게 되는 것이, 교섭 과정에서 이사회에 명백해질 경우 이사회는 개별적 사례에 대해, 2항 (b) 및 3항에 규정하는 방침에 따르지 않을 것을 승인할 수 있다.
5. 기구가 2항의 규정 외의 방법으로 권리를 취득한 발명 및 기술정보에 관하여, 기구는 요청에 따라 그가 가진 권리의 범위에서 다음과 같이 행한다.
   (a) 그들 발명 및 기술정보를 체약국 및 서명당사자에게 공개하거나 또는 공개하도록 하되, 이러한 공개의 권리 행사와 관련해서는 기구에 의해 제공되거나 요청된 지급금의 상환을 조건으로 한다.

(b) 체약국 및 서명당사자에 대해, 그러한 발명 및 기술정보를 체약국의 관할 내에 있는 기타의 자에게 공개하거나 공개하도록 하고 그들을 사용하거나 그러한 기타의 자가 그들을 사용하는 것을 승인하거나 승인토록 할 권리를 부여할 것. 이 경우에 있어서,

(i) 관련해서 행해지는 해저 광업활동에 관해서는 무상으로 한다.

(ii) 그 밖의 목적을 위해서는, 서명당사자 또는 체약국의 관할 내에 있는 기타의 자와, 기구 또는 당해 발명 및 기술정보의 소유자 또는 당해 발명 및 기술정보에 관련된 재산권의 지분을 갖는 것을 인정받은 기타 주체 또는 사람 간에 정하는 공정하고 합리적인 조건에 따른다. 다만, 이러한 권리의 행사와 관련해서는 기구에 의해 제공되거나 요청된 지급금의 상환을 조건으로 한다.

6. 기구가 권리를 취득한 모든 발명 및 기술정보의 공개 및 사용과 그들의 공개 및 사용의 조건에는, 모든 서명당사자와 체약국의 관할 내에 있는 기타의 자에 대해 차별을 두지 않는다.

7. 이 조의 어떠한 규정도, 기술정보의 공개에 관한 국내 법령에 따라 사람들과 계약을 체결하는 것이 바람직할 경우, 기구가 이를 저해하지 않도록 한다.

제6관 해저기구의 재정

제172 해저기구의 자금

해저기구의 자금은 다음을 포함한다.

(a) 제159조 제2항 (f)의 규정에 따라 해저기구의 회원국이 납부한 분담금

(b) 심해저공사로부터 이전된 자금

(c) 제82조의 규정에 따라 해저기구가 받은 자금

(d) 제175조의 규정에 따라 차입한 자금

(e) 회원국이나 다른 주체가 납부한 자발적 기부금

제173조 해저기구의 연간예산

사무총장은 해저기구의 연간예산안을 작성하여 이사회에 제출한다. 이사회는 연간예산안을 심의하고, 재정위원회에 의견을 요청하여, 이에 대한 의견 및 권고와 함께 총회에 제출한다. 총회는 제161조 제2항 (p)에 따라 연간예

산안을 심의하고 승인한다.

제174조 해저기구의 경비

1. 제172조 (a)에 언급된 분담금은 해저기구가 다른 재원으로부터 해저기구의 행정경비를 충당하기에 충분한 자금을 가질 때까지 이러한 경비를 충당하기 위한 특별계정에 불입된다.
2. 해저기구의 행정경비는 해저기구의 자금에서 우선적으로 지급된다. 제172조 (a)에 규정된 분담금을 제외하고, 행정경비 지급 후 남은 자금은 특히 다음과 같이 배분하거나 사용한다.
   (a) 제138조 및 제159조 제2항 (h)에 따라 배분한다.
   (b) 제170조 제6항에 따라 심해저공사에 투자하기 위하여 사용한다.

제175조 해저기구의 차입권한

1. 해저기구는 자금을 차입할 권한을 가진다.
2. 총회는, 재정위원회의 권고에 입각하여 제159조 제2항 (g)에 따라 채택된 재정규칙 내에 해저기구의 차입권한에 대한 제한을 규정한다.
3. 이사회는 해저기구의 차입권한을 행사한다.
4. 당사국은 해저기구의 채무에 대하여 책임을 지지 아니한다.

제176조 연례감사

연차재무제표를 비롯한 해저기구의 기록, 장부와 계산서류는 총회가 임명하는 독립된 감사관에 의하여 매년 감사를 받는다.

제7관 법적지위, 특권·면제

제177조 법적지위

해저기구는 국제법인격 및 그 임무의 수행과 목적의 달성에 필요한 법적능력을 가진다.

제178조 특권·면제

해저기구가 그 임무를 수행할 수 있도록 하기 위하여 해저기구는 각 당사국의 영토 안에서 이 관에서 규정된 특권 및 면제를 향유한다. 심해저공사에 관한 특권 및 면제는 각 합작사업 협정으로 정한다.

제179조 법절차로부터의 면제

해저기구가 특별한 사건에 대하여 명시적으로 면제를 포기한 경우 이외에는 해저기구와 해저기구의 재산과 자산은 법절차로부터 면제된다.

제180조 수색·압수로부터의 면제

해저기구의 재산과 자산은 그 소재지와 점유자에 관계없이 행정 또는 입법조치에 의한 수색, 징발, 몰수, 수용 또는 그 밖의 형태의 압수로부터 면제된다.

제181조 제한·규제·통제·동결로부터의 면제

해저기구의 재산과 자산은 어떠한 성격의 제한, 규제, 통제 및 동결조치로부터도 면제된다.

제182조 해저기구의 문서보관소와 공용통신

1. 해저기구의 문서보관소는 어디에 있든 불가침이다.
2. 재산권 자료·산업비밀 또는 이와 유사한 정보 및 인사기록은 공공에 개방되는 문서보관소에 비치될 수 없다.
3. 해저기구는 공용통신에 관하여 각 당사국이 다른 국제기구에 부여한 것보다 불리하지 아니한 대우를 각 당사국으로부터 부여받는다.

제183조 해저기구 관련인사의 특권·면제

총회나 이사회의 회합 또는 총회나 이사회 기관의 회합에 출석하는 회원국 대표, 해저 기구의 사무총장 및 직원은 각 당사국의 영토 안에서 다음 사항을 향유한다.

(a) 직무수행 중에 행한 행위에 관한 법절차로부터의 면제(단, 이들이 대표하는 국가 또는 적절한 경우 해저기구가 특정한 사건에 대하여 명시적으로 면제를 포기한 경우를 제외)

(b) 이들이 그 당사국의 국민이 아닌 경우, 그 당사국이 이들과 동등한 지위에 있는 다른 당사국의 대표 및 공무원과 고용인에게 부여하는 것과 동일한 출입국제한, 외국인 등록요건 및 국민으로서의 의무로부터의 동등한 면제 및 외환제한에 관한 동일한 편의와 여행편의에 관한 동일한 대우

제184조 조세·관세의 면제

1. 해저기구, 그 재산과 자산, 수입 그리고 이 협약에 의하여 인정된 해저기구의 운영과 거래는 해저기구의 공적활동 범위 안에서 모든 직접세로부터 면제되고, 또한 해저기구 공용으로 수입되거나 수출되는 물품은 모든 관세로부터 면제된다. 해저기구는 제공된 용역에 대하여 부과되는 수수료로부터의 면제를 주장할 수 없다.
2. 해저기구의 공적활동에 필요한 실질적 가치가 있는 상품과 용역의 구입이 해저기구에 의하여 또는 해저기구를 대리하여 이루어지고 또한 이러한 상품과 용역의 가격에 조세나 관세가 포함되어 있는 경우, 실행 가능한 범위 안에서 당사국은 이러한 조세나 관세로부터의 면제를 부여하거나 이를 환급하기 위한 적절한 조치를 취한다. 이 조의 규정에 따른 면제하에 수입되거나 구입된 물품은, 면제를 부여한 당사국과 합의한 조건에 따르는 경우를 제외하고는, 그 당사국의 영토 안에서 매각되거나 또는 달리 처분되지 아니한다.
3. 해저기구의 사무총장과 직원, 해저기구를 위하여 임무를 수행하는 자로서 당사국의 국민이 아닌 전문가에게 해저기구가 지급한 봉급, 수당이나 다른 형태의 지급에 대하여 그 당사국은 조세를 부과할 수 없다.

제8관 회원국의 권리·특권 행사의 정지

제185조 표결권 행사의 정지

해저기구에 대한 재정분담금 납부를 지체하고 있는 당사국은 그 체납액이 과거 2년 동안 납부하여야 할 분담금액과 동일하거나 이를 넘는 경우에는 표결권을 가지지 아니한다. 분담금을 납부하지 못한 것이 회원국이 통제할 수 없는 상황 때문이라는 점이 납득될 경우 총회는 이러한 회원국이 투표하도록 허가할 수 있다.

제186조 회원국의 권리·특권행사의 정지

1. 총회는 중대하고도 계속적으로 이 부의 규정을 위반한 당사국에 대하여는 이사회의 권고에 따라 회원국으로서의 권리와 특권의 행사를 정지시킬 수 있다.
2. 당사국이 중대하고도 계속적으로 이 부의 규정을 위반하였다는 것을 해

저분쟁재판부가 결정할 때까지는 제1항에 따른 어떠한 조치도 취할 수 없다.

제5절 분쟁해결과 권고적 의견

제187조 국제해양법재판소의 해저분쟁재판부

해저분쟁재판부의 설치와 그 관할권 행사방식은 이 부, 제15부 및 제6부속서의 규정에 의하여 규율된다.

제188조 해저분쟁재판부의 관할권

1. 해저분쟁재판부는 이 부에 따라 다음 범주에 속하는 심해저 활동 관련 분쟁에 대한 관할권을 가진다.
   (a) 이 부의 해석 또는 적용에 관한 당사국 사이의 분쟁
   (b) 다음 사항에 관한 당사국과 해저기구 사이의 분쟁
   (i) 이 부에 따라 채택된 해저기구의 규칙, 규정 및 절차를 위반한 것으로 주장되는 해저기구나 당사국의 작위나 부작위
   (ii) 관할권의 일탈 또는 권한남용이라고 주장되는 해저기구의 행위
   (c) 당사국, 해저기구 또는 심해저공사, 국영기업 및 서명당사자 등 계약당사자 사이의 다음 사항에 관한 분쟁
   (i) 관련 협정, 계약이나 사업계획의 해석 또는 적용
   (ii) 다른 계약당사자를 대상으로 하거나 또는 그의 적법한 이익에 직접적으로 영향을 미치는 심해저활동에 관한 협정 또는 계약당사자의 작위나 부작위
   (d) 해저분쟁재판부의 관할권에 속하는 것으로 이 협약에 특별히 규정된 그 밖의 분쟁
2. 국가관할권 내의 구역에 관련된 기구와 체약국 또는 서명당사자 간의 합작사업 협정의 해석 또는 적용에 관한 분쟁은 당해 합작사업 협정 및 이 협정 제15부에 따라 해결된다.

제189조 국제해양법재판소 특별재판부나 해저분쟁재판부 임시재판정 또는 구속력이 있는 상사중재에의 분쟁 회부

1. 제188조 (a)에 언급된 당사국 사이의 분쟁은 다음 재판부에 회부될 수 있다.

(a) 분쟁당사자의 요청이 있을 경우 제6부속서 제15조 및 제17조에 따라 구성되는 국제해양법재판소 특별재판부

(b) 어느 한 분쟁당사자의 요청이 있을 경우 제6부속서 제36조에 따라 구성되는 해저분쟁재판부 임시재판정

2. (a) 제188조 제1항 (c)나 제2항에 언급된 합작사업 협정의 해석·적용에 관한 분쟁은 당사자가 달리 합의하지 아니하는 한, 어느 한 분쟁당사자의 요청이 있으면 구속력 있는 상사중재에 회부된다. 분쟁이 회부되는 상사중재재판소는 이 협약의 해석문제를 결정할 관할권을 가지지 아니한다. 분쟁이 심해저활동에 관하여 제11부의 해석문제를 포함하는 경우, 이러한 문제는 해저분쟁재판부에 회부하여 재정되도록 한다.

(b) 이러한 중재를 시작할 때 또는 도중에 중재재판소가 분쟁의 어느 한 당사자의 요청에 의하여 또는 재판소의 직권으로 재판소의 결정이 해저분쟁재판부의 재정에 의존한다고 판정한 경우, 중재재판소는 재정을 위하여 이 문제를 해저분쟁재판부에 회부한다. 중재재판소는 해저분쟁재판부의 재정에 합치되게 결정을 내린다.

(c) 분쟁에 적용할 중재절차에 관한 규정이 계약서에 없는 경우, 중재는 두 당사자가 달리 합의하지 아니하는 한, 유엔상거래위원회의 중재규칙이나 해저기구의 규칙, 규정 및 절차에 규정된 중재규칙에 따라 이루어진다.

제190조 해저기구의 결정에 대한 재판관할권의 제한

해저분쟁재판부는 이 부에 따른 해저기구의 재량권행사에 관하여는 관할권을 가지지 아니한다. 어떠한 경우에도 해저분쟁재판부는 자신의 재량으로 해저기구의 재량을 대체할 수 없다. 해저분쟁재판부는 제192조를 침해하지 아니하고 제188조에 따라 관할권을 행사함에 있어 해저기구의 규칙, 규정 및 절차가 이 협약과 합치하는지 여부에 대한 문제에 관하여 판단하지 아니하여야 하며 이러한 규칙, 규정 및 절차가 무효임을 선언하지 아니한다. 다만, 해저분쟁재판부의 관할권은 개별사건에 있어서 해저기구의 규칙, 규정 및 절차를 적용하는 것이 분쟁 당사자의 계약상 의무나 이 협약상의 의무와 충돌된다는 주장, 관할권의 일탈 또는 권한남용에 관한 주장, 다른 당사자의 계약상 의무 또는 이 협약상의 의무 불이행에 대하여 관련 당사자에게 지불되어야 할 손해배상 또는 그 밖의 구제의 주장을 결정하는 데 국한된다.

제191조 보증당사국의 소송절차 참가와 출석

1. 서명당사자가 제188조에 언급된 분쟁당사자인 경우 보증국은 이에 관하여 통지를 받고 서면진술 또는 구두진술을 통하여 소송절차에 참가할 권리를 가진다.
2. 제188조 (c)에 언급된 분쟁에 있어서 어느 한 당사국을 상대로 다른 당사국이 보증하는 서명당사자가 소송을 제기할 경우, 피소국은 그 서명당사자 보증국에 대하여 서명당사자를 대리하여 소송에 출석하도록 요청할 수 있다. 그러한 불출석의 경우, 피소국은 자국 국적의 법인을 대리로 내보낼 수 있다.

제192조 권고적 의견

해저분쟁재판부는 총회나 이사회의 활동범위 안에서 발생하는 법률문제에 관하여 총회나 이사회의 요청에 따라 권고적 의견을 제시한다. 그러한 권고적 의견은 긴급사항으로 제시된다.

[부속서]에 관한 주석

제133조

서브파라그래프(b)는 제11부와 6부 사이의 정합성을 강화하기 위해 삽입하였다. 그 문구는 조약의 제77조 4에서 가져왔다.

서브파라그래프(c)는 조약을 심해 해저 조사·탐사의 최신의 진전에 따른 것으로 하기 위한 것이다.

제134조

본 조의 문구를 간략화함으로써 기구 임무의 영역적 국면을 약화시키고, 그 기능면을 강조하도록 시도했다.

제137조~제140조

조약 제137, 140, 141 및 145조는 조약 중에 다소 산재한 형태로, 인류 공동의 재산 원칙, 전유의 금지, 인류 전체를 위한 관리, 오로지 평화적 목적을 위한 이용, 및 자원과 환경의 미래 세대를 위한 보존을 규정하고 있기 때문에, 이들 신 조문으로 재정리하였다.

또한, 제11부가 수립하는 해저광업제도는 보다 최근의 기후변화협약, 생물다양성협약 및 발전 중인 지역해 제 조약에 의해 설립된 제 제도들과도 상호 영향을 주기 때문에, 이들 조약에 대한 언급을 추가하였다.

제141조 및 142조

조약의 해양의 과학적 조사에 관한 143조에 대하여 몇 가지 간단한 수정을 가하였다.

제11부는 기구가 심해저에서 해양의 과학적 조사를 실시하는 것을 가능하게 하는 제도에 관한 규정을 두고 있지 않다. 그것은 분명히 과학적 조사는 계약에 의해서 이루어지는 것이라는 생각에 근거하고 있었다. 그러나 과학적 조사나 응용과학, R&D의 기구 및 장래 어떠한 형태로 유지될지를 불문하고 사업체에서의 기본적인 중요성에 비추어, 기구는 "그것을 가능하게 하기 위한 적당한 제도적 규정을 둔다"고 해야 한다. 이 폭넓은 문구는, 기구가 기구 내부에서 설치하는 것과 다른 기관과 함께 설치하는 것 모두를 포함할 수 있다.

심해의 과학적 조사에 대한 유네스코 정부간해양학위원회와의 협력은 당연하다고 생각된다. 그것은 심해 해저와 그 화산 활동의 이산화탄소 사이클 및 그 기후에 대한 영향에서의 역할을 포함할 것이다.

유엔의 포럼 중에는 지역센터 설립을 의무화하는 조약 제276 및 277조의 실시에 신경 쓸 것은 없다. 이들 센터는 명백히, 특히 개발도상국에 의해 둘러싸인 지역해에서는, 인재육성과 기술협력·개발에 있어 매우 유용하다. 만약 21세기에 그러한 센터가 카리브 해역에 설립된다면, 자메이카에 있는 국제해저기구와의 밀접한 협력은 상호 유익할 것이다. 기구는 21세기에 환경적·사회적으로 지속 가능한 개발을 위해 설립되어야 할 모든 지역적 센터와 유기적 관계를 가져야 한다.

조정을 필요로 하는 것은 조사 결과의 '보급'이라기보다 오히려 과학적 조사의 실행 그 자체이다. 조문의 문구는 그 목적으로 재구성했다.

오늘날 최선진 기술 국가들은 심해 해저의 조사·탐사를 위한 과학적 조사 및 기술 개발을 추진 중인데, 현재, 또한 예견할 수 있는 미래에는, 기구는 이들 활동의 강화와 국제화를 우선적으로 진행해야 한다. 필요한 고도의 기술 개발에서의 국제협력은 신뢰 구축 효과를 갖고, 다음 단계에서의 산업협력을 촉진한다.

제142조는 다소 중복되는 느낌이 있던 조약 제144조를 간소화한 것이다. 그 취지는, 기술은 국제협력을 통해서 기구에 '이전' 되고, 기구를 통해 개도국에 '이전'된다는 것이다.

제144조

이것은 조약 제139조로, 부속서 III에 대한 언급은 삭제했다. 동 부속서는 거의 전면적으로 오래 되어서 삭제되어야 한다.

제145조

본조의 새로운 특징은, 연안국 앞바다 300해리에서 400해리까지의 해역에서 정확한 대륙붕 경계 설정이 매우 어렵고, 비용이 많이 소요되고, 시간이 필요한 경우에 공동관리구역 내지 공동개발구역 설립을 장려하는 것이다. 만약, 이를 대신하여, 광역대륙붕 소유국이 그 권리 주장을 (포기하지 않고) '동결'하여, 그러한 공동구역을 설립할 용의가 있다면, 조약은 대륙붕한계위원회의 개입을 면제할 수 있으며, 그렇게 되면 상당한 액수의 재정적 절약이 된다.

제146조

제146조는 새로운 조문으로, 기구를 가능한 한 조기에, 특히 개발도상국에 유용한 것으로 할 의도로 삽입했다.

제149조

보다 최근의 진전, 특히 소도서 개발도상국에 관한 발바도스 회의(1994년)에 따라, 이들 국가를, 전체에 걸쳐 특별한 고려를 요하는 기타 불이익국에 추가하였다.

제150조~제155조

'심해저 자원의 개발'이라는 제목으로, 제150조에서 155조를 포함하는 제11부 제3절은 개념을 근본적으로 재구축했다. 조약에서는, 심해저에서의 활동에 관한 정책을 커버하는 조문(제150조)은, 생산정책에 관한 것(제151조)을 포함하여, 지리적으로 명확하게 한정된 심해저 망간단괴의 탐사·개발에 좁게 관련지어져 있다. 이 생각은 시대에 뒤떨어진 것이다. 21세기의 국제해저기구는 훨씬 확대된 권한 범위를 가져야 한다. 정책은, 망간단괴뿐만 아니라 모든 심해자원을 포함하여, 심해에서의 과학적 조사, 필요한 기술의 연구·개발, 탐사 및 생산에 관한 국제협력을 커버해야 한다. 정책 틀은, 기구를, 최신의 과학기술적 진전을 따르면서, 국제사회에 있어서, 또 특히 가난한 국가들에게 즉시 도움이 된다는 의미에서, 의미 있게 만들 필요가 있다. 그것은 UNCED 및 UNCED 이후의 진전에 의해 만들어진 신개념(지속 가능한 개발, 생물의 다양성, 기후, 빈곤박멸)- 이것들은 실제로 인류의 공동유산원칙에 완전히 부합하는 것인데-을 따른 것이어야 한다. 인류의 공동유산원칙은, 나아가, 전문前文 중 2, 3개 조항에만 국한돼서는 안 되며, 정책 틀 전체에 침투되어야 한다.

제153조는 불행한 정치적 타협의 결과로 생겨난 패러렐 시스템을 버린다. 이 시스템은 생각할 수 있는 것 중 가장 비실제적이고, 또한 가장 비용대비 효과가 작은 것이었다. 패러렐 시스템은, 지금은 제11부 실시 협정에 의해 실제로 폐지된 것이나 마찬가지이며, 예견할 수 있는 장래에는 국가와 회사만이 심해저에서의 유일한 활동 주체가 될 것이므로, 21세기에 맞는 보다 나은 시스템을 고안할 시기가 도래했다. 오늘날에는, 제11부 실시협정(부속서 제2절 2)에도 있듯이, 사업체는, 그것이 활동을 개시하는 경우에는 합작사업을

통해서 실시하는 것에 일반적 합의가 있다. 제3차 유엔해양법회의 및 준비위원회는 회사 간 및 국가 간의 합작사업에 관해 수많은 문서를 생산했으며, 또한, 국제기구가 민간기업을 정부간기구와의 합작관계에 매우 잘 끌어들인 선례도 존재한다. 이하 절에서는, 국제해사위성기구(INMARSAT)의 규약을 모델로 사용했다. 이 모델은 제3차 유엔해양법회의에서, 1977년 노르웨이 대사이자 의장 젠스 에벤센 주재 아래 제네바에서 열린 회기간회의에서 오스트리아 대표가 소개하고, 이 의장이 제1위원회에 대한 그의 보고서에서 기록으로 남긴 것이다. 이 접근방법에는 많은 대표단이 흥미를 보였지만, 그때까지는 이미 패러럴 시스템을 지지하는 결정이 내려져, 그것을 뒤집는 것에는 저항이 있었다.

재검토회의 개념은 실시협정에서는 폐지되었지만 여기에 부활시켰다(제154조). 최근의 대부분의 조약은, 조약을 계속 의미 있는 것으로 하고, 또 일상의 변화에 따른 것으로 하기 위한 정기적인 재검토회의에 관한 규정을 두고 있다. 본보고서(제4 및 6장)는, 체약국회의의 임무를, 6년마다 제11부 및 실시협정을 포함한 조약 전체의 재검토회의의 형태로 회합할 수 있도록 확대할 것을 권고하고 있다.

제156조

기구의 성질과 원칙에는 수정을 가했다. 인류의 공동유산원칙은 지속 가능한 개발원칙의 기반을 이루고, 기구에 있어서 그 모든 가맹국의 주권평등원칙과 마찬가지로 기본적인 것이다.

제159조

총회의 구성, 권한 및 기능은 기본적으로 변경되지 않았다. 보조기관에서 대표되어야 할 '이익'에 대한 언급(조약 제160조 2(d))는 삭제하였다. 기구는 광범위한 책임을 가진 정치적 정부 간 조직으로, 이 책임을 독립적이고 객관적으로 완수해야 한다. '이익'은 당연히 염두에 두고 있지만, 이들은 기구의 기관 안에 편입해서는 안 된다. 보조기관 구성원의 '능력'에 대한 언급도 삭제했다. 보조기관의 구성원이 그 취급하는 분야에 대해 능력을 가지고 있어야 함은 자명하다. 이러한 특별요건은 도상국에 대해 약간 거만하고 생색을 내는 것처럼 보인다.

조약 제160조 2(f)의 (i) 및 (ii)의 예산에 관한 2개의 상세 규정은 삭제하였다. 그것들은 포괄적인 신 조항(g)으로 커버된다. 이는 조문 텍스트 간소화와 과도한 상세로부터의 해방이라는 일반적 요청에 답하기 위한 것이다.

신 조항(j)은 보다 포괄적인 것으로 하고, 조약 제160조 2(k) 및 (l)에 규정한 기능을 보다 일반적인 형태로 커버하는 것이다.

제160조

이사회의 구성, 절차 및 표결에 관한 조약 제161조의 규정은 대폭 간소화했다. 1995~1996년 개최된 최초의 이사회 선거에서의 쓰라린 경험을 상기하고, 그 쓰라린 경험의 반복을 피하고 싶다는 요망에서 '그룹 대표 시스템'(chamber system) 및 이익그룹 대표제는 삭제했다. 금융이해利害 그룹은, 각 그룹의 투자액에 비례해 사업체 시스템의 합작 사업 관리위원회에서 대표된다. 기구는, 반복하지만, 과학기술적, 경제적, 환경적 성질을 폭넓게 책임진 정부 간 정치적 기구이다. 그 기관에 있어서 이익 그룹은 입장을 가지지 않는다. 부언한다면, 조약은 가능한 한 장기간 그 효력을 유지해야 하는 데 반해, 이익집단은 매우 빠르게 변화할 수 있다. 예를 들어, 기구의 기능을 금속단괴 채광에서 보다 폭넓은 활동으로 확대하는 것은—그것은 기구가 의미 있는 조직이기 위해서는 필요 불가결한 일이지만—필연적으로 '이익집단'을 바꾸는 것이 될 것이다.

사업체 시스템은 수많은 투자의 상세 및 관련되는 재정적 결정을 할 것이다. 이사회의 의사결정은 보다 폭넓고 보다 정치적인 것이 될 것이다. 그래서 의사결정 절차는 간소화됐다.

제161조

이사회의 권한 및 기능은 가능한 한 간소화했지만 조약의 대부분의 조항은 여전히 의미가 있다. 서브파라그래프(u)에서는 사찰관의 임무 중에 심해저의 오로지 평화적 목적에 대한 유보의 준수를 검증할 것을 추가했다. 이는 그 실시가 정기적 재검토회의에서의 검토 대상이 되는 조약의 기본적 원칙의 하나이므로, 준수여부를 감시할 필요가 있기 때문이다.

제162조

기구 활동에 있어서의 과학기술의 기본적 중요성에 비추어, 여기에 과학·기술위원회의 설립을 추가했다. 이는 기후변화협약이나 생물다양성협약과 같은 보다 최근의 조약에 따른 것이다. 재정위원회는 제11부 실시협정에 따라 이미 설치되도록 돼 있다. 다만, 여기에서는 조문 기초상의 일관성 확보 관점에서

'committee'가 아닌 'commission'이라고 부른다.

第163조
이 조문은 생물다양성협약을 모델로 삼았다.

第164조
제11부 실시협정의 부속서 제1절 4항에 따라, 경제계획위원회와 법률·기술위원회의 기능을 합하여, 조약의 보다 광범위한 범위의 권능에 따르도록 수정하였다.

第165조
이 조문은 제11부 실시협정에 의거 기초했다.

第170조
사업체 시스템의 구조는 민간부문을 공적 국제기관의 구조 속에 잘 통합시킨 INMARSAT의 규약에 근거한 것이다. 다만 차이는, INMARASAT이 단일 목적의 조직이며, 그 때문에 서명 당사자가 기구의 이사회 구성과 직결되어 있다는 점이다. 그곳에서는 조직 전체가 사업체로서 기능한다.

국제해저기구는 사업 수행을 위한 서브시스템을 가진 다목적 시스템으로, 이사회는 사업 수행을 위한 서브시스템을 넘어선 많은 임무를 가지고 있다. 그러므로 서명 당사자가 동 기구의 구조에 통합될 필요가 있는 것은 이 서브시스템 레벨이다. 재정적 기타 상업적 이익이 보증되고 의사결정절차에 반영될 필요가 있는 것은 이 레벨, 즉 상업적 레벨에서이다.

이 시스템-그것은 제11부 실시협정에 의해 실제상 이미 폐지된 것이나 다름없는 비현실적인 패러럴 시스템을 초월하는 것이지만-은, 사업체와 관련된 문제의 해결방법은 합작사업 방식밖에 없다는 점에 오늘날에는 공감대가 존재하므로, 사업체 제도 지지국들의 수용이 가능할 것이다. 이 시스템은 또, 민간사업제도 지지국들도 받아들일 수 있을 것이다. 왜냐하면, 만약 INMARSAT의 2중 계층(체약국·서명 당사자)의 합작 사업 시스템에서 민간부문이 잘 기능한다면, 그것이 사업체에 적용될 비슷한 시스템에서도 마찬가지로 잘 기능하지 않을 이유가 없기 때문이다.

사업체 시스템은 국제해저기구의 다목적 성질을 반영해 분권적으로 만들어 유연성을 갖고 있다. 개개의 합작사업 협정은 각 사업체의 특정 수요나 그 자금 조달 및 그 활동에 따르게 된다.

제171조

이 조문은 INMARSAT의 규약을 모델로 하였다.

기타 조문

기타 조문에 대해서는 약간의 수사상의 조정을 하였다.

[참고문헌]

Ahmad, Sheikh Mahmud. 1974. *Economics of Islam*. Lahore: Muhammad Ashraf

Annan, Kofi, Secretary-General to the United Nations, Press Conference, 1 May, 1997, *The New York Times*, 2 May, 1997.

Barde, J.-P. and D.W. Pearce, (eds.). 1991. *Valuing the Environment: Six Case Studies*. OECD, London: Earthscan.

Bates, M. 1960. *The Forest and the Sea: A Look at the Economy of Nature and the Ecology of Man*. New York: Random House.

Baudelaire, Charles Pierre. 1857. *Les fleurs du mal.*

— 1996. *Ocean Governance and the United Nations*. Halifax: Centre for Foreign Policy Studies, Dalhousie University.

Borgese, Elisabeth Mann. 1975. *The Drama of the Oceans*. New York: Abrams.

— 1986. *The Future of the Oceans: A Report to the Club of Rome.* Montreal: Harvest House.

Borgese, Elisabeth Mann. 1987. *Mediterranean Centre for Research and Development in Marine Industrial Technology*. Malta: Foundation for International Studies.

— (ed.). 1965. *A Constitution for the World*. Santa Barbara, CA: Center for the Study of Democratic Institutions.

— (ed.). 1997. *Peace in the Oceans: Ocean Governance and the Agenda for Peace*. The Proceedings of Pacem in Maribus XXIII, Costa Rica, 1995. Paris: UNESCO. Intergovernmental Oceanographic Commission, Technical Series No. 47.

Borgese, G.A. 1943. *Common Cause*. New York: Duell, Sloan and Pierce.

Boutros-Ghali, Boutros. 1995. *An Agenda for Peace, 1995: With the new supplement and related UN Documents*. Report by the Secretary-General to the United Nations General Assembly. 2nd ed. New York: United Nations.

Briguglio, L. 1995. *Small Island Developing States and Their Economic Vulnerabilities*. Malta: Foundation for International Studies.

Buchanan, James. 1994. *The Greening of Technology Transfer: Protection of the En- vironment and of Intellectual Property*. Franklin Pierce Law Center, 9 April 1994, Afternoon Session, On website http://www.fplc.edu/

green/after.htm.

Cleveland, Harlan. 1996. *Hail and Farewell*. Speech to the Hubert H. Humphrey Institute of Public Affairs, University of Minnesota.

Commission on Global Governance. 1995. *Our Global Neighbourhood*. Oxford: Oxford University Press.

Court of Justice of the European Communities, 1963 Decision, *American Journal of International Law* 58: 1.

Cronan, David. 1992. *Marine Minerals in Exclusive Economic Zones*. London: Chapman and Hall.

De Groot, R.S. 1992. *Functions of Nature: Evaluation of Nature in Environmental Planning, Management and Decision Making*. Groningen: Wolters–Noordhoff.

Dillon, William. 1992. U.S. Geological Survey, Marine and Coastal Geology Program, Washington, D.C., September.

Dror, Yehezkel. 1995. *The Capacity to Govern: A Report to the Club of Rome*.

Drucker, Peter. 1992. *Managing the Future: The 1990s and Beyond*. New York: Dutton.

Earney, Fillmore C.F. 1990. *Marine Mineral Resources*. London: Routledge.

Englezos, P. 1993. "Clathrate Hydrates," *Industrial and Engineering Chemistry Research* 32(7).

Evenson, Jens, 1986. "The Law of the Sea Regime." In: R.B. Byers, ed. *The Denuclearisation of the Oceans*. New York: St. Martin's Press.

Fanning, Lucia M. 1997. The Co–Management Paradigm: Criteria for Sustainable Marine–Resource Management. Master's thesis, Halifax, Dalhousie University.

Gandhi, M.K. 1947. *India of My Dreams*. R.K. Prabhu, ed. Bombay.

GESAMP. 1997. *State of the Marine Environment Report*. (in prep).

— 1998. *Review of Land–based Activities Affecting the Marine Environment*. (in prep).

Giarini, Orio, 1980. *Dialogue on Wealth and Welfare: An Alternative View of World Capital Formation*. New York: Pergamon Press.

— 1987. Working Paper prepared for the International Centre for Ocean Development (ICOD). Halifax, unpublished.

— 1988. *The Emerging Service Economy.*

Giarini, Orio and Patrick M. Liedtke. 1997. *Wie wir arbeiten werden. Der neue Bericht an den Club of Rome mit einem Vorwort von Ernst Ulrich von Weizsaecker*. Hamburg: Hoffmann und Campe.

Giarini, Orio and Max Börlin. 1991. "Toward Estimating the Contribution of Oceans to Wealth and Welfare." In: J. Vandermeulen and S. Walker, eds. *Ocean Technology, Development, Training and Transfer*. Proceedings of Pacem in Maribus XVI, August 1988. Oxford: Pergamon Press.

Giarini, Orio and Walter Stahel. 1989. *The Limits of Certainty*. Dordrecht: Kluwer Academic Publishers.

Gillies, Bruce. 1995. "The Nunavut Final Agreement and Marine Management in the North." *Northern Perspectives* 23(1): 17–19. Canadian Arctic Resources Committee.

Glowka, Lgle. 1996. "The Deepest of Ironies: Genetic Resources, Marine Scientific Research, and the Area," *Ocean Yearbook 12*. Chicago: Chicago University Press.

Graham, Darid M. 1997. "Editorial," *Sea Technology*, March.

Gray, K. 1993. "The Ambivalence of Property." In: G. Prins, ed. *Threats Without Enemies: Facing Environmental Insecurity*, London: Earthscan Publications.

Hammond, A.L. 1995. *Environmental Indicators: A Systematic Approach to Measuring and Reporting on Environmental Policy Performance in the Context of Sustainable Development*. Washington, DC: World Resources Institute.

Hardy, A. 1965. *The Living Stream*. New York; Harper & Row.

Hasler, Richard. 1998. "Towards Political Ecologies of Scale: Conceptualizing Community-based Coastal and Fisheries Co-Management on the West Coast of South Africa." *Ocean Yearbook 14*. Chicago: University of Chicago Press (forth- coming).

Hegel, G.W. Friedrich. 1821. *Grundlinien der Philosophie des Rechts.*

Hempel, Gotthilf. 1992. "The Alfred Wegener Institute, Bremerhaven." In: E.M. Lenorgese, ed. *Ocean Frontiers: Explorations by Oceanographers on Five Coninents*. New York: Abrams.

Heywood, V.Handige watsonly 1995, *Global Biodiversity Assessment*. UNEP, Cambridge: Cambridge University Press.

Holland, John H. 1990. "The Global Economy as an Adaptive Process." In: P.W. Anderson *et al.*, eds. *The Economy as an Evolving Complex System*.

Redwood City, Calif: Addison Wesley Pub. Co.

Huq, A.M. 1985. "Welfare Criteria in Gandhian Economics." In: Romesh Diwan and Mark Lutz, eds. *Essays on Gandhian Economics*. Delhi: Gandhi Peace Foundation

IMO/FAO/UNESCO/WMO/WHO/IAEA/UN/UNEP Joint Group of Experts on the Scientific Aspects of Marine Pollution. 1990. *State of the Marine Environment*, Reports and Studies No. 39. Nairobi: UNEP.

International Sea-bed Authority, Kingston, Jamaica: Document ISBA/A/L.8, 21 March 1996.

Jagota, S.P. 1992. "Joint Development Zones," *Ocean Yearbook 10*. Chicago: University of Chicago Press.

Jentoft, Svein and Knut H. Mikalsen. 1994. "Regulating Fjord Fisheries: Folk Management or Interest Group Politics?" In: Christopher L. Dyer and James R. McGoodwin, eds. *Folk Management in the World's Fisheries: Lessons for Modern Fisheries Management*. Niwot: University Press of Colorado.

Jones, O.A. and R. Endean (eds.). 1973. *Biology and Geology of Coral Reefs*, Vol. 1. London: Academic Press.

Judson, W. Irwin. 1996. Marine Pharmaceuticals: A Special Case of the Common Heritage of Mankind. Unpublished manuscript.

Kerr, Richard A. 1997. "Did a Blast of Sea-Floor Gas Usher in a New Age?" *Science* 275, 28 February.

Khalid, Fazlun and Joanne O'Brien (eds.). 1992. *Islam and Ecology*. New York: Cassel.

King, Alexander and Bertrand Schneider. 1991. *The First Global Revolution: A Report by the Council of the Club of Rome*. London: Simon and Schuster.

Lockspeiser, E. 1962. *Debussy, His Life and Mind*. London: Cassell.

Lopez-Reyes, Ramon. 1997. "Maritime Zones of Peace: A Regime of Peace on the Seas." In: E.M. Borgese, ed. *Peace in the Oceans: Ocean Governance and the Agenda for Peace*. The Proceedings of Pacem in Maribus XXIII, Costa Rica, 1995. Paris: UNESCO. Intergovernmental Oceanographic Commission, Technical Series No. 47.

Lovelock, J.E. 1979. *Gaia: A New Look at Life on Earth*. New York: Oxford Uni- versity Press.

Mann, Thomas. 1960. "Lübeck als geistige Lebensform." *Collected Works*. Vol. XI. Frankfurt am Main: S. Fischer Verlag.

— 1934. "Meerfahrt mit Don Quijote," *Collected Works*. Vol. IX. Frankfurt am Main: S. Fischer Verlag.

Manolis, Mikis. 1996. Functional Sovereignty and the Political Organization of Ocean Space: Creeping Jurisdiction or Multilateral Cooperation? Master's thesis. Halifax: Dalhousie University.

Miller, Robert C. 1966. *The Sea*. 2nd ed. New York: Random House.

Morven, M. 1980. *Legends from the Sea*. New York: Crescent Books.

Naqvi, Syed Nawab Haider. 1995. *Islam, Economics and Society.* New York: Kegan Paul.

Natural Resources Canada. 1995. *Canadian Minerals Yearbook*. Needham, Joseph. 1965, 1971. *Science and Civilisation in China,* Vol. 4, Parts 2 and 3. Cambridge: Cambridge University Press.

Newman, E. 1967. *Wagner as Man and Artist*. New York: Dover Publications.

— 1994. *Environmental Indicators:* A Core Set. Paris.

— 1994a. *Natural Resource Accounts*: Taking Stock in OECD Countries. Paris.

— 1995. *OECD Environmental Data Compendium*. Paris.

OECD. 1996. *Maritime Transport,* 1993. Paris.

Panos Institute. 1997. *Insurance Day*, 31 July. Geneva.

Prus, Gwyn. 1998. "Oceanguard: The Need, Possibility, and the Concept." *Ocean Yearbook 14*. Chicago: University of Chicago Press.

Revelle, Roger. 1992. "The Scripps Institution of Oceanography, California." In: E.M. Borgese, ed. *Ocean Frontiers: Explorations by Oceanographers on Five Continents*. New York: Abrams.

Rosensohn, Nicole and Schneider, Bertrand. 1993. *For a Better World Order: The Message from Kuala Lumpur.* Bilbao: Fundacion BBV.

Roush, Wade. 1997. "Putting a Price Tag on Nature's Bounty." *Science* 276, 16 May.

Ruggie, John Gerard. 1993. "Territoriality and Beyond: Problematizing Modernity in International Relations." *International Organization* 47(1).

Saigal, Krishan. 1988. *Mediterranean Centre for Research and Development in Marine Industrial Technology: Feasibility Study.* Malta: International Ocean Institute.

— *Sustainable Development: The Spiritual Dimension.* (forthcoming).

Sachs, I. 1992. "Transition Strategies for the 21st Century." Nature and Resources 28(1).

Scheingold, Stuart A. 1972. "Lessons of the European Community for an Ocean Regime." In: E.M. Borgese, ed. *Pacem in Maribus*. New York: Dodd, Mead and Co.

Schneider, Bertrand. 1988. *The Barefoot Revolution: A Report to the Club of Rome.* London: IT Publications.

Sharp, Margaret and Claire Shearman. 1987. *European Technological Collaboration*. London: Royal Institute of International Affairs, Routledge and Kegan Paul.

Sheng, F. 1995. *Real Value for Nature: An Overview of Global Efforts to Achieve True Measures of Economic Progress*. Gland, Switzerland: WWF International.

Sri Aurobindo Ghose. 1972. *Sri Aurobindo*, Vol. XII. Pondicherry: Sri Aurobindo Birth Centenary Library.

Stanners, D.A. and P. Bourdeau (eds.). 1995. *Europe's Environment: The Dobris Assessment*. European Copenhagen: Environment Agency.

Sustainable Strategies for Oceans: A Co-Management Guide. 1998. The National Round Table on the Environment and the Economy, Ottawa.

The Dhammapada. 1987. Translated by Juan Mascaro, Penguin Books edn.

Timor Gap Cooperation Treaty of 1989, ILM 29(3), May 1990.

Tinbergen, Jan. (ed.) 1976. *Reshaping the International Order (RIO): A Report to the Club of Rome*. London: Pergamon.

United Nations Conference on Environment and Development (UNCED). 1992. *Agenda 21*. Rio de Janeiro.

— 1992. Framework Convention on Climate Change. United Nations.

— 1992. Convention on Biological Diversity. United Ninited Nations.

UNDP. 1997. *Human Development Report 1995*, New Press. York: Oxford University Press.

UNEP/DEIA. 1996. *Reportofone Meeting on Integrated Environmental Assessment/UNEobal Environmental Outlook (IEAIGEO) Core Data Working Group,* DPCSD Office, New York, January 1996. Nairobi.

UNEP. 1991. *Island Directory*. UNEP Regional Seas Directories and Bibliographies, No. 35.

— 1993. *Environmental Data Report*, 1993-1994, Prepared by the GEMS

Monitoring and Assessment Research Centre, London, UK, in co-operation with World Resources Institute, Washington, D.C., and the UK Department of the Environment. Oxford: Blackwell.

— 1995. *The UNEP Biodiversity Programme and Implementation Strategy: A Framework for Supporting Global Conservation and Sustainable Use of Biodiversity*. Nairobi.

— 1996. Draft Proposal Submitted by the United Nations Environment Programme on Institutional Arrangements for Implementation of the Global Programme of Action for the Protection of the Marine Environment from Land-Based Activities (28 October 1996).

— 1997. *Global Environment Outlook 1997* (GEO-1). Nairobi.

UNESCO. 1983. T*he Impact of Science on Society*, No. 3/4.

United Nations. 1994. Report of the Secretary-General of the United Nations, Doc. A/51/645.

United Nations. 1993. *Satellite System of Integrated Environmental and Economic Accounting SEEA*, Handbook of National Accounting, Studies in Methods, Series F, No. 61. New York.

— 1993. *United Nations Convention on the Law of the Sea, 1982*, New York: United Nations.

— 1994. *System of National Accounts*, Studies in Methods, Series F, No. 2, Rev. 4. New York.

— 1994. *Agreement Relating to the Implementation of Part XI of the United Nations Convention on the Law of the Sea of 1982*, 17 August 1994, A/RES/48/263.

— 1995. UN System-wide Earthwatch Programme Document. UNEP/EWWP2/ WP2/rev.1.

— 1996. *Indicators of Sustainable Development: Framework and Methodologies*. New York: United Nations.

— 1996. *Agreement for the Implementation of the Provisions of the United Nations Convention on the Law of the Sea of 10 December 1982 Relating to the Conserva- tion and Management of Straddling Fish Stocks and Highly Migratory Fish Stocks*. Doc. A/51/383, 4 October 1996.

US Bureau of Mines. 1995. *Minerals Yearbook.*

Vallas, L. 1967. *The Theories of Claude Debussy*. New York: Dover Publications.

van Dieren, W. (ed.). 1995. *Taking Nature into Account: A Report to the Club of Rome: Toward a Sustainable National Income*. New York: Copernicus.

Venezia, William A. and John Holt. 1995. "Turbine Under Gulf Stream: Potential Energy Source:" *Sea Techology*. Arlington, VA: Compass Publications, September.

Wapner, Paul. 1997. "Environmental Ethics and Global Governance: Engaging the Vapternational Liberal Tradition." In: Global Governance: *A Review of Multilateralism and International Organisations 3*(2) May-August. Boulder, CO: Lynne Rienner Publishers, Inc.

Welch, Harold E. 1995. "Marine Conservation in the Canadian Arctic: Regional Overview." *Northern Perspectives 23*(1): 5-17. Canadian Arctic Resources Committee.

World Bank. 1995. *Monitoring Environmental Progress: A Report on Work in Progress*, Washington, DC: Environmentally Sustainable Development.

— 1997. *World Development Indicators*. Washington, DC: The World Bank.

World Commission on Environment and Development. 1987. *Our Common Future.* Oxford: Oxford University Press.

World Resources Institute. 1997. *World Resources* 1996-97: *A Guide to the Global Environment*, Report by the WRI and the International Institute for Environment and Development. New York: Basic Books.

[색인]

영어 색인

한글 색인

역자 후기

30여 년간 해양 분야에서의 오랜 공직생활을 마치고 벌써 그 자리를 떠난 온 지도 꽤 여러 해가 지났지만, 바다를 향한 동경과 해양 행정에 대한 열정이 아직도 역자의 가슴속에 크게 자리하고 있음을 스스로 느낀다.

역자는 우리나라가 세계 무대를 향해 힘찬 도약을 시작했던 시기인 1980년대 초 국가공무원으로 입직한 이래 해양수산부 등 정부 부처에서 근무했으며 2015년 공기업인 해양환경공단의 상임이사 본부장을 끝으로 긴 공직생활을 마무리하였다.

그러한 과정에서 국내외 해양정책 분야의 발전과 변화의 역사를 가까이 지켜보고 또한 직접 참여함으로써 얻은 다양한 경험은 무엇보다도 영광스럽고 소중한 역자의 인생 자산이 되었다.

특히, 국비유학생으로서 영국 웨일즈대학교에서 수학하고 이후 정부 국제전문가로 선발되어 캐나다 핼리팩스에 있는 국제해양연구소(IOI)에서 일정 기간 연구활동에 전념할 수 있었던 과정은 역자에게 국제적 안목을 한층 넓히고 해양 분야의 전문성을 더하는 값진 기회가 되었다.

뒤돌아보면 공무원 초임 시절 스위스 제네바에서 열린 UN 정기선동맹협약 정부간회의 참석을 시작으로 국교가 수립되기도 전인 1980년대 말 러시아(당시 소련)와의 해운협정 체결을 위한 초기 협상에 이어 국적 컨테이너 선대의 북미항로 본격 투입을 위한 미국과의 양자협의 등을 실무적으로 담당하면서 다양한 해양분야의 국제교섭 활동에 본격적으로 발을 딛게 되었다.

이후 2000년 고 노무현 대통령이 해양수산부장관으로 재직 시 역자가 장관의 전권위임장을 소지하고 우리나라 정부를 대표하여 자메이카 킹스턴에서 국제해저기구(ISA) 사무총장과 7.5만㎢에 달하는 태평양 해저 공해 수역의 배타적 이용권에 관한 국제 계약문서에 직접 서명함으로써 우리나라의 해양과학 및 해양 광물 자원개발 분야의 발전에 있어 하나의 큰 획을 그었던 역사적 순간을 함께 하기도 했다.

이와 더불어 역자는 2012여수세계박람회 유치위원회와 조직위원회에서 국제협력 총괄책임자로 근무하면서 국가적 대형 행사인 엑스포의 성공적 유치와 수행에 있어 한 축의 역할을 담당하였으며, 세계식량농업기구(FAO)와 경제협력개발기구(OECD)의 수산위원회 및 중서부태평양 지역수산기구의 참치 쿼타 회의 등 국민 먹거리와 직결된 수산분야의 국제 협상에 다년간 정부대표로 직접 참여했던 역할에 대하여도 큰 보람을 느끼고 있다.

이후 역자는 국립해양박물관 건립기획단을 맡게 되어 미국, 영국, 노르웨이 등 여러 국가의 대표적 해양박물관을 직접 벤치마킹하고, 이를 토대로 박물관 건립을 위한 기획, 토목 및 건축 공사와 수장품 확보 및 전시 등 업무를 총괄하면서 우리나라 최초의 국립해양박물관이 탄생하는 모든 과정을 함께 할 수 있었으며, 지금도 부산에 갈 때면 가끔 남다른 감회와 함께 그곳의 모습을 둘러보곤 한다.

오랜 공직생활의 마지막 보직이었던 해양환경공단 해양보전본부장으로서 역자는 국내의 해양보호구역을 확장하고 해양환경 및 생태계 연구와 해양환경 측정망 운영을 보다 체계화하는 한편 동아시아해양관리협력기구(PEMSEA)와 국제자연보전연맹(IUCN) 등 다양한 환경 관련 국제기구와 협력의 외연을 넓혀 나가는 데에도 많은 관심을 기울였다.

이러하듯 역자는 공직에 있는 동안 해운물류, 해양과학 및 자원

개발, 수산, 해양환경, 해양문화 및 국제협력 등 해양과 관련된 폭넓은 영역의 업무를 경험하였으며, 이는 해양을 보다 다면적인 관점에서 분석하고 큰 미래 방향을 제시한 해양 거버넌스의 지침서 『The Oceanic Circle』을 『해양의 고리』라는 제목으로 번역하여 많은 독자와 그 내용을 공유하기로 결심한 배경과도 무관하지 않다.

전술한 바와 같이 역자는 이 책의 저자인 엘리자베스 만 보르게제 여사가 설립한 캐나다의 국제해양연구소(IOI)에서 2년여간 방문책임연구원으로서 연구 활동에 참여하였으며, 그 특별한 기간은 역자가 해양에 대한 지식의 깊이를 더하고 해양이라는 가늠하기 어려운 무한한 객체를 새로운 시각에서 바라보기 시작하는 전환점이 되었다.

역자가 국제해양연구소에서 연구를 시작할 때는 이미 엘리자베스 만 보르게제 여사가 타계한 지 몇 해가 지났지만, 연구소 곳곳에는 그녀의 해양을 향한 열정의 흔적이 역력히 남아 있었다.

해양 정책, 해양환경 보호 분야의 석학으로서 국제적으로 해양의 어머니(The Mother of the Oceans)로 너무도 잘 알려진 보르게제 여사의 저서 『The Oceanic Circle』은 당시 해양 분야에 대한 종합적인 접근에 목말라했던 역자에게 그야말로 신선한 충격을 선사해준 소중한 서적이었다.

그녀의 저서는 단순히 해양을 과학적, 경제적, 법제적 측면에서 다룬 단순 총서라기보다는 우리가 해양인으로서 가져야 할 바다에 대한 철학과 함께 뭇 생명의 고향인 해양에 대한 진한 경외심을 전하고 있다.

인류 공동의 유산으로서 해양의 기본 개념을 담고 있으며, 국제 해양 질서의 마그나 카르타로 불리는 유엔해양법협약의 성안에 핵심적인 역할을 한 그녀의 해양 분야에 대한 높은 식견과 혜안으로부터 우리는 해양부국을 지향하는 대한민국의 미래에 대한 크나큰 시사점을 찾을 수 있을 것이다.

해양인으로서 가장 존경하는 인물 중의 한 사람인 보르게제 여사의 저서 『The Oceanic Circle』을 번역하게 된 것은 역자에게는 큰 기쁨이었으며, 이를 통해 오랜 기간 해양 분야의 다양한 행정 및 국제협력 업무를 수행하면서 쌓아온 역자 자신의 소중한 추억들을 되살리는 계기가 되기도 하였다.

바쁜 회사 업무 속에서 1년여 기간 수면시간을 줄여가며 틈틈이 번역에 집중할 수 있었던 것은 저자와 공감할 수 있는 많은 부분에서 희열을 느낄 수 있었으며, 단순히 단어나 문장을 번역하는 것이 아니라 해양 분야 전반에 대한 그녀의 혼과 열정을 제대로 독자들에게 전달해야 한다는 무거운 책임감 때문이었다.

끝으로 역자가 캐나다 국제해양연구소에서 활동하는 동안 가까이에서 본인의 연구 활동에 많은 도움을 주었으며, 특히 보르게제 여사의 해양에 대한 심오한 철학과 숨결을 소상히 전해준 프랑소아 발레(Francoise Ballet) 박사에게 깊은 감사의 마음을 전한다.

2024년 5월 불암산 아래 별내동에서

청휘 김현종

역자 소개

김현종

㈜포렉스컴 회장/CEO (현재)
영국 웨일즈대학교 국제해양학 석사
캐나다 국제해양연구소(IOI) 책임연구원
국토해양부 부이사관
양자 및 다자간 국제회의 정부대표 (다수)
한국해양학위원회 위원
해양환경공단 본부장
(사)에코포트포럼 사무총장
대한민국 홍조근정훈장 수훈

역자는 40년 가까운 중앙부처 공직생활을 성공적으로 마무리한 직후인 2015년에 국제컨퍼런스 및 정부 공식행사 대행사인 ㈜포렉스컴을 창업했다.

이후 외국어 부문과 국제컨퍼런스 등에 관한 특유의 전문성과 경험을 살려서 현재 동종 그룹 업계 상위권의 MICE 기업으로 성장시키는 등 비즈니스 분야에서도 탁월한 역량을 발휘하고 있다.

표지 디자인

표지 디자인은 『해양의 고리』의 핵심 테마와 메시지를 시각적인 매력을 더하여 전달하고 있다. 바다의 깊이와 광활함을 드라마틱하게 표현하며, 바다가 인류와 지구 생태계에 미치는 영향을 강조한다.

중심에 위치한 거대한 고래는 해양 생태계의 주요 구성원으로, 바다의 신비로움과 중요성을 상징한다. 이 고래 주위를 에워싼 수많은 물고기는 생태계 내에서 다양한 생명체가 어우러져 살아가는 모습을 나타내며, 고래와 함께 원을 그리며 유영하는 인물은 인간이 자연과 조화롭게 공존해야 한다는 메시지를 전달한다.

또한 수면에서 바다 속을 비추는 원형의 빛을 통해 해양과 인간 사이의 상호작용을 강조한다. 이 빛은 해양 깊은 곳에서부터 발산되며, 모든 생명체가 서로 연결되어 있고, 우리의 행동이 해양에 미치는 영향이 긍정적이든 부정적이든 결국 우리에게 돌아온다는 사실을 상기시킬 수 있도록 해양의 전반적인 생명체를 시각적으로 보여줄 수 있도록 구성했다.

바다를 통한 연결과 이를 통해 발생하는 환경적, 사회적, 경제적 이슈에 대한 깊은 이해를 돕는 동시에 국제협력과 지속 가능한 해양관리 방안을 모색하고자 하는 저자의 의도를 반영하여 시각적으로 강렬하고 의미심장한 디자인으로 독자들에게 이 책의 깊이와 함께, 해양의 중요성에 대한 함의를 강력하게 전달할 수 있도록 디자인했다.

(디자이너 변민정)

해양 분야의 여러 문제는 서로 밀접하게 관련되어 있으며, 전체로서 고려되어야 할 필요가 있다.

The problems of ocean space are closely interrelated and need to be considered as a whole.

- 유엔해양법협약 전문 중 발췌